LOVE·VISIONARY·INNOVATION

STEVE JOBS IN HIS OWN WORDS

# 爱·梦想·创新

## ——乔布斯留给我们的话

（美）乔布斯◎著　代玉花◎编译

中国致公出版社

**图书在版编目（CIP）数据**

爱·梦想·创新：乔布斯留给我们的话 /（美）乔布斯著；代玉花编译. —北京：中国致公出版社，2013. 3

ISBN 978-7-5145-0540-5

Ⅰ. ①爱… Ⅱ. ①乔… ②代… Ⅲ. ①乔布斯，演讲，访谈 Ⅳ. ①K837.125.38

中国版本图书馆CIP数据核字（2013）第060250号

选题策划：凌　子
责任编辑：凌　子　邱　君　　封面设计：徐　亮
责任印制：王秀菊　　　　　　责任校对：韩　颐　宋　艺

出版发行：中国致公出版社
地　　址：北京市朝阳区八里庄西里100号　邮编 100025
电　　话：010-82259658（总编室）　62082811（编辑部）
　　　　　010-66168543（发行部）
经　　销：全国新华书店
印　　刷：北京温林源印刷有限公司
开　　本：880 毫米 × 1230 毫米　开本：1/32
印　　张：10.5　字数：245千字
版　　次：2013 年 6 月第 1 版　2013 年 6 月第 1 次印刷
定　　价：29.80元（有iPhone, iPad, iTouch的读者到App Store中搜索“乔布斯”下载应用程序）

# 前言

史蒂夫·乔布斯是一位伟大的梦想家（visionary）。在他20多岁的时候，他梦想着让个人电脑进入寻常百姓家，于是世界上有了第一台个人电脑——麦金塔（Macintosh）。在他30岁的时候，他梦想让电脑制作动画，于是世界上有了第一部全电脑制作动画电影——《玩具总动员》（Toy Story）。在他40岁的时候，他梦想让人们更快更便捷地畅游网络，于是世界上有了第一台将上网功能集成在一起的个人电脑——iMac，于是世界上有了最薄的笔记本电脑——iBook。在他50岁的时候，他的梦想越来越多，也越来越宏伟，于是世界上有了第一台将1000首歌放进口袋里的音乐播放器——iPod，有了第一部多点触控手机——iPhone，有了第一台集上网和娱乐于一体的平板电脑——iPad。遗憾的是，在他将近60岁的时候，他的梦想戛然而止。所以，当他在2011年10月5日逝世的时候，苹果公司说：“苹果公司失去了一位有梦想和创新精神的天才”，而美国总统奥巴马说：“世界失去了一位梦想家”。

乔布斯还是一位语言大师。他的语言魅力和沟通能力让每一位和他接触过的人无不为之叹服。当19岁的乔布斯穿着拖鞋去游说风险资本的发明人亚瑟·洛克（Arthur Rock）时，比乔布斯大30岁毕业于哈佛大学的精明商人亚瑟·洛克居然被19岁的大学辍学生乔布斯打动，向苹果公司投下了第一笔风险资金。亚瑟·洛克后来回忆说：“他穿着拖鞋，留着长发，非常长的头发，他留着络腮胡和小胡子，但是他口才极好。”当28岁的乔布斯说服大他16岁的时任百事可乐CEO的约翰·斯卡利（John Sculley）跳槽到苹果公司担任总裁时，犹豫不决的约翰·斯卡利被乔布斯的一番话所打动，乔布斯说：“你想卖一辈子糖水还是想和我一起改变这个世界？”当然，这样的例子不胜枚举。

乔布斯更是一位舞台表演大师。专门研究乔布斯演讲风格的著名作家卡麦恩·加洛（Carmine Gallo）在他的《乔布斯的魔力演讲》一书中这样评价乔布斯的舞台表演：“史蒂夫·乔布斯是世界沟通舞台上最具魅力的大师级人物。没有人能够与其媲美。乔布斯的演讲往往会刺激听众大脑中多巴胺的分泌。而多巴胺尽情释放让听众倍感快乐。”“大多数演讲者只是简单地传递信息，而乔布斯的演讲却能点燃激情。”加洛将乔布斯的演讲秘诀归纳为如下几点：一、明确主题；二、列出大纲；三、激情演讲；四、抽象数字具体化；五、渲染视觉效果；六、反复排练。

总之，乔布斯是当代最伟大的梦想家和创新家，他的梦想和创新源于他对世界的爱和对生活的爱。为了让热爱乔布斯的人们深入了解他，我们围绕着他的梦想、创新和爱情精选他一生当中18次精彩演讲、16次深度访谈、2封辞职信和1封情书，用他自己的语言揭示他的成长历程，揭示他的内心世界，揭示他的梦想舞台，揭示他的爱恨情仇，向我们展示一个有血有肉的乔布斯、一个有着非凡思想和经历的乔布斯、一个改变了世界并通过他留给世界的话继续改变世界的乔布斯。

# 目录

# 01 何谓创新?

## ——1982年6月26日乔布斯在接受“终生成就协会”颁发的“金碟奖”时的演讲[①]

诸位下午好！你们也许在这里坐了很久了，对吗？我今天下午才赶到了这里，因此我……我的思绪还停留在艾奥瓦州的某个地方。

但有几件事要说。有人告诉我说这里的每个人都好聪明。这是真的吗？（笑声）另外，我想稍后和艾瑞克见面。哪位是艾瑞克？噢，嗨，艾瑞克，你好吗？

我们苹果公司有 3500 人，我们制造电脑，今天我有机会和你们中的一些人见面，你们中的很多人已经用过我们的电脑并且把此事告诉了我，为此我非常感激。

我曾经和一个叫做拉夫尔的小男孩谈话。他大概十一二岁，他正使用一台苹果电脑。我告诉拉夫尔，当我还是个小孩子的时候，因为我们没有机会和苹果电脑一起成长，我的第一次接触电脑的经历就是必须做完所有这些事——敲进一段程序，把所有这些卡片送到一个电脑中心，半个小时后你才得到结果，和现在比起来那个时候的电脑就显得太土了。拉夫尔根本就不明白我说的话。

---

① 出生于1955年2月24日的乔布斯在1976年4月满21岁的时候和另外一个叫做史蒂夫·沃兹尼亚克的小伙子共同创办了一家叫做苹果电脑的公司，公司很快就发展壮大起来，不到5年时间就进入了《财富》500强企业的行列。1980年12月苹果公司的股票公开上市交易，乔布斯一夜之间就成了身价达到2.175亿美元的超级富豪，此时他才25岁。1982年总部位于华盛顿的非营利组织“终生成就协会”（Academy of Achievement）将一年一度的“金碟奖”（Golden Plate）颁发给了苹果公司总裁乔布斯，时年26岁的乔布斯在1982年6月26日接受该奖时对出席颁奖仪式的学生以及苹果公司部分员工发表了幽默风趣又激情澎湃的演讲。他在本演讲中用生动的实例谈到了创新的本质和根源，对我们这个以山寨产品而闻名于世的国家有很大的启发。另外，他还谈到了自己对未来世界的展望和期待。

不过这件事说明，年轻人真正的乐观主义精神就在于他们不理解过去这个东西是多么得糟糕，并且他们确实把上一代人的成就不当回事。因此，假如有一件事我希望可以实现的话，就是你们从我们这里听到的“上帝保佑美国”之类的话不会让你们满足于现状，你们要保持理想主义，你们要保持现状不够好的想法，因为你们是世界公民，而世界急需要你们的理想主义，急需要你们的帮助。

这里充斥的都是白手起家的故事。我过去听说过这些故事。但我们要对这样的故事保持警惕，因为很多在别的方面取得真正成功的人今天并没有来到这里，也许是因为他们没有挣到大钱，你们想仔细听的是他们的故事。

人们在这里谈论的一些故事之中往往有一个元素贯穿其中，那就是创新和创造。假如你们真的聪明——你们有没有想过什么是智慧？你们中的一些人也许想过这个问题，是不是？因为你碰到了你的一位朋友，而他是个榆木疙瘩，你也许就想你比他聪明，你想知道你们之间的区别是什么呢？（笑声）我自己思考过这个问题，其中一个区别（在我看来是重大区别）是记忆力，但很大的区别是观察大局的能力，这就像你在80层楼向下俯视整个城市而别的人则对着这些愚蠢的小地图试图想出如何从甲地到乙地一样，你可以看到整幅画面展现在你面前。你可以看到全局，你可以画出看上去明明白白的连接图，因为你能够看到全局。这就是为什么聪明人非常内疚的原因，因为他们想出来这些东西，然后他们就说：“嘿，看看这个玩意吧”，而别人就给了他们这些无言的奖赏，他们觉得很好笑。（笑声和掌声）

但关键是，假如你做出的连接是具有创新性的，你把两种经历连接在一起，你就必须和任何其他人的经历都不相同，否则你做出的连接就和别人一样，于是你就不具有创新性，别人也就不会给你奖赏了。（笑声）因此，你必须做的就是得到与普通事情的经过不同的体验。关于聪明的趣事之一就是每个人都让你走这样一条人生之路：上高中，上大学等等。我听说有个 14 岁左右的孩子上了斯坦福大学，这很了不起啊。这就是不走寻常路的表现，不过你也许考虑去巴黎当几年的诗人，或者想到一个第三世界国家里去。我强烈建议你们那么做，去看看那里的人们，去看看双手掉下去的麻风病人等等。这是非常值得做的事情。你知道吗？这等于同时爱上两个人。（笑声）

你们知道吗？沃特·迪士尼服过迷幻药。他服过一次，这就是他的《幻想》这部电影的灵感来源。（笑声）这是真的，关于这些人的故事你可以到处听得到，成功的关键就是他们有着各种不同的经历，为了解决一个难题或者用某种独特方式摆脱某种特殊困境，他们可以充分利用这些经历。因此，你顶着很大压力去做的事情之一就是沿着一个非常清晰的方向走下去，并相信上帝等等，这很棒，但永远不要因此而从一名僧人旁边白白走过。你坐下来和他攀谈并请他吃午饭。（笑声和掌声）

有一件事曾在我脑海里不断出现并变得越来越清晰——我不知道它是怎么出现在我脑海里的，就是在这个世界上有些事情就在你眼皮底下发生了，而你并不真想改变它。你只是努力在这个世界上找到自己的位置，让自己过上力所能及的好生活，世界自在那里运行，有一些绝顶聪明的人管理着它呢。当你开始和这些人中的一些人打交道时，你发现他们和你并没有太大的差别。那些每天做出掌管世界运行决策的人和你实际上没有那么大的差别。他们或许在某些领域有着更强的判断力，但从根本上说他们和你是一样的。你一旦意识到这一点，你就开始觉得自己有责任做点什么，因为眼前的这个世界很糟糕。我猜想，促使我见过的很多人挺身而出在不同领域有所成就的因素之一就是我们都吃别人炒的菜、穿别人制成的衣服、说别人演变过来的语言、使用别人发明的数学，我们不断地从这个巨大的“水池”里索取着什么。这个世界上最令人痴迷的事情实际上是将某些东西放回到那个“水池”里。我想你在这里听说到的来自各个领域的人以及你没有听说过的一大批人都会和我有同感。这是我遇到的最让人痴迷的事情，因此我愿意极力向你们推荐。

其中一件重要的事——我知道说出来我也许明年就不会被邀请到这里来了，所以我现在就说出来。（笑声）当你过了某个年龄段——我不知道这个年龄段是多少，也许是 25 岁，也许是 30 岁——你就成为了一个继承责任为子孙后代守护地球的人，你们每个人都是这份责任的继承人。我不确定这意味着什么，但是很显然事实就是如此。我认为我们这一代人是你们的守护人，但在某个领域做得非常糟糕，在这个领域我们确实需要你们集合所有力量来帮助我们。在你们一生之中地球保持完整性的可能性目前来看不是很大。前景相当暗淡。我期待着将来有一天自己有了孩子，帮助他们成长为一个心智健全的人。当我的孩子长大成人的时候，你们将成为掌管这个星球的人，所以请你们关注这个问题并努力做点什么，好吗？因为我希望看到自己的孩子长大后也能够来到这里，像你们一样坐在这里听一群有趣的人演讲。谢谢你们。

# 02 我们创办苹果公司是为了让千千万万的人用上电脑

——1984年1月24日乔布斯在股东大会上的演讲①

**乔布斯：**各位上午好。欢迎参加苹果公司1984年度的股东大会。我想用一首20年前由鲍勃·迪伦②写的“老诗”作为本次大会的开场白：

来吧
你们这些用笔作出预言的
作家和评论家们
睁大你们的眼睛
机会溜走不再回身

① 出生于1955年2月24日的乔布斯在1976年4月满21岁的时候和另外一个叫做史蒂夫·沃兹尼亚克的小伙子共同创办了一家叫做苹果电脑的公司，公司很快就发展壮大起来，不到5年时间就进入了《财富》500强企业的行列。1980年12月苹果公司的股票公开上市交易，乔布斯一夜之间就成了身价达到2.175亿美元的超级富豪，此时他才25岁。但随后美国的个人电脑市场狼烟四起，各路英雄纷纷加入进来和苹果公司展开竞争，其中对苹果公司冲击最大的就是被称为“蓝色巨人”的IBM。为此乔布斯加紧了研制新机型的步伐，并在1984年1月24日的年度股东大会上推出了新一代个人电脑——麦金塔。本演讲就是在这种背景下发表的，被公认为是乔布斯早年最为精彩的演讲。但是俗话说：“台上一分钟，台下十年功”，看似轻松演讲的背后实际上隐藏着多少演讲者的心血。据时任苹果公司CEO的约翰·斯卡利回忆（参见本书访谈部分），乔布斯在股东大会前夜的排练并不顺利，因麦金塔经常出毛病而气急败坏，大家都为第二天乔布斯的演讲而捏了一把汗，但是1984年1月24日，奇迹出现了，乔布斯如有神助般地完成了演讲和演示，表现堪称完美，斯卡利称他为“舞台上的表演大师”。乔布斯的这篇演讲语速极快，但吐字清晰，文采飞扬，既激情四射，咄咄逼人，又句句珠玑，不乏幽默，像他短暂而又光芒四射的人生一样：“生如夏花之绚烂，死如秋叶之静美”，这就是乔大帮主的快意人生。

② 这是1964年发行的唱片里的歌曲“The Times They Are A-Changin”中的第二段。鲍勃·迪伦是乔布斯喜欢的歌手之一，他曾经说过：“鲍勃·迪伦是我人生中的一个榜样。当我长大后，我记住了他所有歌曲中的歌词，但我对他的欣赏从来都不是肤浅的，而是从中得出了很多的人生启迪。”

别太早就下结论
命运之轮还在转动
没人能说清楚
它会指向谁的大名
现在的输家
稍后会赢
因为时代在变

现在我愿意向各位介绍一下苹果公司的董事会成员。他们是一些真正引领苹果公司度过这么多年风雨的人，特别值得一提的是我们刚刚经历过暗流涌动的一年。第一位是亨利·森哥顿博士①，他是特丹利公司的董事长；接下来的是皮特·克瑞斯波②，他是文洛克公司的资深合伙人，他永远是我们的第一位投资人；接下来的是亚瑟·洛克③，他永远是我们的董事；我想有一个人对苹果的影响之久无人能及，他就是麦克·马克库拉④；遗憾的是菲利普·施雷恩⑤今天没来，他是梅西百货加利福尼亚分公司的董事长，也是苹果公司的董事；当然还有约翰·斯卡利，他一会儿就到这里。

我现在宣布大会开始，请副总裁兼公司秘书奥尔·艾森斯塔

① 1977-1980年间担任苹果公司董事会董事。

② Peter Crisp：风险资本投资家，1980-1996间担任苹果公司董事会董事，在开除乔布斯问题上他投了赞成票。

③ Arthur Rock：风险资本投资家，1951年毕业于哈佛大学，是当年硅谷几大公司最早的投资人，曾投资于英特尔、苹果、科学数据等公司，获得巨额回报。2003年捐母校2500万美元。

④ 天使基金投资人，苹果公司第二任CEO，在1985-1997年担任苹果公司董事长，在苹果公司形成的早期给予了极其关键的资金支持和管理支持，是他让苹果公司从一个合伙制企业（partnership）变成了公司（company）。1985年他帮助斯卡利赶走了乔布斯，1993年他又把斯卡利赶出了苹果公司。

⑤ Mike Markkula：1979-1987年间担任苹果公司董事会董事。

特主持本年度的股东大会。奥尔?

**艾森斯塔特：**谢谢你，史蒂夫。大家上午好，我是奥尔·艾森斯塔特，我们马上进入大会的正式部分——和法律有关的部分，假如你们愿意的话。但是真正让人激动的时刻希望不是来自我这里。它将来自你们随后听到的发言。

……

好了，这些无聊的数据马上念完了。约翰·斯卡利和史蒂夫·乔布斯马上将告诉你们很多发生在苹果公司的激动人心的事情。

**斯卡利：**大家上午好，我是约翰·斯卡利。我本人想对所有苹果公司的股东、苹果公司的员工、苹果公司这个大家庭里的成员以及我们今天观众席里的很多关注苹果公司的人们说声欢迎你们。但是在展望1984年之前，让我们花几分钟的时间来回顾一下我们公司在1983财年的表现吧。

……

前几周，很多人采访我们，想知道很多有关苹果公司的32位超级微电脑的事。其中有位记者问我：“自从你加入苹果电脑公司以来，发生在你身上的最重要的事情是什么？”我想我的答案就是：在过去9个月里，我在苹果公司里做的最重要的事情就是有机会和史蒂夫·乔布斯建立了友谊。我们两人面临着团结公司员工、领导公司前进的巨大挑战。史蒂夫是苹果电脑公司的创始人之一，是这个行业里对产品抱有梦想的人，我现在很高兴再次请上史蒂夫·乔布斯。

**乔布斯：**时间是1958年。IBM拒绝了收购一家年轻的新公司的机会，这家公司发明了一种叫静电复印的技术。两年后施乐诞生了，IBM从此陷入深深的自责之中。

时间来到了10年后，就是20世纪60年代后期。数字设备公司（DEC）和其他公司发明了微型计算机。对此IBM嗤之以鼻，认为它太小，不能进行大量的计算，因此在计算机业无足轻重。DEC在IBM最终进入微型计算机市场之前成长为了一家市值达几亿美元的公司。

时间来到了10年后，就是70年代后期。1977年，西海岸的一家羽翼未丰的年轻公司——苹果公司发明了苹果II，正如我们今天知道的那样，它是第一台个人电脑。对此IBM还是嗤之以鼻，认为它太小，不能进行大量的计算，因此在计算机业无足轻重。

时间来到了80年代初的1981年。苹果II已经成为了世界上最受欢迎的个人电脑，而苹果公司也已经发展成为了一家市值达3亿美元的公司，成为了美国商业史上成长最快的公司。1981年11月，IBM携IBM PC进入个人电脑市场，要和超过50个的竞争对手一起分一杯羹。

1983年。苹果公司和IBM变成了计算机业最强有力的竞争对手，每家公司在当年的个人电脑上的销售收入大约都在10亿美元左右。1984年，每家公司在研发方面的投入都将超过5000万美元，而在电视广告上的投入也将达到5000万美元，加起来的总费用将近2.5亿美元。

大洗盘[①]正在进行之中。第一家大型公司破产[②]了，其他公司都在破产边缘摇摇晃晃。1983年整个行业的损失甚至让苹果和IBM的利润总和相形见绌。

---

① 这里指的是美国个人电脑市场因竞争激烈而导致价格下跌从而使整个行业蒙受损失，而不是指美国的整个经济衰退，事实上美国经济在1983年开始强劲回升。

② 这里指的是美国个人电脑市场因竞争激烈而导致价格下跌从而使整个行业蒙受损失，而不是指美国的整个经济衰退，事实上美国经济在1983年开始强劲回升。

现在是1984年。IBM似乎妄想吞并整个行业。苹果公司被认为是让IBM只挣自己那份钱的唯一希望。一开始张开双臂热情欢迎IBM的经销商们现在担心IBM一手遮天控制自己的未来。他们中越来越多的人迫不及待地转向苹果公司，因为苹果公司是能够保证他们在未来得到自由的唯一力量。

IBM妄想并吞八荒，它正把矛头瞄准最后一个阻止它控制整个行业的障碍：苹果公司。“蓝色巨人”将会控制整个计算机行业吗？它将会控制整个信息时代吗？乔治·奥威尔[1]的预言会是真的吗？

**广告**[2]**：**今天，我们庆祝“信息净化制度”实施一周年所取得的辉煌成就！我们创建了人类历史上第一个纯洁思想观念的大花园，这里的每个劳动者都会避免受到矛盾和混乱现实的危害。我们的“思想大统一”是我们最重要的精神武器，比地球上任何舰队或军队都更有力！我们是一个民族，有一个意志、一个决心和一个事业。我们的敌人将会在争吵中灭亡。我们将会在它们的争吵中埋葬它们！我们必胜！

1月24日苹果电脑公司将推出麦金塔，你将会明白为什么1984年不像是奥威尔说的“1984年”。

**乔布斯：**迄今为止我们行业里只出现了两款里程碑式的产品：1977年的苹果II和1981年的IBM PC。今天，“丽莎”上市一年后

① George Orwell：乔治·奥威尔（1903-1950），英国小说家。他的小说《1984》是他的传世之作，主要描绘了1984年将变为一个极权主义达到顶峰的可怕的社会，在这个社会中思想自由是一种死罪，独立自主的个人被消灭干净，每一个人的思想都受到严密的控制，掌握权力的人们以追逐权力为终极目标并对权力顶礼膜拜。

② 这则广告的导演是著名科幻电影《异形》和《角斗士》的导演雷德利·斯科特，可惜这则广告只播放了一次就被苹果公司董事会枪毙了。

的今天，我们向业界推出具有里程碑意义的第三款产品：麦金塔。

两年多来我们很多人一直都在致力于麦金塔的研制工作，结果证明它是出奇得好。我们以主流价格点的 2495 美元推出麦金塔，你可以到美国的 1500 多家经销商的任何一家去看看这款产品。

我想概述一下麦金塔电脑的一些创新点。第一个就是我们把“丽莎”机上的技术降到了一个大众化的价格点上，这种技术相当好用，有鼠标、窗口、图标、下拉式菜单，可以用鼠标点击和剪贴。我们努力想办法把价格降到了 2495 美元。

为了达到这一目的，麦金塔使用的是 68000 微处理器，和“丽莎”用的 32 位微处理器一样。它对于“丽莎”技术而言是必须的，它的造价相当于吃掉 8088 个人的早餐。麦金塔使用的是 192 千字节的内存。64 千字节的 ROM[1] 里储存着全部的操作系统，整个图形的基础以及整个用户接口都储存在了 ROM 里。麦金塔有 128 千字节的 RAM[2]。正如同 5 寸软盘是 70 年代的发明一样，3 寸软盘将会成为 80 年代的软盘。它更加安全，我们可以在一张盘的一面存储 400 千字节的信息，你可以把这张盘放进你的口袋里[3]。

麦金塔有内置的四声道喇叭。它可以在一个高清晰、超新鲜的位映射 9 英寸黑白屏幕上和你进行交流，它上面的像素数量是当代任何一款个人电脑屏幕上像素数量的 2 倍。你必须眼见为实，它真的不可思议。所有这些强大功能都装在了那个只有 IBM PC 三分之一大小、三分之一重量的盒子里。

到现在为止你们只看过麦金塔的一些图片。现在我愿意向你

① ROM：只读存储器（read only memory），计算机术语。
② RAM：随机访问存储器（random-access memory），计算机术语。
③ 2001 年推出 iPod 时说把 1000 首歌放进口袋里，成了经典的广告用语。

们一展它的真容。你们即将在大屏幕上看到的图像都是由这个口袋里的玩意生成的。

最近我们对麦金塔谈了很多，但是今天平生第一次我想让它代表自己说几句。

**麦金塔：**大家好。我是麦金塔。从那个口袋里出来的感觉真的不错。因为我不习惯于在大庭广众之下演讲，所以我只想和你们分享我第一次见到一台 IBM 大型机时的感想：永远别相信一台你提不动的电脑。不过现在嘛，我想坐在后面听别人说话了。所以我现在极其自豪地向大家引见一位如同我父亲一样的人——史蒂夫·乔布斯。

**乔布斯：**研发麦金塔的团队坐在了前五排。此时此刻他们一定感到无比高兴。

麦金塔定位在两个主要市场上。第一个市场有着 2500 万的知识工人，他们坐在办公桌后面，特别是那些中小企业里的知识工人。第二个市场是由大学工作者组成的市场。我们想想未来的知识工人吧，仅在校大学生的数量就超过了 1100 万。电话曾经是办公桌上第一个也是唯一一个办公设备。我们认为麦金塔能够成为数千万办公人员桌子上的第二个办公设备。因为在美国的 2.35 亿人口中只有一小部分知道如何使用电脑，而麦金塔面向的是我们其余的人。

我们需要把这一信息传递给那些知识工人和大学工作者。为此我们正在发起苹果历史上最大规模的广告活动，这次活动将在 2 月 6 日的冬季奥运会上打响第一枪。现在我愿意向你们展示 5 个广告宣传片。

那些广告是由 Chiat/Day[①] 代理商中制作《1984》的同一批人制作的。

本国超过 70% 的教育用电脑是苹果电脑。我们对此倍感欣慰。我们对教育进程关怀有加，这也体现了本公司的价值观。对于苹果 II 来说这也是一个很好的支点。今天我高兴地宣布由国内 24 所大学组成的苹果大学联合会成立了。这些大学是意见的领导者。它们是常春藤联盟。它们今天一起订购了超过 1500 万美元的苹果 32 位超级微处理器电脑。以下是这些大学的名单：斯坦福大学、哈佛大学、达特茅斯学院、普林斯顿大学、耶鲁大学、布朗大学、卡内基梅隆大学、芝加哥大学、哥伦比亚大学、宾夕法尼亚大学等等。这个国家的每所明年将大量使用个人电脑的重点大学都选择了麦金塔和“丽莎”。其中很多高校用来做核心开发。所有这些高校正在为美国的另外 3000 所高校树立榜样。它们告诉我们麦金塔是理想的校园电脑。我们对本项目感到非常兴奋。

当我们开始在车库里设计苹果 II 时（大多数人不知道当初我们计划在车库里制造它），我们想假如我们能够每月制造 50 台的话，我们将感到非常高兴。显然我们在 12 月的时候已经超出了预期 2000 倍。但是在麦金塔之前没有任何一款个人电脑一开始就是以百万计的数量设计制造的。从设计麦金塔的第一天起我们就把生产商的生产能力放在心头，我们将其设计成为第一款以数百万计的数量生产的电脑。

麦金塔是由一小组才华横溢的艺术家研发出来的。苹果公司的其他人则对由 100 来名人员组成的核心群体给予支持，这样他们才能够利用这家价值数十亿美元的公司的资源来实现自己的梦

① Chiat/Day agency：是由Jay Chiat和Guy Day于1968年建立的广告公司。

想。我平生第一次有幸和如此优秀如此有才华的人们一起工作。研发麦金塔的经历改变了我们所有有幸在过去几年里参与研发工作的人的生活。我们认为它能够改变数百万人的生活，数百万人在未来几年里将会购买它。我们制作了一段多媒体幻灯片，虽然是供我们自娱自乐的，但是今天我愿意拿出来向你们展示它体现了这个小组的某种精神。我现在就想播放它。

麦金塔是这个世界上保密最差的产品之一，但是这个世界上保密最好的事情之一就是我们今天推出的不是一款产品。今天我们推出的是有着 4 个新款 32 位产品的电脑家族。一年前我们推出了“丽莎 1”，它以鼠标、窗口和图标确立了整个行业的技术发展方向。我们已经看到了不少山寨版的软件，比如 VisiCalc、MS-Windwos①，甚至有传言说 IBM 也将在其产品中加入视窗套装软件。

不过我们今天要推出三款新型“丽莎”机。第一款是“丽莎 2”，它有 512K 的 RAM 和 3 寸软盘驱动器，售价 3495 美元。第二款新机型是“丽莎 2/5”，它有 5M 的硬盘驱动器，售价 4495 美元。第三款新机型是“丽莎 2/10”，它有 10M 的内置硬盘驱动器，硬盘驱动器在软盘驱动器的上方，售价 5495 美元。

所有这三款的“丽莎”机都使用和麦金塔兼容的 3 寸软盘驱动器。对于所有现在拥有“丽莎”机的用户可完全免费地将其“丽莎 1”升级到“丽莎 2/5”。但也许最重大的消息将是所有这三款“丽莎”机型都和麦金塔的软件百分百兼容。现在这四款工作站组成

① 最著名的模仿也许就是微软的Windows系列。1983年微软宣布开发Windows，1985年发布Windows 1.0，没有引起多大反应，接着发布Windows 2.0，市场反响依然不热烈，直到1995年微软发布的Windows 3.0才引起轰动。1988年苹果公司起诉微软，认为后者的Windows涉嫌侵权，官司持续了4年，最终苹果败诉。1997年苹果和微软达成了秘密协议，从此轰动一时的侵权案画上了句号。

了苹果32位超级微处理器家族相互兼容产品的基础。我们看到“丽莎”技术和32位技术能够在此结合。这四款工作站涵盖了一系列的性价比不同的产品，从2495美元的主打产品麦金塔到5495美元的旗舰产品“丽莎2/10”。

我们创办苹果公司不是为了制造合格的产品。我们创办苹果公司不是为了仅仅把电脑放到电脑专家的桌子上让它连上IBM主机。我们想做的和我们现在就想做的就是制造好的产品并把它们送到几千万人的手中。时机从没有像今天这样成熟，有了这些极其好用的32位产品我们从没有像今天这样离那个目标是如此之近。

非常感谢你们!

# 03 乔布斯谈创业经历

## ——1985年2月1日乔布斯接受《花花公子》杂志采访①

**《花花公子》：**我们挺过了 1984 年，电脑业没有统治世界，尽管有些人可能很难相信。假如有那么一个人该为电脑的普及负责或请赏的话，那就是你了，年仅 29 岁就成为了“电脑革命之父”，是计算机领域里的主要竞争者。电脑的普及使得你的财富超越了梦想——你持有的股票市值曾一度接近 5 亿美元，对吗？

**乔布斯：**实际上股票下跌时我一年的损失就是 2.5 亿美元②。（笑）

**《花花公子》：**你还能笑得出来？

**乔布斯：**我不打算让这件事破坏了我的生活。难道这不是一件有趣的事？你知道吗？我对金钱这种事的主要反应就是假如你对它仔细观察的话它就显得滑稽可笑，因为在过去 10 年里发生在我身上的最有远见或最有价值的事不大可能和它有关。但它有时让我感到衰老，当我在大学里演讲时，我发现我是一位百万富翁的事实最令学生们感到敬畏。

我上学的时候刚好是在 20 世纪 60 年代之后，那时实用主义的思潮还没有流行开来。现在的学生们甚至想都不想理想主义或

① 1985年2月1日，即将30岁的乔布斯接受《花花公子》的独家采访，意气风发的他全面回顾了自己前半生的苦乐人生，透露了许多鲜为人知的趣闻，比如他的身世、他小时候在学校的恶作剧、他在印度被剃光头的奇特经历以及他和好友共同创办苹果公司的风风雨雨，是了解乔布斯最为珍贵的第一手资料。但是令他想不到的是，几个月后他竟然被自己一手创办的公司扫地出门，但正如他后来说的那样，他的被炒是“发生在他身上最有意义的一件事”。

② 苹果公司在1983年第4季度亏损，股票价格在短短几个星期里从63美元暴跌至21美元，乔布斯损失2.5亿美元。

至少远远地躲着它。他们当然不让当前的哲学问题占据他们太多的时间，因为他们主要的任务是学习商业知识。尽管如此，60年代的理想主义之风依然在我们身后推动着我们，而我所认识的我这个年龄段的大多数人永远把理想主义留在了心中。

**《花花公子》**：有意思的是计算机领域造就的百万富翁都是——

**乔布斯**：我知道你指的是一群年轻的疯子。

**《花花公子》**：我们想说的是像你和史蒂夫·沃兹尼亚克这样的小伙子，仅在10年前还在车库里工作。似乎你们两人发动了本次革命，那么本次革命是什么呢？

**乔布斯**：我们生活一个100年前发生过石油革命的时代。石油革命给了我们自由能——在这种情形下就是自由机械能。它在很多方面改变了社会的结构。这次信息革命也是一次自由能的革命，但是是另外一种形式的自由能革命：自由智能。今天它还很粗糙，但是我们的麦金塔电脑运行时所需能量还赶不上一只100瓦的电灯泡，但它一天可为你节省几小时。从今天算起20年后或50年后它将能够干什么呢？本次革命将会让石油革命相形见绌。

我们是在最前沿的地方。

**《花花公子》**：也许我们应该停下来让你说说电脑是什么。它们是怎样工作的？

**乔布斯**：电脑实际上很简单。我们坐在这间咖啡厅的长凳上（进行这次采访）。让我们假定你只懂得最基本的方位，你问怎样才能找到休息室。我不得不非常详细地向你描述，给你很精确的指令。我也许会说："下了长凳沿边路向前疾行2米，然后站直了，抬起你的左脚，弯曲你的左膝盖直到它成90度，迈出你的左脚，把身体重量向前转移300厘米。"等等等等。如果你能以比这个咖啡厅里其他人快100倍的速度理解所有那些指令的话，你看起来会像魔术师一样：你能够跑过去抓起一杯奶昔，把它带回来，放到桌子上，甩甩你的手指，我会认为是你自己变出的奶昔，因为相对我的洞察力而言你的速度太快了。那正是电脑做的事情。它接受这些非常非常简单的指令——“去拿一个数加到这个数上，把结果放到那儿，判断一下它是否比另外一个数大”——但执行它们的速度是，比如说，每秒100万次。以每秒100万次的速度计算，结果就像变魔术一样出现在眼前。

这只是一个简单的解释，问题是人们真的不需要知道电脑是如何工作的。大多数人不知道自动变速是怎么回事，但他们知道如何开车。你不必研究物理去了解运动定律才能开车。你不必理解这些东西就能使用麦金塔——但你问了。（笑）。

**《花花公子》：**很显然你相信电脑将会改变我们的个人生活，但你会如何说服一个对电脑持有怀疑态度的人呢？如何说服一个顽固分子呢？

**乔布斯：**电脑是我们见过的最神奇的工具。它可以是一个写字工具，一个通讯中心，一个超级计算器，一个计划者，一位文档管理员，一个多合一的艺术仪器，只需得到令其工作的新指令或者软件即可。没有哪种工具具备电脑的威力和多功能性。我们不知道它会走多远。当前电脑让我们的生活更轻松。它们在不到一秒的时间里完成我们几小时才能完成的工作。它们提升了我们的生活质量，其中一些电脑通过简单地自动化我们的繁琐工作而提升我们的生活质量，而另外一些则通过扩展我们的可能性来提升我们的生活质量。随着形势的发展，它们为我们做的事情将会越来越多。

《花花公子》：今天人们买一台电脑的具体理由有哪些？你们行业的一位经理最近说："我们给了人们电脑，但是我们没有向他们说明如何使用它们。我用手结算我的支票簿比用我的电脑还快。"人们为什么应该买电脑？

乔布斯：对不同的人有不同的答案。在商业上，那个问题比较容易回答：你真的能够以快得多的速度和更高的质量准备文档，你可以做很多事情以提高办公效率。电脑把人们从繁琐的工作中解放出来。除此之外，你给了他们一个鼓励他们创新的工具。记住一点，电脑是工具。工具是帮助我们更好工作的东西。

在教育方面，电脑是自书本之后出现的第一个坐在那里和你无限互动且不加评判的工具。苏格拉底式的教育不复存在，而电脑如果和开明教师结合在一起的话它在真正突破教育方法方面存在着潜力。我们已经在多数学校进行了试点。

《花花公子》：大多数电脑用键盘敲入指令，但麦金塔用一种叫做鼠标——一种在桌子上来回移动指挥电脑屏幕上的指针的小盒子——的东西取代了很多键盘操作。这对习惯了用键盘的人们是一个很大的改变。为什么用鼠标？

乔布斯：如果我要告诉你你的衬衫上有一个小斑点的话，我不会用这样的语言表达："你的衬衫上有一个小斑点，在领子下方14厘米纽扣左边3厘米的地方。"如果你的衬衫上有一个小斑点的话，（他用手指着）我会指着说："就在那里！"指点是我们大家都知道的一种比喻方法。我们做过大量的研究和测试，使用鼠标可以更快地实现各种功能，比如剪切和粘贴，所以鼠标不但更易使用，而且更加有效率。

《花花公子》：你们花了多长时间开发麦金塔？

**乔布斯：**在电脑本身方面我们用了超过2年的时间。之前我们花了数年时间研究潜藏在背后的技术。我认为我从来没有在别的东西上如此卖力地工作，但是对麦金塔的研制工作是我生命中最了不起的经历。几乎所有参与研制它的人都会这么说。到最后我们所有人都不想让它面世。就好像我们知道一旦它从我们手上出去它再也不是我们的一样。当我们最后在股东大会上展示它的时候，礼堂里的每个人都起立欢呼鼓掌，时间长达5分钟。对我来说最不可思议的是我能够看到前几排是我们的麦金塔团队。就好像我们所有人都不相信我们实际上已经完工了一样。每个人都开始哭了起来。

**《花花公子》：**在本次采访开始之前有人向我们发出警告，说我们将会被你“忽悠一把”。

**乔布斯：**（微笑）。我们只是对自己的工作充满激情而已。

**《花花公子》：**但说到激情、数百万的广告宣传以及你自己得到新闻报道的能力，消费者如何知道大肆宣传的背后是什么？

**乔布斯：**广告宣传在竞争中是必须的，IBM的广告铺天盖地。但是好的公关能够教育人们，那就是广告宣传的所有要义。在这个行业你不能蒙人。产品说明一切。

**《花花公子》：**除了不断出现的对产品的一些批评——鼠标不好使、麦金塔的屏幕只是黑白两色——之外，最严厉的指责是苹果机的价位太高。你在意回应其中一个或者全部指责吗？

**乔布斯：**我们作过研究并证明了在数据或应用程序之间来回移动鼠标比传统方式要快。将来我们也许能够以合理价格生产出彩色屏幕。至于定价过高，一件新产品的启动阶段使得它比以后的产品更加昂贵。我们生产得越多，价格将变得越低——

**《花花公子》**：那就是批评者指责你的地方：用溢价抓住那些发烧友，然后转身降低价格抓住市场里的其他消费者。

**乔布斯**：绝不是这样的。一旦我们能够降低价格，我们就会那么做。事实是，今天我们电脑的价格比起几年前的价格要便宜，甚至比一年前的价格便宜。IBM 个人电脑的情况也是这样啊。我们的目标就是让几千万的人用上电脑，而我们把电脑做得越便宜，这个目标就越容易实现。如果麦金塔能卖到 1000 美元一台的话，我乐观其成。

**《花花公子》**：但是当“丽莎”上市的时候，它在市场上相对来说又是一个败笔。哪里出了问题？

**乔布斯**：首先它太贵——大约 1 万美元。还有其他问题：交货晚；软件没有像我们希望的那样最后一起上市，因此我们失去了很多的动力。IBM 来势凶猛，加上我们晚了大约 6 个月的时间，加上定价过高，再加上另外我们犯下的一个战略错误——决定只通过 150 家经销商出售“丽莎”，这站在我们立场上绝对是一个愚蠢的决定——意味着我们犯了一个代价极其沉重的错误。我们决定雇用一些我们认为是市场营销专家和管理专家的人。主意不错，但不幸的是，这是一个新兴的行业，因此那些所谓的专家的知识几乎就成了他们在这个新兴行业里失败的原因。

**《花花公子》**：有句话是不是反映了你的一种不安全感——“这件事闹大了，现在我们正在采取强硬措施，我最好引入一些真正的支持者。”

**乔布斯**：记得吗？我们那时才 23、24、25 岁。我们之前从来没做过这件事，所以它看起来是一件不错的事。

**《花花公子》**：那些决策中的人多数，无论是好的还是坏的，都出自你之手吗？

**乔布斯**：我们从来没有试图让一个人制定出所有的决策。那时有3个人管理公司：麦克·斯科特（Mike Scott）、麦克·马库库拉（Mike Markkula）和我自己。现在是约翰·斯卡利（苹果公司的总裁）和我。在早期，如果有争论，我一般让我的判断服从比我经验丰富的那些人的判断。在很多情况下，他们是对的。在某些重大问题上，假如我们走我的路线，我们会做得更好。

**《花花公子》**：你曾想管理"丽莎"部门。马库库拉和斯科特事实上是你的老板，尽管你插手雇用了他们，他们并不认为你有那个能力，对吗？

**乔布斯**：在建立了概念框架、找到关键人物以及设定技术方向之后，斯科特认为我没有管理经验。这对我伤害很大。这是不可避免的。

**《花花公子》**：你感到自己正在失去苹果公司吗？

**乔布斯**：我想有那么一点吧，但更让我感到棘手的是他们在"丽莎"团队雇用的一大批人的想法和我们的初衷不同。在"丽莎"团队内部，那些本质上想制造类似麦金塔产品的人和那些从惠普以及其他公司雇来的人之间存在着很大的分歧，后者带来的是制造更大机器并向企业销售的理念。我刚刚作出决定我将离开而自行和一个小组去做那件事，和回到车库设计麦金塔有点类似。他们没有把我们的建议当回事。我认为斯科特只是在迁就我。

**《花花公子》**：但这是你自己建立的公司啊。你不怨恨吗？

**乔布斯**：你永远不能怨恨自己的孩子。

**《花花公子》**：即使你的孩子让你走开？

**乔布斯**：我不会感到怨恨。我会对它感到莫大的难过，我会感到沮丧，我的确沮丧过。但是我有苹果公司里最优秀的人才，因为我认为假如我们不那么做，我们会真正地陷入困境。当然，正是这批人想出了麦金塔。（耸耸肩）看看麦金塔吧。

**《花花公子》：**现在下结论还为时尚早。事实上，你当初引进麦金塔的时候也和“丽萨”一样做足了事先的宣传工作,但“丽莎”首先失利了。

**乔布斯：**这是真的：我们对“丽莎”抱有很高的期望，但我们错了。最困难的事情是我们知道麦金塔要来，而且麦金塔似乎会解决任何可能出现的对“丽莎”的投诉。作为一家公司，我们会重新回到我们的根本理念上来——向个人而不是公司出售电脑。我们离开后将制造世界上“好得出奇”的电脑[①]。

**《花花公子》：**要制造“好得出奇”的电脑需要非常之人吧？

**乔布斯：**实际上，制造一台“好得出奇”的电脑和制造这件产品的过程有着极大的关系，和你如何学习新东西接受新思想抛弃旧想法有着极大的关系。但是，没错，那些制造麦金塔的人就有点处于疯狂的边缘。

**《花花公子》：**那些有着“好得出奇”想法的人和那些努力实现“好的出奇”想法的人之间的区别是什么呢？

**乔布斯：**让我把它和IBM的PC比较一下吧。为什么麦金塔团队会生产麦金塔，而IBM里的人会生产PC二代呢？我们认为麦金塔将会卖出无数台，但是我们不为任何别人制造麦金塔。我们是为自己制造它。我们是一群打算评判它是好还是坏的人。我们不

① 应该说iPad的推出实现了乔布斯的这一夙愿。他的insanely great也成为人们形容他的标志性语言，比如有一本介绍乔布斯演讲技巧的书，名字叫做The Presentation Secrets of Steve Steve Jobs: How to Be Insanely Great in Front of Any Audience。有人将insanely great译为“酷毙”也很传神。

出去作市场调研。我们只想尽己所能做最好的东西。如果你是位正在制作精致衣橱的木匠，你不打算在背面使用胶合板，尽管它靠着墙，从来没人看到它的背面。但你知道它就在那里，所以你打算把一块精致的木板用在它的背面。为了晚上睡个安稳觉，你必须始终贯彻美学和高质量的理念。

**《花花公子》:** 你是说制作 PC 二代的那些人不会对自己的产品抱有自豪感?

**乔布斯：** 如果他们抱有自豪感的话，他们就不会生产 PC 二代了。在我看来，他们似乎是在对某一具体细分市场作了调查研究对某一具体客户群作了调查研究的基础上设计电脑的，他们希望如果他们造出了这类电脑，很多人会购买，于是他们就会赚大钱。动机不同。麦金塔团队里的人想造世人从未见过的最好的电脑。

**《花花公子》:** 为什么计算机领域被如此年轻的人把持着？苹果公司职员的平均年龄是 29 岁。

**乔布斯：** 任何新的、革命性的事件往往都是一样的。人们变老的时候思想就僵化。我们的思想有点像电气化的电脑。你的思维模式就好像脑海里的脚手架。你实际上是在雕刻你的化学模式。在大多数情况下，人们为这些模式所困，就好像唱片上的细纹，它们永远逃不出去。很少有人不按照看待事情的某一具体模式、怀疑事情的某一具体模式雕刻“细纹”。你很少看见 30 多岁或者 40 多岁的艺术家能够真正地贡献出令人惊艳的东西。当然，也有一些内心充满好奇之人怀着对生命的敬畏而永葆童心，但这样的人极少。

**《花花公子》:** 很多 40 多岁的人对你真的感到满意。让我们转到另外一件事情上来，当人们提到苹果——指的是公司而不是电脑——的时候人们就谈到这件事。你对苹果公司的运行方式怀有相似的使命感，不是吗？

**乔布斯：**我的确感到除了电脑我们还有另外的方式来对社会产生影响。我认为苹果公司有机会成为80年代后期90年代早期财富500强公司的典范。10到15年前，如果你请人们列一张5个最令人激动的美国公司的名单，宝丽来（Polaroid）和施乐会出现在每个人的名单上。现在它们在哪里？今天它们不会出现在任何人的名单上。发生了什么？公司随着成为数十亿美元的实体而会失去远见。它们在管理人员和实际工作人员之间插入了太多层次的中层管理人员。它们对产品不再有内在的感觉或者激情。富有创造力的人们对公司极其关心，但他们必须说服5层管理人员才能做他们自己知道是正确的事。

大多数公司的情况是，你不能让优秀人才一直待在一个个人成就受到忽视而不是受到鼓励的工作环境里。优秀人才离开了，你剩下的都是庸才。我知道，因为苹果公司就是那么建立起来的。苹果公司就是一家"埃利斯岛"[①]（Ellis Island）公司。苹果公司是靠从其他公司出来的"难民"而建立起来的。这些人都是极其聪明的个体贡献者，但在别的公司里他们曾是麻烦制造者。

你知道吗？埃德温·兰德博士（Dr. Edwin Land）曾经就是一位麻烦制造者。他从哈佛大学辍学，成立了宝丽来公司。他不仅仅是我们这个时代的伟大发明家之一，更重要的是，他看到了艺术、科学和商业的交集，成立了一个能反映那种交集的组织。宝丽来就那样做了好几年，但最终兰德博士，那些聪明的麻烦制造

① Ellis Island：美国纽约市曼哈顿岛西南的一个小岛，1892至1943年间曾用作移民进入美国的中转站。

者们之一，被要求离开自己的公司，这是我听说过的最让人无语的事情之一。于是兰德在75岁的时候离开了公司，把余生花在了纯科学上，试图破解色觉之谜。此人是个国宝。我不明白为什么像他那样的人不能被奉为典型：这将成为一件最不可思议的事——不是宇航员，不是足球运动员——是这样的人。

不管怎样，我们面临的最大挑战之一——我认为这也是5年到10年后约翰·斯卡利和我应该受到评判的依据——就是把苹果公司变成一个市值达100亿到200亿美元的不可思议的大公司。那时它还将保持今天的精神吗？我们正在开辟新领域。对于我们的高增长以及一些新的管理概念，我们没有可以遵循的模式。所以我们必须找到自己的一条路。

**《花花公子》**：在你对电脑的兴趣形成过程中你父母[①]的影响如何？

**乔布斯**：他们鼓励我。我父亲是个机械师，他属于能工巧匠那类人。他能修理好任何东西，他能把任何机械拆开然后再装回去。那就是我最初的印象。我开始对电子学越来越感兴趣，而他常常给我能拆开然后再装回去的东西。我5岁的时候他被调到了帕洛阿尔托。那就是我们最终到硅谷的过程。

**《花花公子》**：你过去一直是被收养的，对吧？那对你的生活造成多大的影响？

**乔布斯**：难道你真的从来不知道吗？

**《花花公子》**：你试图寻找过你的亲生父母吗？

**乔布斯**：我认为被收养的人想弄明白自己的特质来自何方是极其自然的一件事。但是我是一个不折不扣的环境论者。我认为

① 指的是乔布斯的养父母。

你被抚养的方式、你的价值观和你大部分的世界观来自于你的成长经历。但是有些事情是环境因素解释不了的。我想对身世抱有好奇心是很自然的。我寻找过。

**《花花公子》：**你成功地找到亲生父母了吗[①]？

**乔布斯：**我真的不想谈这个问题。

**《花花公子》：**你父母移居的山谷后来被称为硅谷。你在那里的成长情景如何？

**乔布斯：**那是个郊区。那里和美国的大多数郊区一样：我在一个街区长大，有很多伙伴。我在上学之前母亲教我阅读，所以在学校里我感到很无聊，于是我变成了一个小捣蛋鬼。你真应该看看我们在三年级的样子。我们主要是捉弄老师。我们常常把蛇放到教室里，点燃火药。不过到了四年级的时候情况发生了变化。我生命中的贵人之一是一个叫做伊莫金·希尔的女士，她是四年级的老师，她教的是先进班。她用了大概一个月的时间就完全掌握了我的情况，并点燃了我学习的激情。我认为那一年我在学业上学到的东西也许比在学校里任何一年学到的东西都多。一年后他们想让我读中学，但我父母很明智地拒绝了他们。

**《花花公子》：**不过地点和你的兴趣形成有关，对吧？硅谷是如何形成的？

**乔布斯：**硅谷战略性地位于两所名校即加州大学伯克利分校和斯坦福大学之间。那两所大学吸引来的不仅仅是大批的学生而且是来自全美国的非常优秀的学生。他们来到这里，爱上这个地方，他们留在了这里。因此这里常常是新鲜又聪明的人力资源汇集地。

① 乔布斯也用一个反义疑问句奇妙地避免了回答这个不愿意回答的问题。不过后来乔布斯认了自己的生母，却一直不认自己的生父。

第二次世界大战之前，一个叫比尔·休利特（Bill Hewlett）和一个叫戴夫·帕卡德（Dave Packard）的两位斯坦福大学毕业生开办了一家极具创新能力的电子公司——惠普公司。1948年贝尔实验室发明了晶体管。晶体管3名共同发明人之一的威廉·肖克利（William Shockley）决定回到自己的家乡帕洛阿尔托开办一家小公司，叫做肖克利实验室什么的。他带来了大约12名他那个时代最出色最聪明的物理学家和化学家。逐渐逐渐地，人们开始分开，形成了很多竞争性公司，就像你吹口气那些花朵或野草就把种子散落在四面八方一样。那就是为什么今天硅谷在这里的原因。

**《花花公子》：**是谁领你进入了电脑领域？

**乔布斯：**街区南边有一位叫拉里·朗的邻居，他是惠普的一名工程师。他和我一起的时间很长，教了我很多东西。我有生以来见到的第一台电脑就是在惠普。他们常常在每周二晚上邀请我们十来个人到那里给我们上课，让我们摆弄一台电脑。我当时可能12岁，第一次接触电脑。我记得那天晚上，他们让我们看了他们的一台新式台式电脑，让我们在上面玩。我很想要一台。

**《花花公子》：**它的什么东西引起了你的兴趣？你感到它的潜力了吗？

**乔布斯：**什么东西都赶不上那东西。我就是认为它们太好了。我只想拿它找乐子。

**《花花公子》：**你去惠普上班了。那是怎么回事？

**乔布斯：**我12或13岁的时候，我想造点什么东西，我需要一些零件，于是我拿起电话打给比尔·休利特——帕洛阿尔托的电话簿上有他的电话号码。他接了电话，他真是个好人。他和我聊了有20分钟的时间吧。他根本不认识我，但他最后给了我一些零件，那年夏天他给了我一份工作，让我在惠普的生产线上装配计频器。说“装配”可能是一个太过强烈的字眼。我的工作是把螺丝放进去。那没关系啦，反正我感觉像在天堂。

我记得我第一天就向我的主管，一个叫克里斯的小伙子表达了我暑期在惠普打工的满腔热情和无限喜悦，我告诉他说我在世界上最喜欢的东西就是电子学。我问他最喜欢干的事情是什么，他看着我说：“搞女人！”（大笑）那年夏天我学了很多东西。

**《花花公子》：**什么时候你遇到了史蒂夫·沃兹尼亚克？

**乔布斯：**我 13 岁的时候遇到了沃兹，是在一个朋友的车库里。他那时大约 18 岁。他像是我那时候遇到的第一个比我更懂电子学的人。我们成了好朋友，因为我们都对电脑感兴趣，而且我们都有幽默感。我们在一起搞各种恶作剧。

**《花花公子》：**比如呢？

**乔布斯：**（咧嘴笑）都是正常的恶作剧。像制作一面巨大的旗子，上面印着一个巨大的手指头（伸出一个手指）。我们的想法就是在某所学校的毕业仪式中间打开这面旗子。后来有一次沃兹尼亚克造了一个看起来像炸弹听起来也像炸弹的东西，把它带到了学校餐厅里。我们还一起干过“蓝盒子”生意。

**《花花公子》：**那些是非法设备，可以让人们免费打长途电话，是不是？

**乔布斯：**嗯。关于“蓝盒子”的一个有名的故事是沃兹给梵蒂冈（Vatican）打电话，告诉他们他是亨利·基辛格[1]。他们半夜派人叫醒教皇，过后才琢磨过味来，知道他不是真的基辛格。

**《花花公子》：**这些事给你惹麻烦了吗？

① Henry Kissinger（1923-），美国政治家，前国务卿（任期1973-1977）。

**乔布斯：**哦，好几次我被赶出校门。

**《花花公子》：**那个时候，或者说你一直就是一个电脑迷吗？

**乔布斯：**我那时对什么事都不专注。周围有太多别的事情在发生。在高二和高三之间，我第一次吸大麻，我发现了莎士比亚（Shakespeare）、迪兰·托马斯（Dylan Thomas）和所有经典作家的作品。我阅读《白鲸记》（Moby Dick），作为高二的学生我回头参加了创作课。等我上高三的时候，我得到许可可以拿出大约一半时间到斯坦福大学上课。

**《花花公子》：**在某些时候沃兹尼亚克对电脑痴迷吗？

**乔布斯：**（大笑）是的，但不仅仅是对电脑痴迷。我认为沃兹当时进入了一个不为外人所知的世界。没人分享他的兴趣，他有点超前。他很孤独。他受内心的见识而不是外在的期望所驱使，所以他挺了过来。沃兹和我在多数情况下是不同的两类人，但是在某些方面我们又一样，在那些方面我们非常密切。我们有点像两个星球运行在各自的轨道上，时不时地相交一下。也不仅仅是在电脑方面。沃兹和我都很喜欢鲍勃·迪伦的诗，我们花了很长时间在思索那些东西。这是在加利福尼亚。你可以得到斯坦福大学新研制的LSD。你可以和女朋友晚上睡在海滩上。加利福尼亚是搞实验的好地方，是开放——向新机会开放的好地方。

除迪伦之外，我还对东方的神秘理论感兴趣，它几乎是在同一时间冲击到了我们这座海滨城市。在我去俄勒冈州的里德学院（Reed）上学时，常常有一股人流到里德学院随访，从提摩西·李勒瑞[1]和理查德·阿尔伯特[2]到盖里·斯奈德[3]。那里不断有知识分

① Timothy Leary（1920-1996），美国心理学家和作家。
② Richard Alpert（1931-），美国当代精神导师。代表作就是《Be Here Now》。
③ Gary Snyder（1930-），美国诗人。

子质疑生命的真义。那个时候这个国家里的每个大学生都读《就在那里》(Be Here Now)以及《一座小行星的饮食》[1](Diet for a Small Planet)——大约有10本这样的书。在今天的大学校园里你很难发现那些书了。我不是说这是更好或是更坏的现象，我只是说时代不同了——大不相同。《追求卓越》[2](In Search of Excellence，一本关于商业运作的书)取代了《就在那里》。

**《花花公子》：**回顾过去，那样的经历如何影响你今天的作为？

**乔布斯：**整个时期都产生了巨大的影响。因为很显然60年代已经成为了过去，同样显然的是很多经历过60年代的人最终不仅没有取得他们打算取得的成就，还因为他们已经抛弃了专业课而没有多少退路可走。我的很多朋友最后被那一时期的理想主义打上了深深的烙印，但同时他们带有某些实用主义和小心谨慎的色彩，最终他们在45岁的时候在自然食品店的柜台后面工作，他们看到他们岁数较大的朋友的结果也是如此。那倒不是说那件事本身就是坏事，但是如果那不是他们真正想要的结果的话，它就是糟糕的事了。

**《花花公子》：**从里德学院出来后你回到了硅谷，回应了一则现在很著名的广告，广告宣称："开心去挣钱"。

**乔布斯：**对。我决定去旅游，但缺乏必需的资金。于是我回到硅谷想找份工作。我在报纸上寻找，发现了这则广告，它说，是的，就是"开心去挣钱"。我打电话过去。是雅达利公司(Atari)[3]。除了还是孩子时的那一次之外我之前从来没干过一份工作。靠某种

① Diet for a Small Planet：《一座小行星的饮食》，是1971年美国最畅销的书，作者是美国女作家弗朗西斯·拉佩(Frances Moore Lappe)。

② In Search of Excellence：美国管理大师托马斯·彼得斯的代表作。

③ Atari：雅达利(美国一家电脑游戏机厂商)。

运气吧，他们第二天给我打电话雇用了我。

**《花花公子》**：那一定是在雅达利最早的阶段。

**乔布斯**：我好像是第 40 名雇员。它是一家很小的公司。他们已经开发了乒乓球游戏机和其他两款游戏机。我的第一份工作就是帮助一个叫唐的家伙研究一款篮球游戏机，这项任务是场灾难。有了这款篮球游戏机，有人就开发曲棍球游戏机。他们试图根据简单的田径运动仿造他们所有的游戏机，因为乒乓球游戏机获得了巨大的成功。

**《花花公子》**：你永远没有失去工作的理由：去挣钱这样你就可以旅游了。

**乔布斯**：雅达利向欧洲发售了很多款游戏机，它们存在着一些工程方面的缺陷，而我知道如何修理它们，但需要某个人到那里去做实际修理工作。我自告奋勇要到那里去，并要求当我到达那里的时候我要休假。他们让我去办这件事。我最终去了瑞士，后来从苏黎世（Zurich）到了新德里（New Delhi）。我在印度待了一段时间。

**《花花公子》**：在那里你剃了光头。

**乔布斯**：事情发生得相当突然。我当时正在喜马拉雅山（Himalayas）一带漫游，偶然遇到了这件事，后来知道这是一个宗教节日。有一个“巴巴”（baba），他是一位神职人员，是负责这个特别节日的神职人员，他身边有一大批信徒。我能够闻到一股美食的味道。我有好长时间不走运没有闻到美食的味道了，于是我漫步向前献上我的敬意并吃了一顿午餐。

由于某种原因吧，这个“巴巴”一看到我坐在那里吃饭就立即朝我走来，坐在我旁边放声大笑。他不大会说英语，而我也只会讲一点印度语，但他努力和我进行对话，而且他只是笑得前仰后合。然后他抓住我的胳膊，带着我沿山路上去。这真有点滑稽，因为有好几百号印度人不远千里前来就是为了和这个人走上 10 秒钟，而我偶然在那里吃东西就被他拖上了山。

半小时后我们到了山顶，山顶上有一口细井和一湾池塘，他把我的头按进水里，然后从口袋里拿出一把剃刀开始给我剃发。我完全惊呆了。我只有 19 岁，在一个陌生的国家里，在喜马拉雅山上，而身边就是这位行为古怪的印度“巴巴”，他刚刚把我从人群中拽出来，现在又在山顶上给我剃发。我现在还不明白他为什么那么做。

**《花花公子》：**你回来后做了什么？

**乔布斯：**回来时的文化冲击比去的时候还大。是这样，雅达利给我打电话让我回去工作。我真的不想去，但最终他们说服了我回去当顾问。沃兹尼亚克和我出去逛街。他带我到了“家酿计算机俱乐部”的聚会现场，在那里电脑爱好者交换意见等等。我发现并非所有聚会都让人兴奋，但有些聚会很有趣。沃兹尼亚克很虔诚地参加聚会。

**《花花公子》：**那时人们对电脑有什么样的想法？你为什么感兴趣？

**乔布斯：**俱乐部是围绕着一个叫做“牛郎星”[①]的电脑套装而成立的。它对我们所有人来说是如此的神奇以至于有人想出了一个造一台我们可以自己拥有的电脑的想法。此前那种想法永远不

---

① Altair：世界上第一台个人电脑，是美国微仪系统家用电子公司(MITS，Micro Instrumentation and Telemetry Systems)开发的，曾吸引了无数使用者。1975年它第一次出现在美国《大众电子学》杂志一月刊的封面，随即点燃了个人电脑热潮。

可能实现。我还记得，当我们在中学的时候，我们两人都没法接触到一台电脑主机。我们必须开车到某个地方，恳求某家大公司对我们发善心让我们使用电脑。但现在你第一次能够买一台电脑。“牛郎星”是1975年左右出现的，售价不到400美元。

即使它相对比较便宜，也不是人人都能买得起。因此电脑俱乐部应运而生。人们聚在了一起并最终形成了一个俱乐部。

**《花花公子》：**你们用临时电脑干些什么？

**乔布斯：**那个时候电脑里没有图形，全都是数字和字母，我常常沉醉于编程之中，是简单的编程。在早期版本的电脑套装里，你甚至不能打字，你通过转换开关来发送字符信号。

**《花花公子》：**那时的“牛郎星”代表的是家用电脑的概念。

**乔布斯：**它只是那类你能够拥有的电脑。他们真的不知道拿它来干什么。他们用它来做的第一件事就是把编程语言放到里面，这样你就可以写一些程序。人们还没有开始用它来处理一些实际问题直到一两年后，接下来就用它处理一些简单的事情，比如记账。

**《花花公子》：**于是你决定你可以做一台更好的“牛郎星”。

**乔布斯：**我刚刚萌生了那么个想法。我晚上在雅达利工作很长时间，我经常让沃兹进来。雅达利发布了一款称为“Gran Track”的游戏机，这是第一款使用方向盘的驾车游戏机。沃兹痴迷于玩“Gran Track”游戏。为了玩这款游戏他常常投入大量硬币，于是我让他晚上过来，让他待在生产车间里以便通宵玩Gran Track。

当我在工程项目上遇到难题时，我会让沃兹中断他的“汽车拉力赛”休息10分钟，然后过来帮忙。他也在其他一些事情上浪费时间。有一天他设计了一款带有显示器的计算机终端。几天后他购买了一台微处理器，将其与终端相连接，这就造出了苹果一代。

沃兹和我自行设计了电路板。情况基本就是这样。

**《花花公子》：**这次的想法又只是做着玩？

**乔布斯：**是的，当然。就是能够向你的朋友们炫耀。

**《花花公子》：**是什么促使你们走到了下一步——生产并销售它们从而赚钱？

**乔布斯：**沃兹和我一共筹集了1300美元，我卖掉了自己的大众轿车，而沃兹则卖掉了他的惠普计算器。有一个人（他是最早开办电脑商店的老板之一）告诉我们，如果我们能生产这些产品，他就可以销售它们。直到那时我们才开始明白通过这个赚钱。

**《花花公子》：**你是怎样和沃兹尼亚克一起工作的？

**乔布斯：**产品的大部分内容是他设计的。我帮助完成存储器部分并帮助作出何时将其转化为产品的决定。沃兹并不擅长将东西转化为产品，但他的确是一个聪明的设计师。

**《花花公子》：**苹果一代是为电脑爱好者而设计的吗？

**乔布斯：**完全是这样。我们一共只卖出了150台。那不是一笔大买卖，但我们赚了大约9.5万美元。苹果一代只是一块印制电路板。它没有机箱，没有电源，还算不上一款好产品。它只是一块印制电路板。你必须到外面为它购买变压器。你必须购买自己的键盘。（笑）

**《花花公子》：**一旦事情顺利展开，你和沃兹尼亚克是否有一种预感？你们两个想过它会变得如何强大以及电脑如何能够改变这个世界吗？

**乔布斯：**没有，没有具体想法。我们两人都不知道会走到哪一步。沃兹的动力来自于把东西想出来。他把更多的精力放在了工程上面并继续造出他最出彩的杰作之一，那就是磁盘驱动器，这是让苹果二代成为可能的另外一项重要的工程壮举。那时我正在试着建立这个公司——试着弄明白我们是一个什么样的公司。我认为没有沃兹事情不会办成，我也认为没有我事情不会办成。

**《花花公子》**：随着时间的推移，你们的合作关系有何变化？

**乔布斯**：主要问题是，沃兹从未真正对苹果公司感兴趣并把它当做公司看待。他只是对把苹果二代放在一块印制电路板上感兴趣，这样他就能够得到一块然后就能够把它带到他的电脑俱乐部去而在路上不会断线。他做到了那一点，并决定继续做别的事情。他有其他的想法。

**《花花公子》**：比如美国摇滚音乐节和电脑展，他在上面花了大约 1000 万美元吧。

**乔布斯**：我觉得美国摇滚音乐节有点疯狂，但沃兹对它抱有很强烈的信念。

**《花花公子》**：现在你们二人的关系如何？

**乔布斯**：当你与某一个人如此亲密地在一起工作并且你有过像我们那样的经历时，你们两人之间一生都会有一种纽带。无论你们如何争吵，纽带仍然存在。即使随着时间流逝他可能不再是你最好的朋友，但这种超越友情的情谊在某种程度上仍然存在。如今沃兹过着自己的生活。他已经有大约5年时间没来苹果公司了。但他的所作所为将会名垂青史[1]。如今他正在四处参加很多计算机大会并发表演讲。他喜欢那样。

**《花花公子》**：你们二人继续制造苹果二代，实际上引发了计算机革命。这是怎么发生的？

---

① 有一张照片，是沃兹排队买iPhone4s。昔日的战友已驾鹤西去，只留下沃兹买iPhone4s怀念老朋友，看了这张照片让人唏嘘不已。

**乔布斯：**不仅仅是我们两个。我们还带来了其他人。沃兹尼亚克依然负责制作苹果二代的逻辑线路部分，这当然是电脑的大头，但也有其他关键部件。电源是真正的关键。机箱也是真正的关键。真正令苹果二代起飞的是它是一款制成品。它是你可以购买的第一台电脑而不是一个套件。它全副武装，拥有自己的机箱和键盘,你真正能够坐下来使用它。那就是苹果二代的突破性进展：就是它看上去像一件真正的产品。

**《花花公子》：**当你在上大学还没搞电脑的时候，你和你的同学认为作出贡献的方式是什么？搞政治？

**乔布斯：**我在大学认识的真正聪明的人中，没有一个进入政界。就让世界发生改变而言，他们都觉得政界不是60年代后期和70年代的政界。现在他们所有人都经商——这很有趣，因为他们是和那些长途跋涉去印度的人或想方设法找到生命真谛的人是一类人。

**《花花公子》：**难道经商和金钱的诱惑最终不是容易的选择吗？

**乔布斯：**不，那些人中没有一个是在乎钱的。我是说，他们中的很多人挣了大钱，但他们并不真的在乎钱。他们的生活方式并未有显著改变。他们在乎的是去尝试一些事情、去失败、去成功、去成长的机会。过去10年，如果你急于想干事的话，政界并不是那样的地方。

**《花花公子》：**你对苹果的领先地位感到十分自豪吧。你对那些成立时间较早却不得不追赶较年轻企业的公司怎么看？它们会消失吗？

**乔布斯：**那是不可避免的。所以我认为死亡是生命中最奇妙的发明。它把那些陈旧落伍的模式从系统中清除出去。我想那就是苹果公司所面临的真正挑战之一。当两个年轻人拿着新东西走进来的时候，我们会接受它并大赞其妙吗？我们愿意放弃我们的模式还是我们极力辩解？我想我们将会做得更好，因为我们完全清楚这一点并将其列为我们的头等大事。

**《花花公子》：**在考虑自己取得的成功的时候，你有没有拍拍脑袋问问自己到底发生了什么？毕竟你几乎一夜成名。

**乔布斯：**我曾经一直在想要是一年卖出 100 万台电脑多好，但那不过是一个闪念。但当它真的发生了的时候,情况完全不同了。我当时的感觉是，“天啊，它真的变成现实了！”然而，难以解释的是我并不觉得这种成功是一夜之间得到的。明年将是我办苹果公司的第 10 个年头。办公司之前，我从未花费超过一年时间去做一件事。对我来说用 6 个月时间创办苹果公司就已经很长了。因此我的人生一直就是这个样子，因为我一直是一个有着自由意志的成年人。每一年都充满了麻烦和成功，充满了学习的经验和人生的经验，因此我在苹果公司的一年相当于我的一生。所以这 10 年就相当于我的 10 个人生。

**《花花公子》：**在剩下的时光里，你知道自己想如何度过吗？

**乔布斯：**印度有一句谚语：“生命中的前 30 年,是你培养了习惯。生命中的后 30 年，是习惯造就了你。”到 2 月份我就 30 岁了，这句话一直回荡在我的耳边。

**《花花公子》：**还有呢？

**乔布斯：**我不确定。我将永远和苹果公司联系在一起。我希望终我一生我将把我的生命之线和苹果公司的生命之线相互交织在一起，就像壁毯一样。尽管我可能会离开公司几年，但我将常常回来看看。那就是我可能努力去做的事情。关键是要记住我依然是个学生。我依然是在新兵训练营。假如有人想知道我的任何想法的话，我会把那一点记在心间。不要对所有的事情都太在意。假如你想以一种创新的方式度过人生的话，就像艺术家那样，你就必须不能老是回顾过去。你必须愿意接受你所做的一切，接受你自己而无论自己是个什么样的人，然后把它们统统抛到九天云外。我们到底是什么？大多数情况下我们认为自己只是好恶、习惯和模式的集合体。我们是什么人的核心是我们的价值观，而我们作出的决定以及行为反映了我们的价值观。那就是为什么人们很难接受采访并成为名人：随着你的成长和变化，外面的世界越是努力把你塑造成它所认为的形象，你继续成为一名艺术家的可能性就越小，这就是为什么很多时候艺术家必须离开的原因，“再见了。我必须离开。我要发疯了，我将离开这里。”他们走了，在某个地方隐姓埋名。也许后来会以稍微不同的面貌重现江湖。

**《花花公子》**：你可以离开。你当然不用担心钱的问题。你依然在工作——

**乔布斯**：（大笑）因为负罪感。对金钱的负罪感。

**《花花公子》**：让我们谈谈金钱吧。你在23岁时就成为了百万富翁——

**乔布斯**：24岁时，我的净资产超过了1000万，25岁时超过了1个亿。

**《花花公子》**：拥有100万美元和拥有数亿美元的主要区别是什么？

**乔布斯**：知名度。在美国净财富在100万美元以上的人数数以万计，而净财富在1000万美元以上的人数则降到了几千名，而净财富在1亿美元以上的人数则降到了几百名。

**《花花公子》**：金钱对你意味着什么？

**乔布斯**：我依然没有搞明白。拥有一生都花不完的钱是一种巨大的责任——我感到我必须花完它。如果你死了，你当然不希望将巨额资产留给子女，那只会毁了他们的生活。如果你死而无嗣，你的钱统统进入国库。几乎所有人都认为自己可以比政府更加精明地把钱用于慈善事业。你所面临的挑战是如何用这些钱生活并让它回到社会重新进行投资，这就意味着要么你把它送给别人，要么用它来体现你的关怀或价值观。

**《花花公子》**：那你怎么做？

**乔布斯**：这是我努力保持生活隐私的一部分。等我有时间的时候，我将建立一只公共基金。我现在在做一些私密的事情。

**《花花公子》**：你可以花很多时间去挥霍你的金钱啊。

**乔布斯**：噢，必须的。我相信有效地花掉 1 美元比赚 1 美元要困难。

**《花花公子》**：那是你推迟做某事的理由吗？

**乔布斯**：不是。那么做的理由很简单。一个理由就是为了学会如何把事情做好，有时候你不得不放弃。为了放弃，就必须有一个度量体系。那就是大部分慈善事业所存在的问题——没有度量体系。你给了某人一些钱让他去做某事，大多时候你在判断那个人或他的想法或他们的实施结果时你永远不能真正地去衡量你到底是失败了还是成功了。因此假如你不能成功或失败地去判断，要想得到更好的结果真的很难。同样地，带着想法找到你的那些人大多时候都没有提供最好的想法。你自己去找出最好的想法又要花很多时间。

**《花花公子》**：假如你打算利用自己的知名度来为人们树立一

个榜样的话，为什么这个领域是你不选择讨论的领域之一。

**乔布斯**：因为我还没有做太多的事情。在那个领域，行动最能说明问题。

**《花花公子》**：你是位彻头彻尾的正人君子呢还是承认自己有铺张浪费的行为呢？

**乔布斯**：哦，我一生中最喜欢的东西是书籍和日本寿司还有……。它们花不了我多少钱。显而易见的是我们大家都拥有的最宝贵的资源就是时间。实际上，我为没有拥有太多的个人生活而付出了代价。我没有时间去谈情说爱，我也没时间去意大利的小镇上观光旅游，我没有时间坐在咖啡店里吃番茄拌马苏里拉奶酪沙拉。有时候我会花点时间去为自己辩解，这意味着时间。基本就是这些。我在纽约买了套房子，但这是因为我喜欢那座城市。我正在努力教育自己，自己来自加利福尼亚的一座小镇，不是在大城市里的有教养和有文化的环境里长大。我将其视为自我教育的一部分。你知道吗？苹果公司里有很多人能够买他想买的东西，但他们的大部分钱依然没有花掉。我讨厌把这个当做一个问题来谈论，人们读到这里的时候会想：好啊，把你的问题分给我一点点吧。他们会认为我有点不知天高地厚。

**《花花公子》**：以你的财富和过去的成就，你有能力去追寻那些常人无力追求的梦想。这种自由让你感到害怕吗？

**乔布斯**：当你有能力承担起实现自己梦想的责任时，当你被认为应该为梦想能否实现承担责任时，你的生活就会困难得多。当实现你想法的机会还相当渺茫的时候你有奇妙的想法是很简单的一件事。但当你有一线机会去实现自己的理想时，你的责任会陡然增加很多。

**《花花公子》：**我们已经谈到了你对于不远将来的看法，那么遥远的未来又怎么样？假如我们还在幼儿园，你开始想象一些电脑将会改变我们生活的方式，你会预见到什么？

**乔布斯：**当我从印度回来的时候，我发现自己在问自己一个问题：影响我的最重要的东西是什么？我认为西方的理性思想不是人类内在的特征。它是学习的能力。我从来没有想到过，假如没人教我们如何以这种方式去思考问题，我们就不会以这种方式去思考问题。但事实就是如此。显然教育面临的巨大挑战之一就是教会我们如何思考。我们发现，电脑实际上将会影响我们思考问题的质量，因为越来越多的孩子们接触到这些工具。人类是工具的使用者。一本书的真正神奇之处在于你可以阅读亚里士多德（Aristotle）写的东西。你不需要老师对亚里士多德进行解读。你当然能得到那种解读，但是你能够准确阅读亚里士多德写的东西。那种思想和观点的直接传输是我们社会之所以走到今天的重要积累之一。但书的问题是你不能向亚里士多德提问题。我想电脑的潜力之一是捕捉到人生经验里的根本原则。

**《花花公子》：**比如呢？

**乔布斯：**这里给出一个非常粗糙的例子。最初的视频游戏——“乒乓球”游戏捕捉到引力、角动量等等的原则，每款游戏都遵循这些原则，但是所有游戏又不一样，有点和人生一样。那是最简单的一个例子。计算机程序所能做的就是捕捉基本原则、基本本质，然后在理解那些基本原则的基础上帮助数千人进行体验。假如我们能够捕捉到亚里士多德的世界观——他的世界观的基本原则会怎么样呢？那你就能够向亚里士多德提问题。好吧，你也许说那不是真正的亚里士多德。它可能全搞错了。但也许没错。

**《花花公子》：**但你会说它至少是有意思的反馈。

**乔布斯：**正是。我想我面临的挑战之一就是让几百万乃至几千万的人得到这些工具，这样一来我们有朝一日就可以由粗糙到精细地捕捉到某个活的亚里士多德或爱因斯坦（Einstein）或兰德（Land）。想象一下那对一个正在成长的孩子来说意味着什么。即使不为了孩子，也为我们自己嘛！那就是挑战之一。

**《花花公子》：**你自己会努力做那件事吗？

**乔布斯：**那是别人的事。那是下一代的事。我认为在智力探究领域存在着一个有趣的挑战，就是我们体面地退出历史舞台，因为形势变化太快，以至于到80年代末期我们真的打算把大权交给下一代，他们的基本观念是最先进的观念，因此他们可以站在我们的肩膀之上继续前进，而且走得更远。这是一个相当有趣的挑战，不是吗？如何体面地退出历史舞台。

# 04 我们正在进入另外一个自由能革命的时代

——1985年6月25日乔布斯在瑞典隆德大学的演讲[1]

房门已经锁上了，你们中所有没签字买电脑的人留在这里，我们将把歌手领回来[2]。

能够来到这里和你们在一起我感到非常高兴。这是我个人的一个……我的个人希望和愿望之一实际上就是我认为电脑能够在世界范围内彻底改变教育的进程。

我们在这里试图做的……对于电脑是什么，你们可以有很多看法。我的独家看法是电脑是一个新媒体，一个新媒体，是众多媒体中的一个——和报刊、电视、收音机一样。未来的电脑在很大程度上将被视为软件的载体，就像书籍是一种载体一样，只不过书籍承载的是不同种类的“软件”。

无论我们什么时候开发一种新媒体，我们一般情况下往往会退回到从旧媒体中形成的旧习惯。举个例子，当电视机第一次出现在美国时，第一批电视节目只是把镜头简单地对准收音机节目。

① 1985年对于苹果公司来说是艰难的一年，因为公司新推出的麦金塔（Macintosh）的销售并不理想，而对于苹果公司的合伙创始人史蒂夫·乔布斯来说更是遭遇人生重大挫折的一年，因为他费尽心机从百事可乐挖过来的公司CEO斯卡利准备把他赶出苹果公司。但乔布斯不是消极等待、坐以待毙的人，他抓住一切机会向外界推销麦金塔，想用事实来向董事会证明自己的决策是正确的。正是在这样的背景下，乔布斯在1985年6月份开始了他的“苹果大学联合会欧洲分会”（Apple University Consortium Europe）项目，准备和欧洲一些知名大学进行合作，瑞典著名大学隆德大学（Lund University）是第一批签约的大学。1985年6月25日苹果公司董事会主席乔布斯乘坐直升飞机来到了瑞典隆德大学（Lund University）庆祝校企合作并在庆祝宴会上发表了简短即席演讲，主要阐述了未来电脑在教育中的作用，当然也谈到了苹果公司的困境，但他认为困难是暂时的，前途是光明的。不过，1985年幸运女神没有眷顾乔布斯，他于1985年9月17日黯然离开了自己一手创办的苹果公司。

② 指欢迎仪式上出现的颇具地方特色但很古怪的歌舞。这是乔布斯的幽默话。意思是，如果你们不签订购买合同的话，我就把那些歌手请回来唱歌，烦死你们。

到20世纪50年代后期电视真正成为电视时，时间已经过去了二三十年。

我们因为有了光盘而有了互动视频的新媒体，我们用它做的第一件事是什么呢？我们用来看电影。因此这再次说明，我们往往摆脱不了老习惯。同样，当个人电脑被发明出来后，我们倾向于将其视为大型电脑的迷你版，于是我们把Cobol① 和Fortran② 以及类似这种稀奇古怪的东西一股脑放进里面，我们只是认为它经济实用而没有看到它真正具备的革命性本质。

你们知道是谁当了亚历山大大帝③14年的老师吗？你知道？是亚里士多德④。当我读到这里时，我就变得无比嫉妒。我想我会大大地享受当他学生的乐趣。通过神奇的纸张我可以不需要中间人即可阅读亚里士多德的著作。也许假如有位教授讲解的话，他可以充当中间人的角色。但至少可以直接引用亚里士多德的话。而这当然就是西方文明赖以建立的基础。

不过我不可以向亚里士多德提出问题。我是说我可以向亚里士多德提出问题，但我不会得到答案，因此我希望在我们的有生之年，我们能够制造出一种新的交互式工具。

当我看到个人电脑时，我就知道我们还生活在以新的自由能源即石油化工为代表的后工业革命时代，对吧？它彻底改变了社会，更多的石油化工产品让我们知道我们今天依然生活在后工业革命时代。

---

① COBOL：abbr. 面向商业的通用编程语言（Common Business—Oriented Language）。

② FORTRAN：abbr. 公式翻译程式语言（formula translator）。

③ Alexander the Great：亚历山大大帝（希腊的征服者，马其顿国王及将军）。

④ Aristotle：亚里士多德（约公元前384年—公元前322年），古希腊哲学家，逻辑学家，科学家。

我们正在进入另外一个自由能革命的时代。你们知道吗？麦金塔使用的能量比这几个灯泡用的能量还少。是的，它可以让我们每天节约几个小时或者给我们一种全新的体验。它是一种的自由知识能。它是粗糙的,非常粗糙。但它一年比一年变得更加精细。在我们的有生之年，它应该变得非常精细。

因此我希望有朝一日当下一个亚里士多德在世的时候，我们能够把他的主要世界观捕捉到电脑里，将来的学生能够做的不仅仅是阅读这位亚里士多德的著作，还可以向他提问题并得到答案。这就是我希望我们能够做到的事情。

因此这只是一个开始。我认为现在的电脑机业正处于低潮，无论是个人电脑业还是大型电脑业，这一点你们是知道的。现在是困难时期，但是我相信亨利·福特在20世纪20年代也曾遇到了一些糟糕的财政季度，汽车业遭遇到了历史性的停滞。人们发明了最低工资制，随后一连串事情必然发生。个人电脑的情况也是如此。在我们身后有一股强大的推动力。我想今年也许是延迟的一年。将来我们回首这一年时也许会说：“哦，1985年曾是发展缓慢的一年。”但我们身后这股推动力量是如此之大，自由知识能为代表的自由能革命必将发生和蔓延，必将永远改变教育的进程。

我还是希望在这件事情早点发生，不要让一代又一代的学生空等待。它将会在20年内发生。它也许会在10年内发生，但它可以在5年内发生。

本周末我将回到美国，大约两周后我将第一次到达苏联的莫斯科，因为我的梦想之一就是把麦金塔买到苏联去。我最紧迫的工作议程之一就是让他们开始思考同样的事情。因此从今天开始，6个月后或者一年半后我们这里将会出现苏联学校，届时你们可以联想到我。

# 05 我坚决要求董事局立即接受我的辞呈

## ——1985年9月13日乔布斯向苹果公司的合伙人之一的麦克·马克库拉提交的辞职信[1]

**亲爱的马克：**

今天早晨报纸披露说苹果公司正在考虑罢免我的董事长一职。我不知道这些消息从何而来，但是它们既误导了读者又对我不公平。你们可以回忆上周四我在董事局会议上的声明，我已经决定开始创建一个新企业，并且提出辞去董事长的职务。

董事局拒绝接受我的辞呈，要求我再延缓一周。我同意了，因为董事局对我提出创办新企业一事进行了一番鼓励并暗示苹果公司会参与投资。周五我把此事告诉了将会支持我的约翰·斯卡利，他证实苹果公司愿意探讨苹果公司和我新创办的企业之间合作的可能性。

随后苹果公司看上去对我和我的新企业采取了一种敌视态度。鉴于此，我坚决要求董事局立即接受我的辞呈。我希望苹果公司发布的所有声明都明确表示辞去董事长是我的决定。

我发现自己对管理层在这个问题上的行为既感悲哀又感困惑，因为在我看来他们的行为和公司的利益相左。苹果公司的利益继续是我高度关注的问题，其中的原因既有我过去和苹果公司的联系又有我在它身上的大量投资。我继续希望能够听到公司内部比

---

① 1985年对于苹果公司来说是艰难的一年，因为公司新推出的麦金塔（Macintosh）的销售并不理想，而对于苹果公司的合伙创始人史蒂夫·乔布斯来说更是遭遇人生重大挫折的一年，因为他费尽心机从百事可乐挖过来的公司CEO斯卡利准备把他赶出苹果公司。经过一番较量，乔布斯眼见大势已去，于是他选择了主动退出，他于1985年9月13日提交辞呈，于1985年9月17日黯然离开了自己一手创办的苹果公司。

较温和的声音。一些公司的代表说他们担心我会在我的新企业里使用苹果的专有技术。这样的顾虑毫无根据。假如那种担心就是苹果公司对我的企业产生敌意的真正来源的话，我可以消除人们的顾虑。

如你所知，公司最近的重组让我无事可做，我甚至看不到日常的管理报告。我只有 30 岁，我还想有所贡献有所成就。

鉴于我们过去在一起取得了一些成就，我希望我们的分手是友好的和有尊严的。

你真诚的朋友

史蒂夫·乔布斯

# 06 乔布斯谈早年经历和电脑未来

## ——1990年5月14日乔布斯接受美国公共广播公司记者采访①

**PBS：**这是一个由少数几个人如何发动一次产业革命的故事，是关于他们如何改变商业文化如何创造历史的故事。

**乔布斯：**我感到非常幸运的是我在正确的时间里出现在了正确的地点，那个时间就是这种发明在历史上已经成形，而那个地点就是硅谷。

**沃兹尼亚克：**我们两个当时没想到这个事会持续很久，我们这么做这是觉得好玩，即使我们为此赔一些钱，我们也许可以理直气壮地说：我们曾经开过公司。

**PBS：**为什么电脑的内部逻辑是如此让人着迷呢？因为首先这样的逻辑是能被电脑读懂的——与此相反有些东西你根本就弄不懂，比如说年轻女子的动机或者说法国人的动机。

大型计算机距离个人很遥远。它们端坐在保险公司、电话公司以及银行的装有空调设施的大机房里，其主要功能就是让我们混淆另外一个叫克林格里②的家伙，他是一个有着犯罪记录的混混。最终电脑终端开始出现在了一些校园里，但我们多数人并没留意。不过有一个小孩留了意，他对那些1和0的纯数字着了迷。他是一个书呆子。

**沃兹尼亚克：**我把这本书带回了家，这本书描绘了PDP8型号

① 1990年5月14日，美国公共广播公司（Public Broadcasting Service，简称PBS）采访了曾在计算机业叱咤风云的系列人物，其中就包括离开苹果公司达5年之久的乔布斯，访谈内容极其丰富，其中包括他和好友创办苹果公司的奇特经历、他对比尔·盖茨的复杂态度以及他和苹果公司时任CEO斯卡利的恩恩怨怨等等。

② Cringely：即Robert X. Cringely，这是一个笔名，其真实身份是记者Mark Stephens和其他一系列从事技术评论的专栏作家。

的电脑，它真是……噢，它简直就是我的圣经啊。我是说，不知什么原因我喜欢上了这些东西，就像你可能会喜欢上一种叫做魔术的纸牌游戏一样，或者就像你可能会喜欢上玩填字游戏或其他什么游戏或者喜欢上玩乐器一样，我喜欢上了这些电脑内部结构的小说明书，它里面有少量的数学，我能够在纸上想出一些问题，然后解决掉，看看它是如何解决的。我能够提出自己的方法，为此我感到由衷的高兴。

**乔布斯：**你得键入这些命令，然后你得等一会儿，接着程序就会哒哒哒地运行起来，它会告诉你发生了什么事情，但尽管如此，它依然了不起——尤其对于一个 10 岁的孩子来说更是如此，你可以用 Basic 语言或 Fortran 语言编写一段程序，实际上这台机器会接受你的想法，它会执行你的想法并把结果返还给你，假如它们是你预料的结果，你就会感到莫名其妙的兴奋。

**PBS：**如果个人电脑一直由那些早期的电脑迷掌控的话，它们也许永远进入不了大型购物中心。进入更广阔的市场需要一种不同的眼光。加利福尼亚的一群嬉皮士男孩[1]进入了电脑世界，他们认为个人电脑非常时髦。

**乔布斯：**还记得那些事发生在 20 世纪 60 年代和 70 年代早期，没错，因此你必须记住那个时候我已经成年。因此我目睹了大部分情况，对我来说给予我启发的并不是你每天看到的东西，而是之外的东西。这就和让人们想成为诗人而不是银行家的东西一样。我想那是很奇妙的事情。我认为同样的精神可以被赋予在产品之中，而那些产品是可以被生产出来并交给人们的，而他们可以从

① 佩花嬉皮士（抵制传统生活方式及准则，主张“爱情、和平与美好”生活的年轻人）。

中感受到那种精神。

**PBS：**就是在这种具有创造性的展示和讲述活动中苹果电脑公司诞生了，它是第一家面向大众市场的个人电脑公司。苹果公司的创始人是一对刚从霍姆斯特德高中（Homestead High）毕业的学生，他们是家酿电脑俱乐部（Hombrew）聚会的常客。史蒂夫·沃兹尼亚克是技术专家，而史蒂夫·乔布斯则是一位梦想家，他将微电脑看成一个可能的商业机会。

第一台苹果电脑是粗糙的。它由沃兹拼凑而成，是被用来在家酿电脑俱乐部聚会上向朋友们炫耀的。

**沃兹尼亚克：**每个人都对电脑感兴趣，于是我就开始聚集了一批人在我周围，因为尽管我在一次聚会上害羞得连手都举不起来从不发言——每次从俱乐部散会后我会摆弄已经建造好的电脑，每周它都有一点小进展——但是我把它往那里一放，让人们在键盘上敲东西，我会向他们解释里面是什么。如果他们走到我身边问我问题，我就会一一解答。要是搁在今天，我就有能力告诉他们那是什么并乘机搞点促销，但在那个时候我只是回答他们提出的问题，因此他们开始聚集在了我的周围。史蒂夫·乔布斯看到我在俱乐部里能够引起周围很多人的兴趣，于是他说让我们卖掉它，让我们办个公司。他提出了苹果这个名字，这就是苹果公司起步的过程。

**PBS：**当时苹果公司充其量不过是一家时髦公司而已——由两个十几岁的电脑黑客创办，他们以前曾在一家商场装扮成《爱丽丝梦游仙境》（Wonderland）里的角色从事促销员工作[①]，他们就

① 指1972年乔布斯和沃兹在一家叫做the Westgate Mall的购物中心身穿电影《爱丽丝梦游仙境》里角色服装为商家搞促销活动，时薪为3美元。

在这里的这家车库里创办了苹果公司。第一台苹果电脑是在这里诞生的，现在有上千万的苹果电脑被世界各地的人们使用着。我曾经在那里工作过——在很短的一段时间里我是苹果公司的职工，我是那里的第 12 名员工，有一天我帮忙把东西从这间车库里搬出去。那时史蒂夫·乔布斯说公司穷得叮当响，因此他提议给我公司股份作为报酬，不过我坚持要现金——我母亲现在依然对我提起那个小插曲。苹果电脑甚至比“牵牛星”还小一点，就是一个电路板，既没机箱也没键盘。即使这样史蒂夫·乔布斯依然成功卖出去 50 台的苹果一代电脑。那次经历让史蒂夫·乔布斯明白一款真正的电脑——苹果二代是存在着市场的。

**乔布斯：**在我看来很显然存在着一群硬件爱好者，他们能够组装自己的电脑，或者至少拿走我们的电路板，然后装上变压器以及机箱和键盘等等，然后就可以得到其余的一切。而对于那些软件爱好者来说，他们做不到那一点，他们只想把时间花在编程上面。就像我 10 岁的时候发现的那样。所以我对苹果二代的梦想就是卖出第一台真正包装好的电脑。

**PBS：**史蒂夫·乔布斯的梦想是不可能实现的。它需要太多的芯片，这就使得产品太过复杂和昂贵以至于无法制造出来。但沃兹不知道它是不可能的。

**沃兹尼亚克：**后来我想到了一个办法：为什么你的电视屏幕有存储器而你的电脑也有存储器？把它们合二为一，那样就可以减少芯片数量，于是我就减少芯片数量，另外我又想为什么不把所有这些定时电路都放在一起？我于是查阅各种手册，发现有一个芯片可以代替 5 个芯片，于是我减少了芯片数量，一件事接着一件事地发生了。我最终使用了如此少的芯片，当我做完的时候，我说：嘿，这就是我想要的电脑，你可以编程序在屏幕上产生彩色图案或者处理数据或文字或玩游戏或做任何事情，事实证明它非常棒。他说："我认为我们有了一款可以一个月卖出 1000 台的电脑。"你怎么能一个月卖出 1000 台电脑呢?

**乔布斯：**不过我们需要一些钱来制作机箱的模具等等，我们需要几万美元。

**沃兹尼亚克：**那对两个身上没有值钱的东西银行没有 400 美元存款单的人来说是一笔大钱。

**乔布斯：**于是我出去寻找风险资本。

**PBS：**这位衣衫褴褛的 19 岁男孩去游说那些保守的风险投资家。被乔布斯劝说砸钱的是亚瑟·洛克（Arthur Rock），他是风险资本的发明人，是最开始向英特尔公司提供资金的人。但至少英特尔公司里的男孩子们都是从大学毕业的，而且都穿西服。

**洛克：**噢，他穿着拖鞋，留着长发，非常长的头发，他留着络腮胡和小胡子，但是他口才极好。我想在他的生命里他一度是那个样子，而且在我初次见到他时，他似乎除了水果之外什么都不吃。

**鲍勃：**因此在你这位主流的风险投资家看来，这是否……

**洛克：**这不合乎常理。这不合乎常理。

**PBS：**手里有了钱再加上来自英特尔公司前经理麦克·马克库拉（Mike Markkula）的不时的有效监督，沃兹和乔布斯完成了苹果二代电脑的设计并指示当地的一家工厂生产 1000 台的苹果二代。"牵牛星"（Altair）和苹果二代之间的较量过去了两年。在那段时间里很多事情发生了变化。我们从一台为电脑迷和工程师而设计看起来当然像测试设备的电脑转向了一台看上去像消费类电子产品的电脑，为此我们要感谢史蒂夫·乔布斯。他对设计的品味要求苹果二代使用这种泡沫结构的机箱——这是第一个电脑使用的这类机箱。并不是说里面没有好的工程设计。苹果二代是效率工程设计的典范——例如这里的软盘驱动器。这里有8个芯片，而之前的芯片数量达到了35个。这是了不起的工程设计，我们应该把这个功劳算在史蒂夫·沃兹尼亚克头上，他当之无愧地是数字设计领域里的莫扎特，总之，它让苹果二代轰动一时。苹果二代在吉姆·沃伦的美国西海岸电脑展览会（Jim Warren's West Coast Computer Faire）上亮相，这是最早举办的大型微电脑展览之一。1978年的展览会吸引了几千名参加者和几十名参展商，其中的很多人是家酿电脑俱乐部的成员，这个俱乐部成了多数早期微电脑公司的孵化器。但是只有一家公司展示了一件看上去像现代个人电脑的东西。在展会入口的右侧，在一个由史蒂夫·乔布斯谈下来的主要的展台上端坐着苹果二代。它让所有见到它的人为之着迷。

**乔布斯：**我记得我们在展览会上出尽了风头，很多经销商和分销商开始排队，我们的日子好过了起来。

**PBS：**那时你多大?

**乔布斯：**21。

**PBS：**21！

**PBS：**西海岸电脑展览会之后的两年苹果公司呈现出爆炸性的增长，毫不夸张地说，数千名消费者踏破了苹果公司位于加利福尼亚州库比蒂诺狭小办公室的门槛。销售额和利润飞快地增长着，这导致苹果公司有钱没处花。公司很年轻。创始人才20来岁而一些员工甚至比他们还年轻，比如14岁的克里斯·埃斯皮诺萨（Chris Espinosa），他从未离开过公司。目前他依然在苹果公司上班，他在苹果公司干了将近 20 年了。

**沃兹尼亚克：**公司运行得如此顺风顺水以至于突然之间史蒂夫和我不必为后半生的工作而担心了。接下来它越来越成功，简直让人震惊。

**PBS：**苹果二代为个人电脑设立了新标准，它表明做电脑是可以挣到真金白银的。竞争性的公司遍地开花，但是市场充斥的依然是电脑爱好者们——一群留着大胡子的家伙认为好用的电脑就是能控制模拟火车的电脑。但是对于微电脑而言，如果它们想要得到人们的重视，那么它们就必须开始做需要它们做的事情——它们需要具备实用的功能，而不是仅仅为了好玩。

狂热者的人数终究有限。为了让苹果二代到达我们这些普通人的手里，苹果二代需要一款被书呆子们称为“杀手”的应用程序（killer application）。“杀手级应用程序”是一款如此有用的程序，以至于人们仅仅为了运行它而去购买电脑。对于苹果二代来说，这样的应用程序就是 VisiCalc。它直接来自哈佛大学商学院的课堂之上。VisiCalc 是由一位叫丹·布里克林（Dan Bricklin）的研究生和他的程序员朋友鲍勃·弗兰克斯顿（Bob Frankston）共同开发的，它是第一个电子表格软件。

电子表格软件是每位商业人士的“水晶球”。它回答了所有那些“如果什么什么将会什么什么”的问题：如果我去掉工程设计部门将会怎么样呢？如果我在长筒袜期货上投资 1000 万美元将会怎么样呢？看！不到一年我就会发财，与此同时我还会拥有“更加苗条的大腿”！电脑就是这么说的！电子表格产生的效应是巨大的。凭借着一台运行 Visicalc 的苹果二代电脑以及两行似是而非的数据，一位 24 岁的 MBA 就可以说服他的企业经理允许他挪用退休基金去做一次杠杆收购业务。它是 80 年代的完美工具，而 80 年代又是标榜“金钱就是一切”、“贪婪是好事”的年代。5 年后，个人电脑从电脑迷的玩具变成了塑造我们时代的引擎。由于有了 Visicalc，苹果二代创造了历史。

**沃兹尼亚克：**和你谈话的每个人似乎都很兴奋地谈论着我们正在做的事情。媒体报道像炸弹一样铺天盖地而来，有点像今天的互联网接收正在发生的事件。你一遍又一遍地读到有关它的报道，每次你乘飞机的时候你都会读到它，你在每周的每张报纸上都会读到小电脑诞生的消息，而苹果公司是最出彩的公司之一，因此我们被描绘成了工业革命的先驱，我们当真觉得自己就是工业革命的先驱。我们将要在很大程度上改变人们的生活。

**PBS：**这对一家 3 年前才从车库起步的公司来说无疑是一件大好事。但并非所有的个人电脑先行者都发了大财。丹·布里克林决定不为他的电子表格概念申请专利。尽管自 1979 年以来超过 1 亿的电子表格软件被出售，但是布里克林和弗兰克斯顿却没有因此而取得 VisiCalc 的版税。

**布里克林：**你知道吗？回头看看别人取得那么大的成功而我们自己并没有取得那么大的成功，这多少让人感到伤心。

**鲍勃：**成为亿万富翁固然相当不错，但是你也可以理解我们没有成为亿万富翁的部分原因是那不是我们努力的目标。

**布里克林：**我们有点像 60 年代的人，你想干什么？你想让世界变得更加美好，你还想在世界上留下自己的痕迹并改善事物，我们做到了。因此以我们自己的标准来衡量自己，我们非常成功。

**PBS：**那位艾德·罗伯茨（Ed Roberts）又怎么样了呢？在组装了第一台“牵牛星”电脑之后并卖出去 4 万台电脑的第 3 年，

艾德的快乐时光结束了。MITS[①] 在个人电脑的竞争性市场上只是另外一个“竞赛选手”。1978 年罗伯茨卖掉了自己的公司开始了新生活。他回到了自己的家乡乔治亚，经过重新学习成为了一名医生。

**罗伯茨：**我在最后几年真的根本没有想那么多直到人们开始称赞我们在 MITS 的所作所为，哦，那是我唯一想到的事情。当我一想到我们在 MITS 所作的事情时我就恼火，我们为制造电脑而备受责难，而别人企图把功劳据为己有，这让我感到灰心。

**PBS：**尽管罗伯茨发明了个人电脑，但发财的却是苹果公司的创始人。当苹果公司在 1980 年赶时髦公开上市的时候，乔布斯和沃兹成了百万富翁。书呆子成了世界的继承者。

**乔布斯：**我 23 岁时成了百万富翁，24 岁时成了千万富翁，25 岁时成了亿万富翁，但那并不重要，因为我从来不是为了钱而工作。

**沃兹尼亚克：**它只是一家小规模的业余爱好型公司，很多人不会对它有任何的想法。我是说，我们两人都没想过它会走很远，就好像我们两人纯粹为了好玩而办公司一样，但是当时的情况是，很少有人坐下来做一些精美的设计能够把这些设计变成像苹果二代一样的庞然大物。

**PBS：**令人感到诧异的是，1975 年开始的时候没有人拥有一台个人电脑，人们只在杂志封面上看到电脑模型，但在不到 5 年的时间里硅谷出现了一家价值达 1 亿美元的公司。一些年轻人所表现出的对技术的非同一般的痴迷唤醒了我们当中的书呆子。为了满足庞大的需求，个人电脑公司如雨后春笋般涌现出来。苹果

---

① MITS：微型仪器与自动测量系统公司（Micro Instrumentation and Telemetry Systems）。MITS是美国历史上第一家生产出家用电脑的公司，比尔盖茨一开始就是为这家公司写软件。MITS在1977年的销售额达到了600万美元，随后被别的公司兼并，其创始人艾德·罗伯茨转而学医，在一个小镇上行医。

公司成为其中的佼佼者，其市场占有率达到了 50%。对库比蒂诺的男孩子们来说，每天就像是在过圣诞节……但是史克鲁奇[1]（Scrooge）就要出现了。有一家公司，每个人都会把它和“电脑”两个字联系在一起，它期待但并不需要控制市场，它就是 IBM——“蓝色巨人”开始行动起来，而硅谷不久就会感到震动。

故事相当遥远。1980 年，在加利福尼亚的一间车库里诞生后的第 4 年，苹果公司就成为了世界上最大的个人电脑制造商。计算机巨人 IBM 感到很不高兴，于是反戈一击，它在 1981 年推出了自己的个人电脑。尽管是山寨品，但 IBM 的个人电脑却取得了巨大的成功,催生了众多的模仿者和克隆者。但个人电脑依然难于使用。为了让它们变得更加友好，一场革命势在必行。现在好戏开始了。

是施乐帕罗奥多研究中心（Xerox Pala Alto Research Centre）地下室的电脑室……大约 25 年前他们建立了麦克斯分时系统，现在这里堆满了各式各样的电脑，这里有一台电脑是我们真正感兴趣的，让我们看看。就是这台。我打开灯。好了。就是这台。这是一台大约在 1973 年建造的“施乐 / 阿尔托”（Xerox/Alto）。有些人会争论说这才是第一台个人电脑。噢，它真的不是，因为一个理由就是它从来没有出售，而光这些零部件就要花 1 万美元左右，但是它具备现代个人电脑的一切要素，没有它我们就不会有麦金塔，我们就不会有 Windows，我们就不会有我们今天在计算机界看重的一切，但颇具讽刺意味的是，所有这些东西上面没有一个写着施乐的名字。

**广告：**今天的邮件是什么呢？

**PBS：**这段推广影片拍摄于 70 年代中期，目的是炫耀施乐帕罗奥多研究中心的研究工作，向人们展示阿尔托是如何的先进。

① Scrooge：狄更斯名篇《圣诞欢歌》里的主人公，以富有而吝啬著称。

它是友好的和直观的。

**广告：**这是试验中的办公系统。它现在被用于……

**PBS：**它具备第一个图形用户界面，使用鼠标指向屏幕上的信息。它和别的个人电脑由一个叫做以太网的系统连接在一起组成了第一个电脑网络。你在屏幕上看到的东西就是你在激光打印机上得到的东西，分毫不差。它大大地穿越了它那个时代。

**特斯勒：**人人都想与众不同，我们真的想过我们正在改变世界，想过在这个项目或这一系列项目结束的时候个人计算机会像我们预想的那样突然出现在大家面前让所有人大吃一惊。

**PBS：**但是聪明的帕罗奥多研究中心（PARC）研究人员永远不能说服施乐的管理人员，不能让他们相信自己的远见是正确的。远在3000英里之外的纽约总部忽略了他们所拥有的革命性的技术。他们真是搞不明白。

**沃诺克：**公司大本营里没有一个人准备接受我们提供的答案。因此在管理层和研究人员的努力之间存在着巨大的不匹配，这些家伙从来没想过办公室的未来会是个什么样子，因此当报告提交给他们的时候，他们没有任何机制把那些想法转化成活生生的产品，真正让人感到恼火的是你在和一群不了解你愿景的人谈话，而这个愿景每天都在帕罗奥多研究中心被创造出来，没有人打算接受那个愿景。

**PBS：**但在帕罗奥多研究中心南面几英里的地方有一个人准备分享这一愿景。硅谷里最危险的人物坐在这座大楼里。人们喜欢他，同时也憎恶他。10年来他凭借个人意志让计算机业跟随他指定的方向。说起这个人，我们谈论的不是某个受利润驱动希望自己在40岁退休安享大把退休时光的人，不是，我们谈论的是一场“圣战”，一场为了更伟大的计算机事业而展开的“血流成河尸横遍野”的“圣战”。我们谈论的这个人将个人电脑看成是自己改变世界的工具。我们谈论的是史蒂夫·乔布斯。

**乔布斯：**大家好，我是史蒂夫·乔布斯。

**特斯勒：**之前我不知道“魅力”这个单词是什么意思，当我遇到史蒂夫·乔布斯的时候，我知道了。

**梅特卡夫：**乔布斯是我心目中永远的英雄，为达目的他什么都能做得出来。

**特斯勒：**他想让你成为一个伟大的人物，他想让你创造出伟大的东西，他打算让你那么做。

**梅特卡夫：**他也令人反感，这来自于他的高标准。他的标准非常之高，他对那些或者没有那些共同标准或者不按那些标准行事的人们没有耐心。

**乔布斯：**我是这些人中的一员。我真的不在乎是对是错，我只在乎成功。

**PBS：**1976 年史蒂夫·乔布斯与人共同创立里苹果公司。第一款广受欢迎的个人电脑苹果二代大获成功，这让史蒂夫·乔布斯成了这个新兴行业中最响亮的名字之一。1979 年 12 月在苹果公司处于早期成功巅峰的时候，那时 24 岁出头的乔布斯获邀前去参观施乐帕罗奥多研究中心。

**乔布斯：**实际上他们向我展示了 3 样东西。但是我被第一样东西蒙住了眼睛，以至于我甚至没有看到另外两样东西。他们向我展示的东西之一就是面向对象程序设计，但我甚至看都没看。他们给我看的另外一样东西就是电脑联网系统——他们把超过 100 台的阿尔托电脑联成一个网络，使用电子邮件等等等等，但我甚至看都没看。我被他们向我展示的第一样东西蒙住了眼睛，那样东西就是图形用户界面。我当时认为它是我一生中见到过的最好的东西。现在想来它非常不完美，而且我们看到的也不是完整的图形用户界面，他们还出了很多差错。但是我们当时并不知道这些，不过即使如此，这种思想的萌芽就是在那里产生的，他们做得相当不错。你知道吗？我看了不到 10 分钟就明确地有了一个想法：有朝一日所有电脑都会像这样运行。

**PBS：**那是个转折点。乔布斯决定这是苹果公司前进的方向。

**特斯勒：**经过一个小时的观看，他们明白了我们的技术，这比起施乐的任何管理人员在我们向他们展示这项技术几年后才明白过来更有意义。

**乔布斯：**他们基本上就是复印机脑袋，不知道电脑是什么或者电脑能够做什么。因此他们在计算机业最大规模的胜利中抓住的却是失败。施乐公司本可以在今天拥有整个计算机行业，本可以成为一个 10 倍于当前规模的公司，本可以成为 IBM，本可以成为 90 年代的 IBM，本可以成为 90 年代的微软。

**PBS：**对于史蒂夫·乔布斯来说，通往大马士革的道路经过帕罗奥多。他劝说苹果公司董事会投资他从施乐看到的技术，试图将此项技术复制过来成为他改变世界的工具。他们聘请了 100 名工程师开始研发一款代码为“丽莎”的新型个人电脑。但问题接踵而至。他们不能让它正常工作，而且价格逼近 1 万美元——对于普通的个人电脑购买者来说是个天文数字。乔布斯的独断作风也让所有人发疯，因此董事会让乔布斯离开了他心爱的项目。

**乔布斯：**你知道吗？我反思了几个月时间，但很快我就产生了一个想法：假如我们不做点什么，苹果二代正在弹尽粮绝，我们需要尽快用这项技术做点什么，否则苹果公司很可能不复存在。

**PBS：**乔布斯从杰夫·拉斯金身上找到了答案，它是苹果公司第31号员工。拉斯金的想法是制造600美元的电脑——就像烤箱一样的好用，其代码是麦金塔，用美国人喜欢吃的苹果名字命名。乔布斯喜欢这个价格但不喜欢拉斯金的设计理念。因此史蒂夫接管了麦金塔项目，决定让它比“丽莎”更便宜。

**乔布斯：**于是我组成了一个小团队来做麦金塔，我们在完成上帝下达的任务来拯救苹果公司。

**PBS：**在乔布斯完成其麦金塔使命的时候，他需要一名更加传统的首席执行官来经营公司，需要一张受人尊敬的能够把电脑卖给美国公司的脸庞出现在苹果公司。他选择了百事可乐的执行官约翰·斯卡利。斯卡利拒绝离开百事而去一家在车库里诞生年龄只有4岁的公司！你不是在开玩笑吧？！但是要对史蒂夫·乔布斯说个“不”字非常难。

**斯卡利：**然后他抬头看着我，就这样以史蒂夫·乔布斯特有的眼神盯着我，他说：“你想卖一辈子糖水还是想和我一起改变这个世界？”[1]我张着嘴说不出话来，因为我知道我在余生中会想自己曾经错失过什么。

**PBS：**对平均年龄只有21岁的年轻麦金塔团队成员来说，这只是他们生命中最艰苦但又是最令人兴奋的任务的开始，他们被乔布斯的自我精神无情地驱使着。

随着麦金塔项目的向前推进，新特性不断地被加到了麦金塔身上。乔布斯说麦金塔必须要“好得出奇”，他把工程师们逼到了极点。他不得不这么做——因为到了1983年初期，苹果公司陷

① 这句话成了商业史上的经典。

入了麻烦之中。就是这个东西正让苹果公司头疼不已——IBM 在 1981 年推出的第一款个人电脑。它取得了超乎想象的成功。在不到 2 年的时间里 IBM 的交货量超过了 200 万台，一举超过了苹果公司，使得“蓝色巨人”（Big Blue）成为市场上最大的“玩家”。

**广告：**当 IBM 的个人电脑用户寻找好软件时，他们能到哪里找呢——找 IBM。

**PBS：**驱动 IBM PC 销售增长的是软件……

**广告：**商业软件、娱乐软件、生产软件、教育软件。

**PBS：**但是在一台 IBM 个人机上运行的软件不能在麦金塔上运行。假如麦金塔要想获得成功，乔布斯需要“杀手级应用程序”。一名 25 岁的软件巨擘比尔·盖茨进入了乔布斯的视野。那时他的微软公司有 100 人，得益于驱动 IBM PC 的 DOS 操作系统，微软正像野草一样地疯长着。但是 DOS 肯定不是图形用户界面。盖茨和他的雄心勃勃的 2 号人物史蒂夫·鲍莫尔立即就被麦金塔迷住了。

**鲍莫尔：**在某次产业大会上乔布斯和比尔谈话时说道：嘿，我们正在做……。我想“丽莎”正在开发之中，但他说：我打算在苹果公司开发具有图形界面的机器，不只是“丽莎”。比尔，我要造出一台真正成为赢家的电脑。

**PBS：**就在麦金塔研制过程中，乔布斯策划了一次活动，一次电视游戏竞赛节目，目的是激起软件开发者们的开发热情。

乔布斯找来当时 3 位顶级软件老板来为他的麦金塔助威。其中一位就是比尔·盖茨。史蒂夫没有意识到他正在为后来证明是苹果公司最大竞争对手的人打开了机会之门。

**乔布斯：**你和麦金塔的第一次“约会”是在什么时候?

**比尔·盖茨：**我们一直用麦金塔工作，到目前为止将近 2 年了，我们投入了一些真正优秀的人才，而且……甚至在我们完成为 IBM PC 开发程序的工作之前，史蒂夫·乔布斯就找上门来，谈他想干什么，他认为他能够开发一台类似“丽莎”但比较便宜的机器。我们说：天噢，我们乐意助你一臂之力。“丽莎”有自己的一套应用程序，但是毫无疑问它们需要大量的内存，我们认为我们能够做得更好，于是史蒂夫和我们签订了一个实际上是为第一批麦金塔提供捆绑软件的协议，于是我们十分相信麦金塔和史蒂夫正在做的事情。

**乔布斯：**多数人不记得了，但是在 Mac Microsoft 进入软件行业之前，软件业是由 Lotus 公司控制的。微软孤注一掷为麦金塔编写程序。

**比尔·盖茨：**我签下了 Excel、Chart 和 File 三款软件。他没买 Word，因为他自己有 Macwrite，于是我们成了麦金塔开发队伍中的一部分。

**乔布斯：**他们拿过来的程序糟糕透了，但是他们坚持不懈，他们不断完善那些程序。

**比尔·盖茨：**我们在开发软件方面的人数又一次超过了苹果公司，不过他们做主要工作，我们开始做大量的测试工作。

**瑞克斯：**就这样我们在 1982 年年初的时候就开始了麦金塔软件的开发工作，我想就是在那个时候比尔突然意识到了图形用户界面（GUI）将会是未来的方向。

**PBS：**但是当比尔正在得到自己的 GUI 启示录的时候，乔布斯相信苹果公司的真正敌人是 IBM。

**乔布斯：**“蓝色巨人”将会控制整个计算机行业吗？它将会控制整个信息时代吗？乔治·奥威尔（George Orwell）关于 1984 年

的预言会是真的吗?

**PBS**：尽管史蒂夫·乔布斯在卖力表演，但是IBM PC还在对苹果公司的经营造成伤害。

这是一场生死决战，因为“丽莎”已经被证明是一次代价沉重的失败。整个公司的命运似乎都寄托在了即将推出的麦金塔身上。约翰·斯卡利甚至批准了一项金额高达1500万美元的广告活动以配合麦金塔在1984年1月24日的公开亮相。

**斯卡利**：我记得在介绍麦金塔之前史蒂夫是那么紧张，前一夜的排练完全是一场灾难，没有一件事是对的，史蒂夫看到谁都心烦，我们都想知道我们到底将如何度过第二天的推介活动，可是当那一刻来临的时候，史蒂夫成了表演大师。

**乔布斯**：迄今为止我们行业里只出现了两款里程碑式的产品：1977年的苹果II和1981年的IBM PC。今天，“丽莎”上市一年后的今天，我们向业界推出具有里程碑意义的第三款产品：麦金塔。两年多来我们很多人一直都在致力于麦金塔的研制工作，结果证明它好得出奇。到现在为止你们只看过麦金塔的一些图片。现在我愿意向你们一展它的风采。

**PBS**：毫无疑问麦金塔是第一款带有真正图形用户界面的普及型个人电脑。它也是第一款见证一个人自我精神的电脑。它让人忘掉人们在施乐帕罗奥多研究中心所完成的出色工作和从“丽莎”那里借鉴来的技术创新。那一天只有一个人获得了麦金塔的发明权。

**电脑声音**：所以我现在极其自豪地向大家引见一位如同我父亲一样的人——史蒂夫·乔布斯。

**斯卡利**：我站在台下，当他走下讲台的时候，他说：这是我一生中最自豪最幸福的时刻。幸福洋溢在他的脸上。那是显而易见的，因为他发起了一场产业革命。

**乔布斯：**最后归根结底是品位问题。归根结底你是努力让自己经历人类经历过的最美好的事情，然后努力把那些事情加进你正在从事的工作之中。我是说毕加索有一句名言，他说：好的艺术家复制别人的东西，而伟大的艺术家则是剽窃别人的东西。我们一直从别人那里剽窃伟大的思想而不感到难为情，我认为让麦金塔变得伟大的部分原因是开发它的人们是音乐家、诗人、艺术家、动物学家和历史学家，他们碰巧还是世界上最好的计算机科学家。

**PBS：**随着自大狂的泛滥，苹果公司制作的电视广告也变成了好莱坞风格。它宣传的是麦金塔如何把我们从奥威尔式 IBM PC 的沉重专制统治中解救出来。拜托！尽管进行了大肆宣传，到了 1984 年下半年，麦金塔的销量出现了灾难性的下滑。广告一个接一个，苹果公司拼命地指出麦金塔比 IBM PC 好用 1000 倍。但是它的售价是 2500 美元，比 IBM 的个人电脑高出 1000 美元。尽管乔布斯在招聘软件编制人员如比尔·盖茨方面使出了浑身解数，但是应用程序还是少得可怜。

克林格里（Cringely）关于计算机的第三定律（Third Law of Personal Computing）再次发挥了作用——要想成功，个人电脑就必须安装一个应用程序，人们单凭这个应用程序就去购买整台机器。IBM PC 配有 Lotus 1-2-3。麦金塔需要自己的“杀手锏程序”。

苹果公司的问题是点阵打印机。它的打印质量相当于打字机的质量。不过救星即将出现——这一次又得把功劳算在施乐帕罗奥多研究中心的头上。研究中心以前的一位天才级人物约翰·沃诺克（John Warnock）发明了一项让激光打印机准确而又精确地打印电脑屏幕显示的东西的技术。他创办了一家叫作 Adobe 的公司来向市场推广他的这项发明，这个时候史蒂夫·乔布斯找上门来。

**乔布斯**：不过此前我听说过了好多次，人们常常告诉我说：嘿，在施乐帕罗奥多研究中心的车库里有这样一群小伙子，你应该过去看看。我最后到那里看了看，我看到了他们做的东西，它比我们做的东西要好。

**沃诺克**：史蒂夫·乔布斯走了进来。他把麦金塔的情况告诉了我们。他知道点阵打印机也就是他们用的老式图形书写机在商业环境里是不会成大器的。他没有……他和阿特金森一直未能想出驱动激光打印机的办法，而我们想出了驱动激光打印机的办法，除我们之外没人想得出来。

**乔布斯**：不到 2 周或 3 周的时间我们取消了内部项目，为此一些人想要杀了我，但我们就那么做了，我和 Adobe 达成了一项使用用户软件的协议，我们苹果公司购买 Adobe19.9% 的股份。

**PBS**：这项投资获得了回报。精确的激光打印图像和用户友好的图形界面催生了一个全新行业——桌面出版。电子表格曾让我们所有人都成为了会计。现在使用这款取得突破性进展的软件我们能够制作美轮美奂的艺术品、栩栩如生的便签，甚至假币。麦金塔已经找到了自己的“杀手锏程序”——它不久就成为了任何创意产业使用个人电脑的选择。

**缪伊斯**：在我拿起鼠标的那一刻它就改变了我的生活，我选择成为一名电脑艺术家并以此构建自己的职业生涯，我的整个生活因此发生了改变。

**PBS**：桌面出版业的成功对于苹果公司的创始人而言来得太晚。1985 年麦金塔的销量依然没有起色，但乔布斯拒绝相信销售数字。他从一开始的言行举止就好像麦金塔是热门畅销货一样。

**埃斯皮诺萨：**关于麦金塔未来的宏伟成长方案和该产品的实际表现相差十万八千里，该产品的实际表现并不可怕，它还有救。理想和现实的差距如此之不可想象，因此必须有人采取行动，而那个人就是约翰·斯卡利。

**PBS：**被乔布斯视为自己傀儡的约翰·斯卡利向董事会提交了一份旨在挽救公司的方案。该方案将史蒂夫·乔布斯排除在外。

**斯卡利：**董事会必须作出选择，我说：你们瞧，这是史蒂夫的公司，我来这里只是帮忙的，假如你们想让他经营公司，我没话说，但是我们至少必须决定我们要做什么而所有人必须支持这个决定。

**赫茨菲尔德：**但是他把它看作了人身攻击，于是他开始攻击斯卡利，他破釜沉舟做最后一搏，因为他相信董事会会支持他而不是斯卡利。

**斯卡利：**董事会和史蒂夫谈了话，也和我谈了话，最终决定我们将按照我制定的方案前进，而史蒂夫离开了公司。

**乔布斯：**怎么说呢？我雇错了人。

**PBS：**你是说斯卡利？

**乔布斯：**是，他毁了我花了10年时间为之奋斗的一切，从我开始，但那还不是最坏的。假如苹果公司按照我的意愿发展的话，我会高高兴兴地离开公司。

**特斯勒：**公司的人对这件事的感情是非常复杂的。每个人都曾经被史蒂夫·乔布斯恐吓过，不是这个时候就是那个时候，因此当“恐怖分子”离开的时候，大家心里都松了一口气，但另一方面，我认为这里的每个人对史蒂夫·乔布斯又无比的尊敬，我们都很担心——没有了这个梦想家没有了这位创始人没有了这种魅力，这家公司会发生什么事情。

**赫茨菲尔德：**苹果公司再也没有从失去史蒂夫的阴影中恢复过来。史蒂夫是这里的心脏和灵魂，是这里的推动力。今天这里的情况大不相同。他们失去了灵魂。

**PBS：**颇具讽刺意味的是，乔布斯离开后的几年是苹果公司最赚钱的几年。苹果人拼命玩乐，拼命工作。他们使得计算机业看上去更像一场海滩派对，员工的平均年龄只有 27 岁，公司非常“性感”——也许“性感得”过了头。他们到处乱睡以至于过去有人提出过这样一项旅行政策，即在路上男人和男人在一个房间而女人和女人在一个房间——只是为了消停一点。他们把加利福尼亚的生活方式带到了电脑行业，而电脑行业永远不再一样。在这段激发销售人员的怪诞的宣传片中，苹果公司强调麦金塔的好用性能把可怜的 IBM PC“囚徒”解放出来。

1990 年 Windows3 的发布让苹果公司期待麦金塔赢得图形用户界面大战的希望成了泡影。

**比尔·盖茨：**今天我们推出微软 Windows3.0……

**乔布斯：**微软的唯一问题就是他们没有品位，他们绝对没有品位，那意味着——我不是指他们小范围地没品位，我是指他们大范围地没品位。因为他们没有原创性的思想，他们没有把太多的文化注入到他们的产品之中，你会问为什么这个很重要——哦，你知道吗？比例间距的字体来自于排字和美丽的书本，那是人们得到灵感的地方——假如不是麦金塔的话，他们永远不会在其产品中有那些东西，所以我想我很悲哀，不是因为微软取得了成功——我不介意他们取得了成功，毕竟他们多半是通过自己的努力取得了成功。我想不通的是他们只生产三流的产品。

**PBS：**因此，前方之路是用“电线”相连——拉里、比尔以及所有人都同意这个观点。我们感谢70年代的书呆子们让它成为可能，无论个人电脑能否存活下去。在我们接受他们挑战的时候，查明这些先行者们的想法是值得的。史蒂夫·乔布斯被解雇的时候厌恶地卖出了他所有的苹果公司的股票，但是他从在电影动画上的冒险中又发了大财。他毫不怀疑自己对人类的贡献。

**乔布斯：**如果你和使用麦金塔的人们交谈，你会发现他们热爱它，但你不会经常听说人们热爱产品，真的，但是你可以感觉得到，那里曾有过真正美妙的东西。

**PBS：**苹果公司，这家乔布斯带领着从车库里走进财富500强行里的公司处于困境之中。它在个人电脑市场里的影响力正在消退。苹果公司的另外一位百万富翁创始人史蒂夫·沃兹尼亚克把大部分时间花在了教11到12岁的孩子们计算机上面。IBM为个人电脑开辟了大众市场，但是它不再设定行业标准。大部分在IBM制造第一批个人电脑的人离开了“蓝色巨人”。制造第一台真正个人电脑“牵牛星”的艾德·罗伯茨抛弃了计算机而转向了他的“初爱”——医学。事情的结局很有意思吧？不管怎么说，第一次个人电脑革命出其不意地抓住了我们所有人的心。即使微软的2000名百万富翁和至少2名亿万富翁从来没有想到他们会获得像今天这样的成功。克林格里的万能定律说社会需要30年的时间才能接受一项新技术进入人们的日常生活——电话、电影都是如此。即使在我们的屁股变成沙发状之前电视也花费了那么久的时间。迄今为止个人电脑问世已经20年了。那么接下来会发生什么呢？哦，我打算一探究竟。咱们10年后再见！

# 07 乔布斯谈设计

## ——1993年5月6日乔布斯接受朋友采访[1]

**乔布斯：**此前我看过他[2]的很多作品，但对他本人了解不多。当我们开始研究我们的企业标识时，我们一位内部人员给了我一些书和文章，我才开始了解在这个我当初不熟悉的庞大领域里他是谁。

**朋友：**他是你们第一个要找的设计师吗？

**乔布斯:**他是我们找到的唯一的设计师。他说他愿意做这件事。于是我们拜访了他几次，接下来他开始了解我们公司和我们员工。我认为他为我们解决了一个非常棘手的问题。他为我们解决的问题就是多数公司通常所面临的问题，即企业的商标只是一个商标种类而已。偶尔会有一家公司拥有小珠宝一样的商标，一个符号不带……他们能够脱离商标种类而被独立使用。在苹果公司，我们就有这样的一个符号。事实上，苹果公司的商标非常罕见，因为商标符号就是公司名字，商标和公司拥有相同的一个名字:苹果。

我们面临的挑战是，要把一个符号和公司的名字联系在一起

① 1985年乔布斯离开苹果之后，创办 了NeXT 电脑公司。1986年2月3日，NeXT公司收购了卢卡斯电影公司的电脑动画部，成立了独立制片公司皮克斯公司（Pixar）。同年乔布斯做出了一个惊人之举，他花10万美元请著名品牌形象设计师保罗·兰德（Paul Rand）为NeXT 电脑公司设计品牌形象。尽管花费不菲，但NeXT 电脑公司的经营并没有多少起色，所以很多人认为他的这一投资是一个败笔，当然也有人说这是一次成功的炒作。1993年5月6日乔布斯在一家公园里接受朋友采访，对自己为什么花重金请保罗·兰德设计商标给予了解释，同时对保罗·兰德本人做出了精彩的评价。

② 即保罗·兰德（Paul Rand，1914年—1996年），是一位美国平面设计大师，以卓越的品牌形象设计而闻名，作品包括IBM、UPS、Enron、Westinghouse、ABC和Steve Jobs的NeXT）。

通常需要花费 10 年时间和 1 亿美元。我们的挑战就是我们如何不用花费 10 年时间和 1 亿美元就能够拥有一个不必把公司名字贴在产品上即可使用的“小珠宝”。因此，为了在顾客脑海里形成这种联系，保罗通过给我们制作一个含有公司名字的“小珠宝”解决了这个问题。我想他真正解决了一个必须解决的问题，而该问题就其本身而言不是一个艺术上的挑战。

**朋友：**他是一个你喜欢与之共事的人吗？

**乔布斯：**保罗是块“宝石”。我想他就他个人而言他是那种细细打磨“面包屑”外部边缘的人。我想他实际上已经完善了一个新的高标准集合。我认为这是他对付这个他实在不想对付的世界的方式。我发现他极其聪明，而且还有一颗金子般的心。你知道吗？当我想到保罗的时候，我就想到他有点“刀子嘴豆腐心”。

不过尤其当和他一起工作的时候，我觉得他是我共过事的最具专业精神的人士之一，因为他在一个客户和一位如他这样的专家之间的全部正式关系中自始至终维护自己的深刻想法，因此他对这种关系对双方意味着什么以及如何去引导这种关系具有非常清楚的结论。

比如，我曾问过他是否会提出一些备选方案。他说：“不用。我会解决你的问题，而你将给我报酬。你不一定要使用这个解决方案。假如你想要备选方案的话，那就另请高明。但我会用我知道的最好方法解决你的问题，而用不用是你的事，你是我的客户，但你要付我钱。”

关系界定如此清晰，让人耳目一新，显然这是对这种关系思考几年乃至几十年的结果，而这种关系催生出来的几件事很好地证明了这一点。

保罗是一位出色的思想家。我是说他是一位出色的作家，我认为一位出色的作家就是他思考的结果。他是一位非常深刻非常深刻的思想家。你到他几十年前为自己设计和建造的家里去参观一下，你会觉得这是一个有着非常深沉思想的人，他试图在生活的每一部分都表达出他的原则是什么。你在今天不大会碰到像他这样的人。

**朋友**：你能描述一下他的原则吗？

**乔布斯**：保罗是纯粹的艺术家与聪明的商业问题终结者这两者非常有趣的混合体。正常情况下你不会……你更加容易地把他看成一位艺术家，可是实际上我既把保罗看成一位艺术家，同样也把他看成一位商业问题终结者。正是一个非常非常世俗的人和一位艺术家二者之间的结合才让他成为一个独一无二的人。我不能确定自己是否能够表达清楚他的原则，但当你在他身边的时候你能感受到它们。我能说的也许就是这些。

**朋友**：你能描述一下他的作品吗？

**乔布斯**：对我来说他的作品是非常感人的。还有，当你研究他的作品时，对我来说他的作品又是非常具有智慧的。

因此，如果你用手刮一下他任何一部作品的表面，你会发现其中蕴含了解决问题的高度智慧。可是当你看第一眼的时候，它又是非常感性的。这种特点贯穿了我所见到的他的全部作品之中。

**朋友**：你能举个例子支持你的这种说法吗？

**乔布斯**：噢，他做过的我最喜欢的事情之一当然就是为 IBM 设计的带有字母“I”、“B”和“M”的海报。它非常具有冲击力。我喜欢的还是来自保罗的那种高度的智慧。

## 08 乔布斯回顾自己前半生

——1995年4月20日乔布斯接受《计算机世界》杂志采访[①]

**《计算机世界》**:史蒂夫，我想从你的身世开始。谈谈你自己吧。

**乔布斯**：我1955年2月24出生于行星地球上的美国加利福尼亚州旧金山市。我可以大谈特谈我年青时的琐事，但是我知道没人对那个有太大兴趣。

**《计算机世界》**：哦，他们也许300年后感兴趣，因为这篇打印稿将会湮没。谈一下你的父母、你的家人吧，你最早记住的都是些什么事？1955年艾森豪威尔（Eisenhower）[②]还是总统。

**乔布斯**：我不记得他，但是我确实记得我是在20世纪50年代后期和60年代早期成长起来的。那是美国历史上一个非常有意思的时代。那时美国处在战后繁荣的鼎盛时期，一切都显得规规矩矩,包括从发型到文化等方方面面,那种趋势开始延伸至60年代，不过60年代的很多事情开始向新的方向发展。诸事依然非常成功。很年轻。在我那时的记忆力美国在很多方面显得年轻和幼稚。

**《计算机世界》**：那么当约翰·肯尼迪（John Kennedy）[③]遇刺的时候你差不多是5到6岁的年纪吧？

**乔布斯**：我记得约翰·肯尼迪遇刺。我准确地记得我听到他

---

① 1995年4月20日，年满40岁的乔布斯在他创办的另一家计算机公司NeXT公司的办公室里接受《计算机世界》杂志的采访，更加详细了向人们展示了他早年的生活细节，比如他是如何在老师的激励之下从一个顽皮少年成为一个优秀少年的等，另外更加重要的是他在访谈中透露了他是如何管理公司、如何进行技术创新的。

② Eisenhower：艾森豪威尔（1890-1969），美国第三十四任总统（任期1953-1961）。

③ John Kennedy：约翰·肯尼迪（1917-1963），美国第三十五任总统（任期1961-1963）。

被枪杀的那一刻。

**《计算机世界》：**你当时在哪里？

**乔布斯：**那是下午的3点钟左右，我正穿越学校运动场的草地往家走，有人朝我大声喊：总统被枪杀啦。我猜想，我那时一定是7岁或者8岁，我完全知道那件事意味着什么。我还非常清楚地记得“古巴导弹危机”。我也许有3到4个晚上没有睡着，因为我害怕，就好像我一旦睡着就再也醒不来似的。我猜想我当时7岁，我完全懂得了正在发生的事情。我想人人都明白是怎么回事。那才是真正的恐怖事件，我永远都不会忘记的，而且那种恐怖似乎永远没有真正离开过。我想当时的每个人都感到了恐怖。

**《计算机世界》：**我们中岁数较大的那些人，像我自己就是，还记得当时作出计划，一旦我们国家被摧毁我们该到哪里集合。那是一个奇怪的时代。我们争取把握住的一件事就是激情和力量。你早期对什么有激情，对什么有兴趣？

**乔布斯：**我很幸运。我父亲保罗（Paul）[1]是个相当出色的男人。他高中没有毕业。二战期间他加入了海岸警卫队，用渡船为巴顿将军[2]四处运送军队，我认为他经常惹麻烦，被降至二等兵。他的职业是机械师，工作非常卖力，是那种能工巧匠。他在车库里有个工作台，我大概五六岁的时候，他把工作台大卸8块，然后对我说：“史蒂夫，从现在起，这就是你的工作台。”他把他小号的工具交给我，向我演示如何使用锤头和锯子以及如何造东西。那对我真

① 这里乔布斯指的是他的养父Paul Jobs，乔布斯的生父是具有瑞士血统和德国血统的美国人Joanne Carole Schieble，乔布斯一辈子没有原谅自己生身父母对自己的遗弃，直到2011年10月5日去世都没和80岁的生父见面或打电话，甚至没有回复他生父的电子邮件，可见乔布斯的心结有多大。

② 巴顿将军，二战著名将领。

的非常有用。他和我待在一起的时间很多……他教我如何造东西，教我如何拆东西，教我如何把拆掉的东西复原。

他接触的东西之一就是电子学。他自己对电子学没有深入的了解，但是他在修汽车和其他东西时大量接触电子学。他向我展示电子学的基础知识，我对此很感兴趣。我在硅谷（Silicon Valley）[1]长大。我五岁时父母搬到旧金山(San Francisco)的山景城(Mountain View)。我爸爸被调到了硅谷的核心区域上班，因此周围到处是工程师。那时的硅谷大部分地方还是果园——有杏园和李园，那里真是人间天堂。我记得那里的空气几乎每天都如水晶般透明，在那里你可以从山谷的一边看到另一边。

**《计算机世界》**：那个时候你 6、7、8 岁。

**乔布斯**：没错。正是。那是世界上最适合孩子成长的地方。有一名男子搬到了街道上，和我们家隔着大概 6 到 7 座房子，他和他妻子是我们街坊眼里就是新来的，后来知道他是惠普的一名工程师，还是一名业余无线电话务员，十分痴迷电子学。他认识街坊孩子们的方法相当奇怪：他在自己的车道上放了一个碳精话筒、一节电池和一个喇叭，在那里你可以对着话筒说话，你的声音就会被喇叭放大。当你搬进一个住宅区时，做那样的事情有点怪，但他就是那么做的。

**《计算机世界》**：真有意思。

**乔布斯**：我当然开始拿这玩意取乐。常常有人教导我说为了让声音从喇叭里出来你需要一个放大器来放大话筒里的声音。这

① 硅谷，在台湾、港澳称作矽谷，是高科技公司云集的美国加州圣塔克拉拉谷地的诗意名称。位于加利福尼亚州北部，旧金山湾区南部，正好是乔布斯成长的地方。

是我父亲教我的。我骄傲地回到家里，走到父亲面前宣布他全弄错了，街道前面的那个人只用一节电池就放大了声音。我父亲告诉我说：我不知道你在说什么。我们争论了好久，于是我把他拽到大街上，向他指了指那个东西，他自己也有点糊涂了。

我后来认识了这名男子，他叫拉里·朗，他教我很多电子学的知识。他很棒。他常常制作“健康工具箱”（Heathkits）[①]。“健康工具箱”真的非常棒。它是那些你会成套购买的产品。实际上你成套地购买这些东西比需要的时候只需出去买制成品（假如有的话）花钱更多。和“健康工具箱”放在一起的是详细的操作手册，教你如何把里面的东西装在一起，而工具箱里的所有零件都按一定的方式和颜色编码摆放。你实际上是自己制作这件东西。我常常说这一件东西教会了人们很多东西。它让人明白了一件最终产品里面有什么东西以及它是如何工作的，因为它包括了操作原理，但也许更重要的是它让人们意识到一个人是能够造出他在身边看到的宇宙中的一切东西的。这些东西不再神秘。我是说，你看到了一台电视机，你会想：“我没有造过这玩意，但是我可以造。在‘健康工具箱’目录里就有这一项，而我已经造出了另外两个‘健康工具箱’了，因此我可以造那个电视机。”道理变得越来越清楚，就是它们是人类创造出来的，不是对其内部结构一头雾水的人用魔术变出来的。它给了人们极大的自信心，就是通过探索和学习人们是能够理解周围那些表面看起来很复杂的东西的。在那样的环境下我的孩童时代是幸运的。

**《计算机世界》**：听起来你有爸爸的指导真的很幸运。我打算

① 是美国Heath公司生产的电工工具箱，里面有电表等电器检查维修设备。从乔布斯后来发明的东西再结合他在这里的讲述不难发现这个工具箱对他的启发和影响。

问问你在学校的情况。你接受的正规学校教育怎么样？是好还是坏？

**乔布斯：**上学对我来说一开始是件很难的事。在我上学之前我母亲[1]教我阅读，所以当我到了学校的时候，我其实只想做两件事。我想读课本，因为我喜欢读课本，我还想到外面追蝴蝶，做5岁孩子喜欢做的事情。在学校我遇到的权威和我以前遇到的权威是不一样的，我不喜欢。他们几乎打垮我。他们几乎剥夺了我的好奇心。

等我到了三年级的时候，我有了自己的好伙伴，他叫里克·法兰提诺，我们找乐子的唯一方法就是搞恶作剧。我记得我们和每个人交换东西。学校里有一个大型的自行车停放架，人人都把自行车放在那里，大概有100辆，我们和每个人都单独地交换了密码锁，然后在某一天出去用每个人的锁锁住别人的车子，他们直到那天晚上10点才把所有的自行车解开。我们在老师的桌子上点燃火药。我们多次被赶出学校。到四年级的时候，我遇到了我生命中的另外一个贵人。他们打算把里克·法兰提诺和我放到四年级的同一个班里，校长在最后一刻说道："不行，这个主意不好。把他们分开。"于是女老师希尔夫人说道："我来管他。"她教四年级的先进班，谢天谢地，我被随机挑选进入她那个班的。她对我观察了大概两周的时间，然后接近我。她说："史蒂夫，我来告诉你吧。我和你做笔交易。我这里有本数学练习册，如果你把它带回家，独立完成它，然后还给我，假如你做对其中的80%的题，我给你5美元外加一颗大棒棒糖。"那是她自己买的，她拿出来在我眼前晃。正是一颗大棒棒糖。我看着她，表情似乎在说："你疯了吗，夫人？"以前从来

① 这里指的养母Abdulfattah John Jandali，她是叙利亚人。

没人对我这么做过，我当然照她说的做了。

她根本是在用糖果和金钱“贿赂”我回到学习的轨道上来，而真正引人注目的是没过多久我就对她毕恭毕敬，心头重新燃起了学习的愿望。她给我找来一套制作相机的工具。我打磨镜片，制成了一台相机。它真的相当不错。我认为我那一年在学业上学到的东西也许比一辈子学到的都多。但麻烦也随之而来，因为当我读完四年级的时候，他们对我进行了测试，结果他们决定直接让我读中学，但我父母说“不行”。感谢上帝。“他可以跳一级，仅此而已。”

**《计算机世界》：** 但没去中学。

**乔布斯：** 我发现跳一级在很多方面带来的麻烦就够大的了。麻烦够多了。跳级的确带来一些问题。

**《计算机世界》：** 这里好像是谈论你在四年级经历的绝佳地方。你认为那严重地影响你对教育的兴趣了吗？我是说，如果在计算机业有人把计算机和教育联系在一起，那一定非你和苹果公司莫属。

**乔布斯：** 我可以肯定地说它影响很大。我非常坚定地相信机会平等而不是结果平等。我不相信结果平等，因为很不幸生活就不是那个样子。假如生活是那个样子的话，那么地球将会是一个相当乏味的地方。但我真的相信机会平等。机会平等对我来说就意味着良好的教育，任何东西都不能代替。也许机会平等甚至比美好的家庭生活更重要，但是我不知道如何去做到。没人知道怎么做。但让我感到痛苦的是我确实知道如何提供良好的教育。我们真的知道。我们本可以确保这个国家里的每个孩子都能得到良好的教育，但是我们远远没做到。

我从自身的教育中知道，假如我没有遇到两三个给我开小灶的老师，我确信我会进大牢的。我百分百地相信假如不是在四年级遇到希尔夫人及其他一些人的话，我绝对会最终走进监狱。我能够看到那种趋势，因为自己有某种能量去干某事。这种能量可以引导自己去做感兴趣而别人叫好的事，也可以引导自己去做感兴趣但别人可能不怎么喜欢的事。

在你年青的时候，有人对你的人生路程稍稍做些纠正就会让你受用无穷。我认为那项工作需要相当有才华的人去做。我不知道他们中是否有足够的人被吸引投身到学校教育之中。你得到的回报甚至不能养活你的家人。我希望人们会把我的孩子教育好，让他们能够在我工作的公司里找到一份工作，一年挣个 10 万美元。如果他们能够在这里得到一份年薪 10 万美元的工作，他们为什么应该在学校里从事年薪只有 3 到 4 万美元的工作呢？那是一道智力测验吗？当然问题出在工会身上。工会对于教育来说是最糟糕的一个组织，因为它不是精英领导。它成了一个官僚机构，这正是已经发生的事实。教师不能教书，管理人员经营学校，没人会被开除。真可怕。

**《计算机世界》：**一些人说这项新技术有可能会是绕过那个问题的一个途径。对此你乐观吗？

**乔布斯：**我绝对不相信。正如你指出的那样，我用电脑向学校提供的帮助比世界上任何人都多，我绝对相信它绝不是最重要的。最重要的是人。一个人能够激起你的好奇心，能够满足你的好奇心，而机器做不到这一点。发现的因素存在于你的周围。你不需要一台电脑。这里——为什么人们的发现减少？你知道为什么吗？世界上没有一个人知道为什么发现减少。我们可以很精确地指出来，但没人知道原因。我不需要一台电脑去让一个孩子对发现感兴趣，去让他花一个星期的时间玩地心引力游戏并试图理解它并找出其中的原因。

**《计算机世界》**：但你确实需要一个人。

**乔布斯**：你需要一个人。特别是目前电脑就是这个样子。电脑反应能力很强但它不具有能动性，它们不是代理人，假如你愿意这么说的话。它们的反应能力很强。孩子们需要的是更具主动性的东西。他们需要指导。他们不需要助手。我认为我们具备了世界上所有的材料去解决这个问题，它只是存放在别的地方。我一直坚定地相信我们在教育方面需要做的就是全面实行“教育券制度”。我知道这个问题不是采访所应涉及的问题，但它是我极其关心的问题。

**《计算机世界》**：这个问题本打算留到最后，不过我们现在刚刚开了个头。

**乔布斯**：我感到的一个问题是，假如你现在问谁是教育的顾客，回答是整个社会是教育的顾客，雇人的老板也是，等等等等。但我认为归根结底教育的顾客是家长。甚至不是学生，是家长。我们国家存在的问题是顾客走了。“顾客”多半不再关注他们的学校。发生的事实是，母亲们开始工作，她们不再花时间参加家庭教师协会（PTA）举办的会议，不再花时间关注孩子们在学校的表现。当顾客离开垄断开始占据上风的时候，会发生什么事呢？服务水平几乎不断在下降。这就是在美国发生的情况。我记得在一张印有贝尔商标的车尾贴上看到这样的话：“我们不关心。我们不需要关心。”那就是垄断。那就是IBM在过去的样子。那当然也是公立教育制度的样子。它们不需要关心。

让我们详细检查一些经济方面的情况。人们一生中买的最贵的东西就是房子。第二贵的东西通常是汽车，而一辆一般汽车的花费大概 2 万美元。一般汽车的使用寿命大概为 8 年。然后你就要另外买一辆。大概一年花 2 万美元持续 8 年时间。好了，你的孩子在学校的时间大概也是 8 年，从幼儿园到八年级。加利福尼亚州政府每年花在每位公立学校的学生身上的钱是多少呢？大概是 4400 美元，是汽车的两倍多。

事实证明，当你买车的时候，你身边有很多信息让你作出选择，而你确有很多选择：通用（General Motors）、福特（Ford）、克莱斯勒（Chrysler）、丰田（Toyota）和尼桑（Nissan）。它们像疯子一样向你作广告。如果我一天看不到 5 条汽车广告我就过不了这一天。它们似乎能够非常有效率地造这些汽车，以至于它们能够拿出我支付的一部分钱再去向他人作广告。这样人人都知道了这些汽车，因此它们不断地变得越来越好，因为竞争很激烈。

**《计算机世界》：**有质量保证。

**乔布斯：**有质量保证。没错。但是在学校，人们感觉不到他们是在花自己的钱。他们觉得一切好像是免费的，对吧？没有任何人去货比三家式的购买。事实上，如果你想把孩子送到私立学校，你不可能从公立学校中每年拿出 4400 美元来花，你必须自己掏 5000 到 6000 美元。我坚信如果国家每年给每位家长价值 4400 美元的教育券，而家长只能把这些券花在任何一所经过认证的学校身上，那么有几件事情会发生。第一，学校会像疯子一样开始自我营销以争取到生源。第二，我认为你会看到很多新学校开始出现。我曾经举过一个例子，如果你到斯坦福商学院（Stanford Business School）去看看，他们有公共政策追踪课程。他们可以开设学校管理员追踪课程。从大学出来的一批人围绕着从商学院出来的某个人，他们就可以开办自己的学校了。那些从大学出来的25岁的学生很有理想又充满干劲，他们会开办一所学校而不是一家硅谷公司。我相信他们会干得比我们任何一所公立学校都好。第三件我相信你会看到的事情是，在一个竞争性的市场上，学校的质量会再次提高。一些学校会破产。很多公立学校会破产。这是毫无疑问的。一开始的几年将会是相当痛苦的。

**《计算机世界》：**但是这是值得的。

**乔布斯：**但我认为这要比让孩子们熬过目前的这种制度所带来的痛苦少得多。当然最大的抱怨是学校会选取所有的好孩子，而所有的差孩子会被留给私立学校或者公立学校里残渣余孽。在我看来这就好比说："好了，所有汽车厂将生产宝马（BMW）和梅赛德斯（Mercedes），没人再生产1000美元的汽车。"我认为目前竞争最激烈的市场是在1万美元级别的汽车市场领域。你看到所有的日本汽车厂都在那个领域里展开竞赛。你看到通用花了500万美元资助土星公司在那个市场上进行竞争。你看到福特刚刚在那个市场投放了两款新车型。你看到克莱斯勒推出了彩虹牌汽车（Neon）。

**《计算机世界》：**那就是说在某些情况下你花了3.2万美元，得到的却是一辆500美元的汽车。

**乔布斯：**市场竞争模型似乎显示，哪里有需求哪里就有一大批愿意调整产品以适应那种需求的供应商，哪里就有激烈的竞争，迫使他们把产品做得越来越好。我在20多岁的时候常常认为技术是解决世界上大多数问题的方法，但不幸的是它不是。我给你做个类比。我们很多时候在想："为什么电视节目这么糟糕？为什么电视节目这么低级，这么差劲？”你首先想到的就是：“哦，这是个阴谋：广播网络喂我们这些垃圾产品，因为它们制作起来便宜。”是广播网络控制了这个行业，是它们喂我们这些垃圾产品，但假如你深入研究的话，事实是，广播网绝对想给人们想要的节目以便他们看它的节目。假如人们想要不同的东西，他们就会得到不同的东西。事实是电视节目之所以出现在电视上是因为人们想看它们。

这个国家里的大多数人都想打开电视关掉大脑，那就是他们得到的东西。那比阴谋论更让人感到沮丧。阴谋远远比事实有趣得多，对此大多数民众在大多时候是相当无知的。我认为当提到科技的时候学校的情形与此类似。人们满怀希望地认为技术能够解决那些本质上更人性化更组织化更政治化的问题，但事实并非如此。我们需要从根上抨击这些东西，这个根就是人以及我们给人多大自由以及竞争将会吸引最好的人才。不幸的是，这样做也会产生副作用，比如把很多15年前就没了精气神不应该再教书的46岁的老师排挤出了教师队伍。对这一点我深信不疑。

**《计算机世界》：**我真的很高兴我们有机会谈论那个问题。现在让我们谈谈其他问题吧，人们写了很多关于你的书，我不打算重温其中的那些故事，我想问你的是在这些书中你认为写得最好和最公正的是哪一本，另外你认为你职业生涯中还有哪些方面被遗漏了？

**乔布斯：**我必须坦诚地告诉你，我对此事相当不了解，因为我没有读到过一本那样的书。有一次我浏览了一本书，读了前10页，他们把我的出生日期弄错了1年。如果他们连这个都弄错了的话，那么这篇文章大概就没有阅读的价值了。我甚至不记得我曾浏览过的那本书的名字了。我常常认为我工作的一部分目的是为了让那些和我一起工作的公司员工保持很高的生活质量。那是我自认为能够以个人名义为社会作出的贡献之一——真正努力给这个组织灌输一种理念，即我们的目标就是只要“A 级运动员”。因为在这个领域就像在很多领域一样，载着你穿越曼哈顿的最差出租车司机和最好出租车司机之间的差别可能是 2:1。最好的司机用 15 分钟的时间把你送到那里，而最差司机则用半个小时的时间把你送到那里。或者最好厨师和最差厨师之间的差别可能是 3:1。拿上述的领域做例子。而我所在的领域，最好员工和最差员工的差别大概是 100:1，甚至更多。一个好的软件工程师和一个差的软件工程师之间的差别是 50:1，是 25:1 到 50:1，波动区间相当不稳定。因此，我发现，不仅仅是在软件方面，在我做过的任何事情上，挖掘世界上最优秀的人才都是物有所值的。痛苦的是，当你挖到的某个人不是世界上最优秀的人时，你不得不把他赶走。不过我发现我的工作有时还真的就成了赶那些不称职的人走的工作，我总是努力用人道的方式去做这项工作。但不管怎么说这项工作必须要做，而且永远没有乐趣可言。

**《计算机世界》：**在你看来，管理公司的那部分工作是最艰难最痛苦的吗？

**乔布斯：**噢，当然。当然。有时我很犯难，很多时候人们不想离开，我不给他们任何选择的余地。假如有人想写一本关于我的书的话，我的大多数朋友不会向他们谈起我，但他们会去找几个曾被炒鱿鱼对我恨之入骨的人。我浏览过的那本书无疑就是这种情形。我是说，它只是“往史蒂夫身上泼脏水”。这就是生活。这就是我选择生存的世界。如果我十分不喜欢生活的那一部分，我可以逃离，但我没有，所以我愿意忍受它。不过我当然发现那本书描写得不很准确。

**《计算机世界》：**我想特别问你几个在苹果公司经历过的问题。回顾你在苹果公司的那几年，你最感骄傲的成就是什么？有没有一两个苹果公司的故事你想拿出来和我们分享？

**乔布斯：**苹果公司走过了一段令人叹为观止的旅程。我是指我们在那里做了一些令人惊叹的事情。苹果公司制造能改变世界的产品的能力把我们绑在了一起。那是非常重要的一点。我们那时都很年轻。公司员工的平均年龄在25岁到30岁之间。一开始的时候几乎没人成家，我们都像疯子一样地工作，而最大的乐趣就是我们觉得我们是在一起加工艺术品，非常像20世纪的物理学，就是做出来的重要东西会持续下去，人们在这个过程中作出了贡献，然后让更多人得到它，这个放大因子非常巨大。

举个例子，我们在做麦金塔的时候，由不到100个人组成了一个核心团队，但苹果公司的发货量超过了1000万。当然人人都复制它，它现在的数量超过了1个亿。那是相当大的放大率，100万比1。生活中你很少有机会把你的价值放大100倍，更不用说放大100万倍了。那就是我们当初做的事情。如果你看看我们努力作的事情，它似乎在说："计算和人们的联系真的还处于萌芽期。我们是在正确的地方在正确的时间改变了那个向量的轨迹。"有意思的是，假如你在原点[1]附近改变了向量的轨迹，到了几英里之外的地方它的轨迹发生了极大的变化。我们非常清楚这个事实。几乎在苹果公司刚刚开始的时候，由于有某个难以置信的吉星高照

① 向量和原点都是数学用语。学过数学的人对乔布斯的奇妙比喻会心领神会，建议不懂数学的读者向别人请教。

我们，我们在正确的时间出现在了正确的地方。我们努力做出的贡献不仅体现了卓越技术和革新的价值——我相信我们做了自己该做的，还体现了更加人性化那类革新的价值。

我对于苹果公司最感骄傲的事情就是在那里技术和人文主义结合在了一起，比如它在出版业的所作所为就是一例。麦金塔基本上颠覆了出版业和印刷业。与技术相结合的排字艺术再加上卓越的电子化制作——这两样东西结合在一起就赋予了人们不必懂得神秘的电脑命令就可使用电脑的能力。我最感骄傲的正是这两样东西的结合。它发生在了苹果二代（Apple II）身上，它发生在了“莉莎”（Lisa）身上，尽管“莉莎”身上存在的一些别的问题导致了它在市场上市一个失败的机型，接着它再次发生在了麦金塔身上并取得巨大成功。

**《计算机世界》：**你在描述过去的事迹时使用了一个有趣的字眼。你谈到的是艺术而不是工程和科学。告诉我是怎么回事。

**乔布斯：**我实际上认为在艺术家和科学家或最有才干的工程师之间的区别很小很小。在我的脑海里这两类人之间根本就没区别。对我来说他们只不过就是追求不同路径的人但他们从根本上追求的是一样的目标，就是把他们认为的周围的真理表达出来，这样其他人可从中受益。

**《计算机世界》：**艺术性就在于解决方法的优美性吗？像下象棋或数学运算一样？

**乔布斯：**不是。我认为艺术性在于对周围所见的洞察力。通常来讲就是以一种别人从来没用过的方式把东西放在一起，找到别人没有洞悉到的表达方式，这样他们就可以利用具备那种洞察力的优势找到某种办法或干成某种事情。我认为麦金塔团队里的很多人都能做到那一点，而且也精确地做到了那一点。如果你对这些人进行一点点深入研究的话，你会发现在这个特殊的时代，在20世纪70年代和80年代，计算机界最厉害的人通常是诗人、作家和音乐家。他们差不多都是音乐家。他们中的很多人是兼职诗人。他们进入计算机行业是因为电脑是如此让人感兴趣。它让人耳目一新。它是他们表达创作才能的新媒介。人们倾注在它身上的感情和激情和一个诗人或一位画家完全没区别。很多人是内向型的人，他们会把对别人或者一般人性的看法表述在他们的作品之中，而别人会使用他们的作品。很多人把很多的爱倾注在这些产品身上，把感激之情倾注在这些东西身上。很难解释。

**《计算机世界》：**从这个字眼最真实的意义上说它是激情。

**乔布斯：**计算机业正处在一个非常关键的时期，那些人显然正在离开这个行业。

**《计算机世界》：**他们在做什么？

**乔布斯：**很难说。他们被另外的事情吸引住了。他们被赶出了这个行业。他们之所以被赶出了这个行业是因为计算机业正在被微软所垄断。不知道微软是不是合法地获得这个垄断地位——谁在乎呢？垄断的最终结果就是业界的创新能力正在被榨干。我想最聪明的人已经看到了不祥之兆。我想一些最聪明的年轻人正在质疑自己是不是真的要进来。希望事情有所改变。现在正在进入或者就要进入一段黑暗时期。

**《计算机世界》：**苹果公司作为一个公司来讲有完全打破旧模式创出自己新路子的名声。你在和NeXT公司走到今天后回顾过去，你认为苹果公司随着变得越来越庞大它还能保持它原有的方法吗？或者它注定会成为一家标准的美国大型公司吗？

**乔布斯：**这是个有趣的问题。苹果公司的确变大了，而且还在保持那种模式。在我离开苹果公司的时候它是一家20亿美元的公司。我们是《财富》300强企业，或者不是。我们是《财富》350强企业。当麦金塔上市的时候，我们是10亿美元的公司；所以苹果公司从一无所有成长为一家20亿美元的公司。那样的成长率是相当的高。自从我离开后它基本上靠麦金塔增加了5倍。我认为按照成长率来说，我离开后发生的事情和我在那里发生的事情相比就显得微不足道了。毁掉苹果公司的不是成长率。毁掉苹果公司的是价值观。约翰·斯卡利（John Sculley）毁掉了苹果公司，他给苹果公司的高层带来了一系列腐败的价值观，把一些高管人员腐蚀掉了，把没有腐蚀掉高管人员赶出了公司，让一些更加腐败的人进入公司，给他们自己支付几千万美元，他们更多的是关心自己的荣誉和财富而不是首先如何建设苹果公司——就是制造好电脑给人们使用。

他们不再关心苹果公司的价值观。他们不知道如何做，他们根本没花时间去调查研究，因为那不是他们关心的事情。他们关心的是赚大钱，于是他们有了这个由很多才华横溢的人研制出来的叫做麦金塔的好东西，他们变得非常贪婪，他们不去遵循原有愿景的原本轨迹——即让这个东西成为一个家用电器，让尽可能多的人使用——相反他们追逐利润，他们有大概4年时间获得了超乎寻常的利润。在大概4年时间里苹果公司是美国最赚钱的公司之一。

他们付出的代价就是未来。他们本应该做的是获取合理利润，去争取市场份额，这是我们过去常常努力去做的。今天的麦金塔本应该占有市场33%的份额，甚至更高，它甚至本应该是微软，但我们永远不知道会不会。现在它的市场份额只占到了个位数，而且还在下降。假如在过去的话公司不可能达到这个地步。麦金塔在几年之后将会消失，这真悲哀。问题是这样的：在苹果公司里没人知道如何创造出下一个麦金塔，因为在苹果公司制造麦金塔或任何其他产品的时候，现在公司的管理人员没有一人参与。他们仅靠麦金塔生活了10年多，他们最近的努力是推出“牛顿”（Newton），你知道结局是什么。这真有点悲剧味道，但我尽量不带感情色彩，这就是正在发生的事情。除非有人采取惊人之举，否则公司由于“安装好的底座”而存在长期走下坡路的趋势。但苹果公司正在斜坡上滑行，他们每年都在丢失市场份额。一旦你过了某个临界点，事情就开始急转直下。当开发商不再为你的电脑写应用程序的时候，那就是苹果公司真正到了土崩瓦解的时候。

**《计算机世界》：**显然你对苹果公司有很深的感情。

**乔布斯：**噢，那当然。苹果公司本应该永远活下去，本应该不断地永远地交出好产品。苹果公司一度像索尼公司。它曾经是制造最酷产品的地方。

**《计算机世界》：**你可否讲一件在你印象里有没有苹果公司的一位客户或者一则故事能够体现公司在鼎盛时所代表的价值观？你在那里的时候是什么样的客户在使用苹果产品？

**乔布斯：**有两类客户。苹果公司有教育方面的产品，还有一些非教育类的产品。在非教育类产品这一端，苹果公司有两件事情。第一件就是它推出了首批“生活时尚”电脑，第二件就是在20世纪80年代早期它表现是如此糟糕以至于我不愿意记住那段历史。那时IBM的PC机一统天下，DOS系统出现在PC机里；“生活时尚”的表现远比苹果二代差得多。他们试图复制苹果二代，他们做的工作相当差劲。你需要知道很多东西才行。事情有点向后倒退。你看看 1984 年的商业广告。麦金塔基本上是位于加利福尼亚库比蒂诺[①]（Cupertino）的一个相对较小的公司向巨人 IBM 发起挑战的产品，它似乎在说："且慢，你的路是错的。这不是我们想要电脑走的路。这不是我们想要留下的财产。这不是我们想让自己的孩子们学习的东西。你们错了，我们打算向你们指明正确的道路，而这就是正确的道路。它叫做麦金塔，它好极了。它将打败你们，你们将要做它。"

那就是苹果公司代表的价值观。那是其中的一件事。另外一件事情发生的时间更远了一点。在制造苹果二代时发生的事情之一就是学校购买苹果二代，但即使如此在 1979 年（我想是这一年吧）的时候只有 10% 的学校拥有一台电脑。在我长大的时候，我是幸运的，因为我在硅谷。我 10 岁或 11 岁的时候见到了我的第一台电脑。它在 NASA Ames[②]（研究中心）实验室里。我没有看到那台电脑，我看到的是一台终端，它在理论上是栓在电线另一端的电脑。我喜欢上了它。我是在惠普看到了我的第一台台式电脑，它被称为 9100A。它是世界上第一台台式电脑。我想它里面运行的是 BASIC 和 APL。我喜欢上了它。我想，看看 1979 年的这些统计数字，我想假如每所学校只有一台电脑的话，一些孩子会发现它。它将改变他们的生活。

我们看到了这种趋势发生的速度，看到了学校官僚们下决定为学校购买一台电脑的速度，那个慢啊！我们意识到整整一代的

① Cupertino：库比蒂诺（苹果电脑的全球总公司所在地，位于美国旧金山）。

② NASA Ames：美国国家航空和宇宙航行局（National Aeronautics and Space Administration）埃姆斯实验室。

孩子们甚至在他们得到自己的第一台电脑之前就将从学校毕业，因此我们认为孩子们不能等。我们想向美国的每所学校捐赠一台电脑。事实证明美国大约有10万所学校,其中大约有1万所的中学，9万所从幼儿园到八年级的学校。作为一家公司，我们承担不起那项费用。但我们研究了法律，发现已经有了一条成文法，这是一条全国性的法律，它说如果你以教育和研究为目的向大学捐赠了一台科学仪器或者电脑的话，你可以享受另外的税收减免优惠政策。那基本上就等于说你不挣钱，你损失了一些钱但是你损失得不太多。你的损失大概是10%。我们想假如我们运用那条法律的话，把它稍微强化一点，延伸到从幼儿园到八年级的学校，去掉对“研究目的”的要求，那就只剩下“教育目的”了，那么我们就可以把10万台电脑送出去，美国的每所学校1台，为此我们公司得花掉1000万美元，这当时对我们来说是一笔巨款，但比我们不那么做时需花的1亿美元要少。我们决定我们愿意那么做。

那是我做过的最不可思议的事情之一。我们在东湾（East Bay）找到我们当地的代表皮特·斯塔克，皮特和我们一些人坐下来写一份议案。我们其实是起草了一份作出这些改变的议案。我们说：“假如这项法令发生了改变我们就将以1000万美元的代价捐献10万台电脑。”我们称之为“‘孩子们不能等’法案”。皮特·斯塔克在众议院介绍了该议案，达特茅斯参议员在参议院里介绍了该议案，而我拒绝雇用任何游说人员，我自己回到华盛顿，我实际上在国会待了大约两周的时间，这是最令人称奇的一件事。我差不多和三分之二的众议员见了面，和超过一半的参议员见了面，坐下来和他们讨论议案。

那是件很有趣的事。我发现众议员照例不如参议员聪明，他们更多地是对他们的选区作出反应——起初对这一点相当反感，但后来渐渐明白了他们的这种做法真的很好。也许那就是制宪者们想要的结果。他们不应该想太多，他们应该代表选区。而参议员则应该多想一点。《法案》以美国历史上所有税收法案中的最高赞成票比例获得了通过。它进入国会的时候正是卡特的“跛鸭期”[1]( lame duck session )，鲍勃·多尔是当时的众议长，他让该法案胎死腹中，这就是当时发生的事。他没有把它带到参议院，而我们没有时间了。我们本可以在来年在启动那个过程，但我放弃了。

但是，幸运的是，一件非同寻常的事情发生了。加利福尼亚州认为这是一个相当好的想法，于是他们找到我们说：“你们不需要做任何事。我们将会通过一项法案，说‘既然你们在加利福尼亚州营业，向加利福尼亚纳税，我们就将通过该项法案，这就是说假如联邦法案通不过，那么你们会在加利福尼亚得到税额优惠’。你们可以在加利福尼亚做这件事，加利福尼亚有 1 万所学校。”于是我们就那么做了。我们在加利福尼亚州给出了 1 万台电脑。为了奉送软件我们集合了一大批软件公司。我们免费培训老师，在随后几年里一直监督此事。那真是不平凡的一件事，是我辉煌的经历之一。我最大的憾事之一就是我们实际上是想在全国范围内干这件事，而且距离成功仅一步之遥。我认为鲍勃·多尔甚至不知道自己在干什么，但不幸的是他的确把事情搞砸了。

**《计算机世界》：**那是个了不起的故事。

**乔布斯：**那是苹果公司从事的一部分工作。

---

① lame duck session：就是指“跛脚鸭国会会议”，即新旧总统交接之间的国会会议。由于部分与会议员不会在下任国会出现,也许议员会对议题出现爱理不理的态度。Lame duck字面上看是“跛脚鸭”，它做名词常用来指“无用的人”，带有贬义。

**《计算机世界》：**在商业方面，当麦金塔出现的时候，我在《华盛顿邮报》工作。《华盛顿邮报》是蓝色巨人 IBM 的一家店铺，没人愿意和它玩，于是麦金塔渗入了进来。那时候几乎就是游击运动时代。它一开始的时候由广告艺术家设计，现在报纸的整个第一版都是由苹果机器搞定。这种游击运动当时很普遍吗？

**乔布斯：**实际上我们当时不知道如何向美国公司兜售电脑，因为我们没有一个人来自那里。它在我们看来就好像来自另外一个星球。不幸的是我们必须学习它所有的东西。假如我当时知道我现在知道的一切，我们会做得好得多。我们试图卖给美国公司的努力泡了汤，最终购买我们的那些人之所以买我们产品不是因为他们来自那些公司而是因为他们看中了我们产品的优点。我是说，那时人们都痴迷于“蓝色巨人”，他们买 IBM 的机子。有一句著名的话：“你永远不会因为买 IBM 而被炒鱿鱼。”我们有幸能够让那种局面发生很大的改变。正如你知道的那样，我相信苹果公司是比 IBM 还大的个人电脑供应商。

**《计算机世界》：**能谈谈是什么动机驱使你创建 NeXT 公司以及当你创建这个新公司时你设定的目标是什么吗？

**乔布斯：**一言难尽。我们基本上是想继续干我们在苹果公司干的事情，就是继续创新。但是我们犯了个错误，就是打算遵循我们在苹果公司做事的模式，就是制作所有的软件小工具。但是市场在变化。计算机业在变化。规模在变化。最终我们明白了，我们要么会成为最后一个制作所有小工具的公司要么会成为第一个停止制作它的公司。我们处于边缘地带。我们认为我们会是最后一个制作所有小工具的公司，但我们错了。我们是第一个停止制作那种东西的公司。我们终止了那些试图那么做的公司。我们当然犯了相当大的错误，但是最终我想我们本应该拿出稍微多一点的时间去认识到世界正在发生变化而从一开始就成为一家软件公司。

**《计算机世界》：**一开始？当你的机器上市的时候它可得到不少好评啊。

**乔布斯：**机器是世界上最好的机器。信不信由你，在某些情况下，它们在二手市场出售的价钱比我们最初卖它们时的价钱还高。它们甚至在今天难觅踪影。我们有两年半时间没有制作它们了。

**《计算机世界》：**NeXT 机器有什么特色使得它在今天的机器里头依然是凤毛麟角的呢？

**乔布斯：**哦，首先，它完全是一种“即插即用”式机器。除了麦金塔，那种机器很难找到。它是一款功能极其强大的机器，远远超过了麦金塔。因此它把工作站的威力与麦金塔的“即插即用”功能优美地结合在了一起。第二，这款机器有着你在今天找不到的硬度和外观。

**《计算机世界》：**它很美。

**乔布斯：**我指的不仅仅是外包装，我指的是它的运行——是简单对复杂。简单的事情就像软电源的开和关。虽然那是微不足道的一件事，但是正如你知道的那样，人们丢失电脑里的信息的最重要的原因之一就是在错误的时间关了机。当你用的是多任务工作站系统的时候，那种操作导致的后果可能会严重得多。所以我们是第一批想那么做的人，也是唯一那么做的人中的一员，就是你按下一个按钮，要求电脑关掉。它会想出需要做什么才能体面地关机，然后再关掉自己。当然，NeXT 电脑也是第一个具备内置高品质音响的电脑，其音响质量达到了 CD 唱片的质量。现在大多数人都那么做了。他们花费了很长时间，但是大多数人都做到了那一点。它只是领先于它的时代。

**《计算机世界》：**NeXT 软件：是什么让它与众不同？它的发展趋势是什么？

**乔布斯：**那是真正的精华所在。我要告诉你一件有趣的事情。当我还在苹果公司的时候，少数熟人对我说："你真应该到施乐的 PARC（它是帕洛阿尔托研究中心）去，看看他们在那里干什么。"他们通常不让太多人进去，但是我可以进到那里去看看他们在干什么。我看到他们早期的电脑，叫做 Alto，是一台了不起的电脑，他们实际上在那里向我展示了他们在 1976 年研制的 3 样东西。我是在 1979 年见到它们的。我们全部复制它们可花了不少时间，直到最近几年才完成，现在计算机界要完全复制的是 NeXTStep。不过我当时没有看到全部的 3 样东西。我只看到了第一样东西，在我看来它是如此神奇，我被镇住了。它让我看不到另外两样东西。我花了几年时间去复制它们、去重新发现它们、去把它们合并到原来的模型里，但是它们在想法上太超前了。它们没有完全做对，但是它们具备了所有那 3 样东西的基本雏形。这 3 样东西是：图形用户界面、面向对象计算以及网络。

让我对它们一一道来。图形用户界面：Alto 具备世界上第一个图形用户界面。它有窗口。它有粗糙的菜单系统。它有粗糙的面板等等。尽管它工作不当，但图形用户界面的基本思想尽在其中。面向对象：他们在上面运行 Smalltalk[1]，它的确是第一个面向对象的编程语言。Simula[2] 的确是第一个面向对象的编程语言，但

① Smalltalk：一种计算机编程语言。
② Simula：一种计算机编程语言。

Smalltalk 是第一个正式的面向对象的编程语言。第三，网络：正如你所知，他们在那里发明了以太网[①]（Ethernet）。他们用服务器把数百台 Alto 连接在一起构成一个局域网，他们可以通过网络发送电子邮件和做其他的事情，所有这些都发生在 1979 年。我当时被我看到的图形用户界面雏形隐含的潜能所震撼，以至于我没有很好的消化吸收另外两样东西甚至就没有在那里逗留一会儿以便全面地研究它们。

NeXTStep 把其中的一部分愿景变成了现实。当它问世的时候，它集成了世界上第一个真正商业化的面向对象系统，是世界上真正的最网络化的系统。我想世界在网络化方面取得了长足的进步，但是还没有跨过进入对象化的那道障碍，还没有进入 NeXTStep 的世界。一些非常庞大的企业开始成为我们的客户，开始采用这个系统。它现在是世界上最受欢迎的面向对象操作系统，因为面向对象产品正处于开始成为主流产品的临界状态。公司去年成为其 9 年历史上的第一个盈利年，卖出了价值 5000 万美元的软件。我认为我们今年会有一个显著性的增长，很显然 NeXT 能够在未来 3 到 4 年的时间里崛起为一家价值几亿美元的软件公司，成为提供面向对象产品的最大公司，直到微软在某时候进入这个市场，不过也许它带来的是相当半生不熟的产品。

**《计算机世界》：**有人说在将来面向对象的软件将会成为唯一的软件。

**乔布斯：**这样说当然是对的。我记得 1979 年我在施乐的时候就是开天眼的时刻。我记得看了面向对象产品不到 10 分钟的时间我就明白了将来有一天每台电脑都会以这种方式工作；一旦你

① 以太网，一种组建局域网的标准，至今仍在使用。

看到它，你就会彻底明白。它不需要你学富五车。它是如此清晰。一旦你理解了对象这个概念，剩下的就完全一样。终有一天所有软件将会用面向对象技术写成。你会争论这将会需要多长时间谁将会成为赢家谁又将会成为输家，但我认为一个理性人是不会怀疑其重要性的。

**《计算机世界》：**就互联网当前的情形及其未来以及商业性在线服务及其如何影响计算机的发展谈谈你的想法吧。

**乔布斯：**互联网和万维网（World Wide Web）显然是今天计算机界发生的最为激动人心的事情。它们让人激动的理由有3个或4个。第一，电脑最终会成为一个通讯设备，我们最终会花费越来越多的时间不仅仅让电脑变得好用而且还要让它变得易于通讯。万维网是拼图游戏中缺少的那一块，而它将会把那个愿景大大地向前推进一步。那样的话就太让人激动了。第二，它之所以那么让人激动是因为它将摧毁经济的巨大保护层，让很小的公司以和大公司平等的地位出现在市场之中。让我给你举个例子。一个位于亚利桑那州凤凰城（Phoenix）的3人小公司能够拥有一台服务器，这台服务器如果不比IBM的或GAP的或任何其他大型公司的服务器好的话，也和它们的服务器一样。他们可以免费地进入电子分销渠道。他们不必盖大楼。他们不必和1000个分销商签订协议，不必派人召集他们，等等等等。这实际上是通过互联网通过万维网从生产商那里直销到消费者手中，直接接触，直接交易，通过UPS或联邦快运分销——那将比通过中间商或在全国建几百家商店要便宜。它将极大地改变产品和服务的生产、销售和交货的方式，不仅仅在本国会这样，最终全世界都会这样。正如你所知道的那样，电子的运动速度是和光速一样，因此在供应商和顾客这个意义上

说它倾向于把世界变得更加密切。那是相当激动人心的。让大小一样，让远近相同。

它让人激动的第三个理由就是微软不拥有它，我并不认为他们能够拥有它。它也许是计算机界微软永远不能拥有的一件东西。我认为必不可少的因素之一就是政府继续资助互联网，将其视为一项公共责任和一项公共设施，坚决摒弃有人提出的将其私有化的可笑念头。谢天谢地，我不认为这些想法会飞上天去。互联网每年大概花掉联邦政府 5000 万到 7500 万美元。这和它目前做的事情相比显得微不足道，即使有一天那种费用逐步上升到每年 5 亿美元（当然这意味着你不得不从头开始重建整个互联网或者你更新全部的设备等等）。为了防止互联网落入任何公司之手因而开始摧毁和控制围绕着互联网而产生的革新的情况发生，那笔钱是政府应该付出的相当小的代价。它是计算机业快速出现一些重大革新的最后一道希望之光。互联网还有了不起的一点就是美国在这个领域里再次处于领先地位。那是整个个人电脑软件行业了不起的一件事。它是美国领先的又一例证。它应该保持开放。它应该保持自由。

**《计算机世界》**：万维网真的成了一个全球现象。你对它继续保持自由的前景感到乐观吗？

**乔布斯**：是的，我对它继续保持自由的前景感到乐观，但之前你说它是全球化的就有点太快了。据估计世界上超过三分之一的互联网流量是从加利福尼亚流出或流入。因此我实际上在想，这是加利福尼亚不仅在技术移动还在文化移动方面处于领先地位的又一典型案例。所以我的确期望万维网能够成为一个世界现象，能够极为广泛地遍布开来。但现在我认为它是一个正在向全球推进的美国现象，是一个在某个小地方比如加利福尼亚非常集中的现象。

**《计算机世界》：**世界上 85% 的人还接触不到电话。还有潜力，你也相当乐观。谈谈皮克斯吧。

**乔布斯：**这是一个相当有趣的故事。我被一些人吸引住了。还是我的一位朋友告诉我应该去看看那些住在加利福尼亚山拉斐尔（San Rafael）的“疯子们”，他们正在卢卡斯电影公司工作。制作了《星球大战》（Star Wars）三部曲的乔治·卢卡斯[1]是个聪明的家伙，在他从这些电影中挣得盆满钵满的时候他意识到他应该组建一个技术团队。他有一两个问题需要解决。我给你举个例子。当你要复制一份模拟信号的录音时，就像从一个盒式磁带复制到另外一个盒式磁带上，你把人工噪音也带了进去，磁带的情况就是嘶嘶声。假如你制作第二代的复制品时，情况变得特别糟糕。对于光学模拟信号的复制也是如此。你拿来一盒胶卷，制作一个拷贝，你混进了人工“杂音”，对于光学模拟信号来说就是光的“杂音”在某些情况下看上去好像模糊了一点，而在另外一些情况下又好像是别的人工“杂音”。

实际上乔治为了制作《星球大战》必须把多达每帧 13 幅胶片画面合成在一起。做背景的亚光绘画可能是胶片里的若干帧，模型可能是胶片里的若干帧，实景真人可能是胶片里的若干帧，一些特效可能是胶片里的若干帧，而每次他把两种图片放在一起制作一个拷贝，然后加入第三种，然后第四种，每制作一代的拷贝他就往里加进了“杂音”。如果你去购买任何一张《星球大战》光盘，如果你在某些画面停下来，它们真的很低劣。难以置信地嘈

① George Lucas：乔治·卢卡斯（1944-），美国著名导演。

杂，质量糟糕透顶。因为乔治是一个完美主义者，他说：“我喜欢完美地做事”，于是他用数字去做，此前从来没人那么做过。他雇了一些绝顶聪明的人，他们想出了如何为他制作电影的方法，就是用没有任何人工杂音的数字。它们开发了一套软件，实际上还一度建造了一些专业化的硬件。乔治在某一刻认为这一年耗掉他几百万美元，于是决定不再往里头投一分钱，于是我从乔治·卢卡斯那里买下了这个团队，我将其组成皮克斯公司，我们开始着手给高端电脑绘图带去一次革命性变化。如果你仔细观察过去10年里在高端绘图方面发生的最重要的10次革命性变化，其中的8次来自于皮克斯公司。例如，所有用来制作《终结者》（Terminator）的软件——实际上是用来构造你在屏幕上看到的形象——或者用来制作《侏罗纪公园》（Jurassic Park）的软件——用来制作所有的恐龙，都是皮克斯软件。《工业光魔》（Light and Magic）用它作为所有素材的基础。

但是皮克斯有另外的愿景。皮克斯的愿景就是要讲故事，要制作真正的电影。我们的愿景就是制作世界上第一部动画电影——完全由电脑合成、电脑布景、电脑制作人物等等一切都由电脑完成。10年之后，所有这些我们都不折不扣地做到了。我们开发了工具并全部变成我们的专利，目的就是为了做这件事，就是为了生产这件东西以及绘出这件东西，叫做电脑合成绘画。我们正在完成世界上第一部电脑动画电影。皮克斯写剧本、导演这部电影并制作它。沃特·迪士尼公司负责发行，它今年将作为沃特·迪士尼的圣诞片而上市。我相信它将在今年11月11日上映，它叫《玩具总动员》。你将听到很多关于它的新闻，因为我认为它将是今年最成功的一部电影。

**《计算机世界》:** 真不可思议。

**乔布斯：** 它可是不一般。汤姆·汉克斯为主角配音。提姆·艾伦为第二主角配音。兰迪·纽曼（Randy Newman）为电影配乐。它真不一般。

人们围绕着好莱坞和硅谷的合作闹得沸沸扬扬。我想他们称之为“傻莱坞”（Sillywood）。皮克斯真的将会成为全世界第一个数字电影制片厂。它真的把艺术和技术结合在了一起，而且再次是以非常妙的方式将二者结合在了一起。皮克斯无疑把全世界最好的计算机图形人才搜罗到麾下，它现在拥有全世界最好的动画人才和艺术人才来制作这类电影。我们拥有除了迪士尼之外的最大规模的动画家团队，而且我们认为世界上最有才华的人和这些计算机科学家们肩并肩地工作，他们是世界上最好的作图人员。世界上再也没有任何人能够做出这些东西来。它真的不同寻常。我们也许比别人领先了将近 10 年。

**《计算机世界》:** 听起来真的很令人振奋。我打算问的问题——你已经部分地回答了它——是关于草创企业的。在我环视这里的设备以及你的宣传材料时，我发现你们的墙上到处都写着盟友的名字，一字不落。你们和惠普（Hewlett-Packard）、升阳（Sun）、甲骨文（Oracle）和数字公司（Digital）以及所有系统集成商结成联盟。通讯公司以及信息技术公司正在合并，变成一个。你认为一个新建的大公司如果集中搞重大应用程序或软件的话它有可能发展起来吗？会有另外一个吗？

**乔布斯：** 我想会的。人们也许会在某个时候绝望地说不会，但是我想会的。理由是因为人们习惯了以一种固定的方式看这个世界，所以那个东西一直正确，它也许就一直正确下去。我一直就觉得死亡是生命最伟大的发明①。我确信生命在演变的最初是没有死亡的，但发现没有死亡的话生命就不能很好地发展，因为它不能为年轻人腾出地方。它不知道50年前这个世界是个什么样子。它不知道20年前这个世界是个什么样子。它看到的世界就是今天这个样子，没有任何先入之见，它以此为基础梦见它会是个什么样子。我们不满意，因为目前状态没有达到它们的理想状态。没有死亡，人类的进步就会很小很小。

在一个组织以及一个人身上发生的事情之一是他们习惯了看待世界的方式，对现有的事情感到满意，但世界发生了变化而且不断在变化，新的可能性出现了，但这些习惯旧思维的人看不见它。这就给了草创公司最大的优势。一潭死水的观点来自大多数的大公司。除此之外，大公司通常没有有效的通讯渠道，处于公司底层离这些变化最近的人们不能有效地和公司高层进行沟通，后者是作出重大决策的人。公司较低层的员工也许看到这些变化正在来临，但是等到他的话一层一层地“波及到”那些能够采取应对措施的最高层身边，也许10年时间过去了。即使在某些情况下公司的一部分较低层的员工做对了事情，通常较高层人员也把事情搞砸了。我认为IBM以及个人电脑行业就是一个很好的例子。我认为只要人们不解决这个人性问题，即人们过了一段时间就会形成一种固定的世界观，那么对于争取创新的年轻公司和年轻人来说就总是存在机会的。理应如此。

**《计算机世界》：**在我给你机会自由自由联想之前我打算问你最后一个问题。那个问题是针对那些把你尊为榜样的年轻人而提的。你认为他们依然存在创新的机会和可能性。今天年轻人成功

① 这个观点一直萦绕在乔布斯心头，参见他10年后在斯坦福大学的演讲。

的因素是什么？他们应该避免什么？

**乔布斯：**很多人问了我这个问题，而我有一个相当标准的答案，那就是，很多人找到我说："我想成为一个企业家。"我说："噢，那很好，你的想法是什么？"他们说："我还没有呢。"我说："我认为你应该到餐馆里找一份勤杂工的工作或诸如此类的工作直到你找到真正喜欢的东西，因为有很多工作要做。"我确信把成功的企业家和不成功的企业家分开的因素大半是真正的毅力。创业如此艰难。你把生命中的大部分时间都投入进去。有如此艰难的时刻会适时出现，我想大部分人都会知难而退。我并不责怪他们。真的很难，它会耗掉你的一生。如果你成了家，并且你的公司刚成立不久,我不能想象一个人怎么能应付得来。我相信会挺过去的，但很难。有一段时间几乎一周 7 天一天 18 个小时地干。除非你对这件事充满激情，否则你不会渡过难关的。你会放弃。所以你必须有一个想法，或者有一个难题或者有一个你想纠正的错误，你对这些有激情，否则你不会有毅力坚持到底。我想那就是成功的重要条件。

**《计算机世界》：**你的谈话让我想到了问题的另一面。你谈到了激情的一面。你会说先有激情然后就有权力吗？一旦你取得了某种程度的成功，你怎么看待权力的责任这个问题？

**乔布斯：**权力[1]？那是什么？

**《计算机世界》：**你需要激情去创建一家像 Apple 或 IBM 或任何一家大公司一样的公司。一旦你把激情发挥到那种水平，建立了一家公司，坐到了像微软的比尔·盖茨或者其他任何人比如你自己这样的位置上，那些取得成功具有经济实力社会权力的人的

① power有很多意思，所以乔布斯不知道记者指的是哪个意思。

责任是什么呢？我是说，你改变了世界。在那个被你改变了的世界里，你的责任是什么？

**乔布斯：**那个问题可以分很多层次来回答。很显然假如你在运营一家公司，你就有一种责任，但是作为一个个体，我并不认为你有责任。我认为你干多大事你就负多大责。我并不认为人们肩负特殊责任仅仅因为他们做了别人喜欢或不喜欢做的事。我认为工作说明了一切。我认为人们可以选择自己想做的事，但是我们都将会在不久死去，那就是我的观点。有人曾经告诉过我，他们说："要把每一天都当做你的最后一天来过，你必将过好每一天。"我是那么做的。你永远不知道自己什么时候会离去，但是你将很快离去。如果你有什么东西留在身后的话，那将是你的孩子、几个朋友和你的工作。所以那就是我常常担心的事情。我一般不考虑责任问题。事实上我有时候倾向于喜欢假装自己没有任何责任。我努力记住我的最后一天，那天我无事可做，不去做第二天必须做的任何事情，我没有任何责任。那是10年前的事。我假装自己要那么想。我不想那些字眼。我认为你的责任就是去做真正的好东西出来，做出来让人们使用，让他们站在你的"肩膀上"继续制造更好的东西。

**《计算机世界》：**因此责任就是针对自己和自己的标准。

**乔布斯：**在我们的行业里，一个人凭一己之力再也干不成任何事了。你在身边组建了一支团队。你负责那支团队工作的完整性。人人都想证明他们能做最好的工作。

**《计算机世界》：**任何最终的评价或想法或者备案或者忽略不计吗？

**乔布斯：**不。不见得。当你思考人生回首往事的时候，时间框架是个有意思的东西。我的确认为100年后当人们回顾今天这段历史时，他们将会把它看作历史上的一个非凡年代，特别是这个领域，信不信由你。当你想起出自这个地区即硅谷以及整个旧金山柏克莱湾（Berkeley Bay）的创新时，你会想到集成电路的发明、微处理器的发明、半导体存储器的发明、现代硬盘驱动器的发明、现代软盘驱动器的发明、个人电脑的发明、基因工程的发明、面向对象技术的发明、图像用户界面的发明（由PARC发明由苹果公司跟进）以及网络的发明。所有那些发明都在这个柏克莱湾地区发生。不可思议。

**《计算机世界》：**你认为它发生的原因是什么？为什么在这里发生？

**乔布斯：**两三个原因吧。你必须稍微回顾一下历史。我是说这里是旧金山地区“反传统”行为发生过的地方。这是一件相当有趣的事情。这里是嬉皮士运动（hippy movement）发生过的地方。这里是美国摇滚乐（Rock'n Roll）唯一真正发生过的地方。对吗？这个国家里的大多数乐队比如20世纪60年代的鲍勃·迪伦[1]（Bob Dylan），我是说他们全都从这里出来的。我想到了琼·贝茨[2]（Joan Baez），想到了杰弗逊飞机乐队（Jefferson Airplane），想到了感恩而死乐队(Grateful Dead)。所有人都来自这里，詹尼斯·乔普林(Janis Joplin)，吉米·亨德里克斯（Jimmy Hendrix），每个人。为什么会这样？这里还有斯坦福和柏克莱两所了不起的大学，它们吸引了全世界的才子，将他们延揽在这片干净、阳光、美好的土地上，这里还有一大批其他才子，还有美食。这里一度还有毒品以及诸

① Bob Dylan：鲍勃·迪伦（1941-），美国民歌歌手、诗人。
② Joan Baez：琼·贝茨（1941-），美国民歌歌手、音乐家。

如此类的东西。因此他们留了下来。这里涌入了大量的人力资本。一批真正的聪明人。和国内其他地方相比,这里的人显得相当聪明。和国内其他地方相比，这里的人显得相当思想开明。我认为这是个独一无二的地方，我们有历史记录来证明这一点，那易于吸引更多的人。我把很多成就归功于那两所大学，也许最大的成就归功于斯坦福大学和加州大学伯克利分校。

**《计算机世界》:** 好的，我们对你接受这次采访不胜感激。

**乔布斯：** 不客气，我希望这次采访对人们有所帮助。

# 09 乔布斯谈电脑动画

## ——1996年10月30日乔布斯接受著名电视脱口秀节目主持人查理·鲁斯的采访①

**鲁斯：**作为第一部完全由电脑制作的故事片，《玩具总动员》在去年创造了历史。

这部电影在国内的票房收入超过了人1.92亿美元，在国际上的票房收入超过了3亿美元。家庭光碟版很快就将面世。它的技术含量以及所取得的成功给动画业带来了革命性的变化，也为好莱坞与硅谷之间的合作带来了无限的合作机会。

现在和我坐在一起的是奥斯卡奖获得者约翰·拉赛特导演——他领导着皮克斯动画公司里情绪高昂的团队把这部电影搬上了荧幕——以及皮克斯总裁兼CEO史蒂夫·乔布斯。当年他与人合伙创办苹果电脑公司的时候，他把电脑带进了寻常百姓家。他现在拥有NeXT软件公司，我很高兴他们二位来到这里谈谈动画界正在发生的事情以及电影和电脑动画制作之间的神奇关系。

欢迎二位。

**乔布斯和约翰：**谢谢，查理。

---

① 1985年乔布斯离开苹果之后，创办了NeXT电脑公司。1986年2月3日，NeXT公司收购了卢卡斯电影公司的电脑动画部，成立了独立制片公司皮克斯公司（Pixar）。Pixar于1995年6月推出了电影史上第一部全电脑动画电影《玩具总动员》，取得了辉煌的票房成绩，而皮克斯公司CEO乔布斯再度成了人们关注的焦点。乔布斯如何从高科技的领军人物经过10年生聚而成为电影娱乐界的开山先锋？他是如何将电脑技术和动画技术结合在一起而开创了电脑动画的先河？这些问题都是人们迫切想知道答案的问题。1996年10月30日，乔布斯和皮克斯公司的动画大师约翰·拉赛特一起接受了著名电视脱口秀节目主持人查理·鲁斯的采访，对这些问题一一给予了回答。此时距乔布斯回归苹果公司不到1年时间。另外值得一提的是，乔布斯领导下的皮克斯公司继《玩具总动员》之后又制作了多部脍炙人口的动画电影，如《怪物公司》（2001年）、《海底总动员》（2003年）、《汽车总动员》（2006年）、《飞屋环游记》（2009年）等。

**鲁斯**：让我从你开始吧。

**约翰**：好的。

**鲁斯**：嗯……作为一名导演，你认为到底是怎么回事？我是说，皮克斯做了什么非凡之事？

**约翰**：皮克斯之所以有其非凡之处是因为我们看到了电脑制作动画的新技术，而且我们没有用它来代替电影制作中的任何创新或真正的艺术性。我们只不过把它看成是神奇而又昂贵的新铅笔。也就是说，一位艺术家使用这些电脑就好似迪士尼的艺术家使用纸和笔一样，因为我们的工作依然以最重要的事情为重心，那就是影片中人物的故事。我认为《玩具总动员》（Toy Story）之所以取得成功不是因为它是由电脑制作的而是因为它具有真正吸引观众的新角色——巴斯光年（Buzz Lightyear）和伍迪（Woody）——以及故事情节。

**鲁斯**：接下来的问题是，因为有了新技术你能做些什么？你的制作过程比以前快多少省多少？

**约翰**：哦，在电脑进入这个行业的时候我就想这是多么有意思的一件事啊。

**鲁斯**：这是否意味着电脑技术给你更多的创作自由空间，因为它允许你那么做。

**约翰**：你问的问题涉及到两个方面，其一，有意思的是人们总是相信当电脑进入一个新艺术领域的时候，要么就像你说的制作费用降低，制作时间减少，要么它就要取代什么东西。你知道吗？它在很大程度上让我想起了摄影术被发明时的情形。人们都认为油画会被取代。有时事情就是这样子。电脑动画所做的事情就是它给你一个全新的视角，但关键词依然是动画。动画的定义就是一帧一帧地制作电影。这个定义没变。我们制作每一帧画面。因此尽管《玩具总动员》的制作时间是两年半，但我前期花在上面的时间是4年。《玩具总动员》和《狮子王》（Lion King）以及《风中奇缘》（Pocahontas）的区别——

**鲁斯：**对啊，区别是什么？

**约翰：**区别就是我们节省了大量的人力。

**鲁斯：**嗯，这就是我的观点，即制作动画的效率得到了提高。

**约翰：**是的。它提高了效率。我们当时还是一个规模相当小的工作室。我们还是小不点，有点——

**鲁斯：**它的屏幕效果看起来更好吗？

**约翰：**那得由观众判断。它看上去有所不同。

**鲁斯：**有什么不同？

**约翰：**维度增加了。这是让我对这种媒体感到兴奋的地方。我过去接受的是传统动画师的训练。我热爱迪士尼动画。我热爱华纳兄弟出品的卡通片。那是我赖以成长的养分。我对动画感到由衷的热爱。我过去接受的是传统动画师的训练，所有东西都是画出来的，都是设计出来的。回想1981年左右当我第一次看到电脑动画的时候，它的三维功能让我感到非常激动。你可以创造出来一个完全三维的世界。你可以在物体内部及其周围走动，这是手写动画永远做不到的。因此，我感到非常激动，我想《玩具总动员》的不同之处在于它是独一无二的，因为我们选择的主题就是交由这种媒体制作出来的充满活力的玩具。

**鲁斯：**你是怎么回事，先生？

**乔布斯：**我为什么和这个行业扯上关系的？

**鲁斯：**正是。我是说，你创立高科技公司后还想再挣10亿美元？

**乔布斯**：噢，我对自己可不是那么想的，不过我希望——

**鲁斯**：我知道。不，不，不，停，停，停。你对自己是怎么想的？我是说，在苹果公司之后，在 NeXT 之后，你对自己是怎么想的？

**乔布斯**：你知道吗？我在生命中做过的事情就是类似我们在皮克斯所做的事情。这些都是团队做的事情，不是哪一个人干成的事情。我们有——。你必须拥有一支出色的团队，因为这就像你带着一大群人往山上运一大堆东西一样，一个人是不可能做这件事的。

我第一次牵涉进来是在我听说乔治·卢卡斯（George Lucas）想要卖掉他在卢卡斯电影公司组合起来的这支了不起的电脑图形专家团队的时候，于是我赶到那里，看到了正在做的事情，然后我见到了这支团队的领导人爱德·卡特莫尔博士（Dr. Ed Catmull）。爱德把他打算有朝一日制成第一步电脑动画电影的梦想告诉了我并向我展示了他那支团队正在进行的工作，我听后立即被吸引住了。我在电脑图形上面花费了很多功夫，先在麦金塔上，后在丽莎等机器上，但他们做的图形远远超过了我所见过的任何图形。于是我把那个梦想买下来，无论是在精神上（如果你愿意的话）还是在财政上。我们从卢卡斯手里买下了电脑部门，将其整合成皮克斯。约翰从一开始就在公司。爱德也在，后来别人也加入进了我们的行列并和我们一路前行。我们花了十年时间做成了这件事。但是我们——

**鲁斯**：为什么这么难？

**乔布斯**：噢，有过——

**鲁斯**：好问题吧，约翰？

**约翰**：是。是个好问题。

**乔布斯：**建立技术基础花了我们好长时间。我们每一步都是在摸着石头过河。所有这些东西都是我们皮克斯公司发明的。但正如约翰所说，我们不把自己看成是一家技术公司。我们的产品是内容。我们是一家娱乐公司。所有这些技术都只是为讲故事而服务的，都只是为这些具有创意的人服务的。电脑动画有点用词不当，实际上电脑本身不做动画。它们只绘图，它们连续快速绘图达 3 小时之久，而且由世界上速度最快的电脑之一绘图，这就是绘图何以是三维的原因。但是动画家表演。你知道吗？我观察过约翰和他的团队的工作情景。他们是动画角色的心脏和灵魂。所有动作由他们而不是电脑来完成。

**鲁斯：**好的，不过我打算证实你说的话。我是说，我过去常常认为人们——。我是说，当我告诉你我的兴趣是什么以及未来向何处去的时候，你对我说那不是我们做的事情，你对我说“我们是一家从事娱乐活动的公司，我们是一家为自娱自乐服务的技术公司”。对吗？

**乔布斯：**我们所做的是讲——。我们所做的是把故事融入进文化之中。那就是什么——。我们所做的就是讲故事。而你知道吗——。

**鲁斯：**你手中握有一把与众不同的“画笔”，你拥有和任何其他人不同的“画布”，你的更加先进，更加好用，还有其他优点。

**乔布斯：**噢，你知道吗？正如约翰所说，我知道皮克斯里的很多人都是迪士尼的英雄。我是说，看看他们的成就吧。我有——。我们都有年轻的孩子，我们的孩子看迪士尼电影。他们从迪士尼电影中学到很多关于善和恶对和错的东西。

**鲁斯：**它很会讲故事。

**乔布斯：**它不可思议。看看他们的成就吧。

**鲁斯：**最成功的动画片是什么？影响力巨大的是哪个？

**约翰：**《狮子王》。

**鲁斯：**《狮子王》打破了所有记录。是的，远远打破记录。

**约翰：**是的，远远打破记录。接下来《阿拉丁神灯》（Aladdin）紧随其后，然后就是《玩具总动员》。

……

**鲁斯：**关于《玩具总动员》我们在这里谈得够多了，在离开这个话题之前，我想问你一个问题，你对电脑动画应用到其他地方有什么看法？为你为我思考一下吧。我是说，你对未来有着相当好的判断力。

**乔布斯：**你知道吗？其中一件事——这个东西实在是太难了。我们花了 4 年时间来制作这些电影。我们将来会不断地把它们翻出来重叠使用，不过 4 年时间的确是个相当大的投资，可是当它取得成功的时候，它就能够成为一件非凡的作品。

你知道吗？《白雪公主》（Snow White）今年 60 岁了。你知道有谁没看过《白雪公主》吗？我几乎认识来自各个洲的人，我并不认为我认识的人中有没有看过《白雪公主》的人。因此像这样的电影能够存活 60 年甚至 100 年就是一件不可思议的事，这和我出道的技术世界完全不同。你知道吗？我们生产的大多数技术性产品，像苹果工具软件、麦金塔电脑等等，你可以罗列出一大堆名字，他们——

**鲁斯：**它们在 18 个月内就成了昨日黄花。

**乔布斯：**是的。如果它们能够存活 10 到 15 年，你就很幸运了。鲜有例外。因此那部电影已经成为构建其他东西的外在基础。这些东西能够存活 100 年。因此它非同一般。我们不是在和微软或别的公司竞争。我们在和能否制作人们喜爱的伟大电影竞争。这才是我们的竞争对手。所以每天我们上班的时候，我们就说，我们怎样才能——

**鲁斯：**好吧，不过我们能否迅速回顾两个问题呢？因为其中之一就是假如我是一位伟大的动画师的话我为什么应该到皮克斯工作？

**乔布斯：**是的。

**鲁斯：**如果我有一个很棒的故事情节，我为什么应该到你这里来？

**约翰：**三个理由。一，他们在皮克斯能够得到在世界上任何其他地方得不到的创新满足感。我们努力给这些艺术家们足以笑傲余生的项目。这是理由之一。这是很大的一个理由，我知道的，因为我曾在很多地方工作过，在那些地方干的都是垃圾活，工作很辛苦。第二，在和这些人一起工作的时候，即使是最微不足道的任务我都尽最大努力给予他们一些创新空间，让他们自己想如何去做，我不会告诉人们如何去做，所以这是一个真正重要的理由。最重要的一件事就是我们在皮克斯很开心。你知道吗？我认为这一点在电影里表露无遗。

**鲁斯：**股价为什么下跌？它还在下跌吗？

**乔布斯：**哦，我们的首次公开募股价为每股 20 美元，今天我没有查它的价格，不过估计在每股 17、18 美元左右吧。我想一方面我不知道股市是如何运行的。这是第一个答案。我认为第二个答案是，过去很多人都以为我们是一家技术公司，也许我们没有很好地向人们解释我们是一家娱乐公司。我们不是每个季度每个季度都挣钱的公司。我们积累的资产相当于未来的养老金。因此我认为人们慢慢地就会转变认识，同意这是多么难的一件事。

你知道吗？自从作为第一部动画电影的《白雪公主》在60年前的1928年发行以来，所有主要的电影公司都已经试图涉足这个行业，在去年12月之前，迪士尼是唯一一家制作出来的动画长片成为获得国内数千万美元票房收入的大片的电影公司。皮克斯在去年12月份成为历史上第二大有此成就的电影公司。所以能够制作这些产品出来是非常非常不简单的一件事，我认为皮克斯在这个领域做得非常好。

**鲁斯：**和迪士尼的这3部电影的合同到期之后会有什么事情发生？

**乔布斯：**不，我们喜欢和迪士尼工作。它是一个了不起的合作伙伴。所以谁知道呢？也许我们会把某些东西合在一起，继续和他们一起制作电影。

**鲁斯：**我想谈谈你所熟悉的电脑行业。你如何看待苹果公司发生的事情？

**乔布斯：**你知道吗？我们在苹果公司所做过的工作继续存在着。它在麦金塔里存在着。现在它在Windows95里面存在着。

**鲁斯：**显然它还存在，不过它是Windows95。它是微软，不是苹果公司。

**乔布斯：**没错，不过它依然是那个工作。它依然是那个创新。所以——

**鲁斯：**它必须自证其身证明吗？

**乔布斯：**这些事情很难预料。我是说——

**鲁斯：**你过去认为这对你来说不是一个陌生的话题。

**乔布斯：**是的。现在不行了。现在它对我来说成了一个古老的历史。我真的不愿意再想这些事情。苹果和微软对决，网景和微软对决，此时此刻这些事情于我而言就是一场体育盛宴而已。

**鲁斯：**你关心它吗？互联网对你来说意味着什么吗？你使用它吗？你关心它吗？

**乔布斯：**我们每天都在使用它，我的确在意它。我认为正在发生的事情非常了不起。互联网显然是电脑业里最让人激动的东西，不过目前我主要是用一个消费者皮克斯的眼光来看待电脑业的，因为你知道吗？我们是世界上计算机领域里最大的消费者之一，我们用它来制作我们的电影。所以——

**鲁斯：**我是说，很显然你非常懂得营销。那是你开始创业时的天赋所在。是吗？你理解概念，你理解营销。你同意我的这个说法。问题是，当你看待皮克斯时，你似乎对我对你还有对约翰说“我的公司被误解了，它不是一个电脑公司，它是一个电影制作公司”。你可能根据一些事实意识到的这一点，但同时也有一点营销悟性的作用。我们必须确保把这句话说出来，即“它是一家娱乐公司而不是一家电脑公司。”我们不想拥有和别人一样的特色，所以一方面是你自己努力的结果，一方面是你出现在这里的原因等等。

**乔布斯：**你知道吗？我想我们当然想把那句话说出来。但是我有绝对的信心这句话会说出来的，而且随着我们制作的电影越来越多，我们将会通过它们的结果向人们展示那一点。因此，有意思的是如果这些电影还要花 4 年时间才能制作完成而它们持续存活时间达 60 年或者 100 年的话，你开始形成比未来 6 个月还要长的焦距长度基准。

**鲁斯：**可是你踏入了这个行业。你从苹果公司出发，你在那里赚了大钱，然后斯卡利进入了苹果公司，你离开了，如此这般，然后你到了 NeXT 公司，它的表现远远不如人们预期得好。

**乔布斯：**是的。不过现在它恢复过来了。

**鲁斯：**我知道。我明白。我确实明白。可是你的心思似乎扎在了电影制作上面。但你启动了电脑动画制作。你去找乔治·卢卡斯。你到他那里就好像一个企业家去寻找灵感。对吗?

**乔布斯：**对。我进入这个行业开始是因为这项技术。

**鲁斯：**它让你激动吗?

**乔布斯：**噢，它让我神魂颠倒。我们在《玩具总动员》上投入的博士数量比电影史上任何一部电影投入的博士数量都多，里面用到了大量的电脑科学，这是它一开始吸引我的地方。不过约翰说得对。他教育我说我们实际要做的就是讲故事。

**鲁斯：**你教育了一个前辈。

**乔布斯：**已经 10 年了。所以——

**鲁斯：**那么今天是股票上市的日子，股票上市到今天已经是第 10 个年头了。

**约翰：**指皮克斯吗?

**鲁斯：**是的，皮克斯。当初你自己投进去多少钱?

**乔布斯：**超过 5000 万。

**鲁斯：**一下子投入 5000 万，只是因为这是引起注意的一种方式而不是因为你需要把这笔钱变成数十亿美元。10 年后，突然之间你的产品得到了市场认可。这是一个明智的、有成果的和有成效的策略。当 10 年后我回来再采访你时发现你进入了另外一个行业，发现你不在娱乐行业了，你已经找到了其他能够挣大钱的时髦行业。

**乔布斯：**哦，你知道吗？我喜欢待在自己开始的地方，除非有人踢我出去。

**鲁斯：**谢谢你来到本节目。很高兴有你参与。非常感谢。

**乔布斯：**谢谢你。

**鲁斯：**谢谢你，约翰。我很高兴。

**约翰：**谢谢你。

# 10 非同凡“想”

## ——1997年8月6日乔布斯在“麦金塔世界博览会”上的演讲①

**乔布斯：**非常感谢你们的热情欢迎。现在看来我不得不发表演讲了。我今天来是就公司发生了什么向大家作情况汇报的，同时争取告诉你们我们采取了哪些措施以便让苹果公司再次腾飞。

众所周知，我是皮克斯公司的董事长兼CEO——谢谢你们的掌声，和众人一样我也正在和大家通力合作帮助苹果公司再次恢复生机。对此我满怀信心。

当我开始卷入此事的时候，很多人给我提出了忠告，其中最著名的是“苹果公司已经变得可有可无了”。还有一条很好的忠告是这样说的：“苹果公司没有任何执行力”。另外一条是：“苹果公司的文化混乱不堪。没人能治得了它。”你们从报纸上可以读到这些②。

四个星期后，我发现事实完全不是这样。尽管苹果公司并非

---

① 尽管1984年初苹果公司推出了麦金塔，而且乔布斯以其精彩绝伦的演讲和演示征服了观众，但是由于麦金塔缺乏应用软件的支持而销量越来越差，再加上少年得志的乔布斯在管理上独断专行，这使苹果公司董事会于1985年9月作出决定，逼迫苹果公司的创始人乔布斯离开了自己一手创办的公司。此后乔布斯成立了另外一家电脑公司NeXT和一家电脑动画制作公司Pixar（皮克斯），并最终获得了极大的成功，与此同时，苹果公司的经营则出现了连年亏损的局面。1997年7月9日，公司董事会辞退了CEO吉尔·阿梅里奥，并请回乔布斯担任临时CEO一职。离开苹果公司将近12年的乔布斯将采取什么手段让苹果公司起死回生呢？这是人们迫切想知道的，答案很快就在8月6日举办的“麦金塔世界博览会”（Macworld Expo）上揭晓：乔布斯宣布和亦敌亦友的微软结成战略伙伴关系。经过十几年的商海浮沉，乔布斯明显成熟了许多。和1984年的演讲相比，乔布斯的这次演讲不再有咄咄逼人的气势，更多的是耐心的解释和开导。当然，乔布斯不愧为演讲大师，很多与会者听了乔布斯的演讲后从一开始发出嘘声变成最后起立鼓掌，真是不同凡“想”。

② 一就是按照提出问题、分析问题、解决问题的顺序展开，另外他经常提出的问题一般是3个左右，这就是一些分析演讲技巧的书里面所提到的“3原则”。从后文不难看出，乔布斯分析苹果公司存在的3方面问题并分别提出了解决办法。

像过去一样处处出风头，但在某些极其重要的细分市场里它还是很有份量的。今天我想和你们分享这方面的一些看法。

苹果公司在很多错误问题上执行得非常好。就是说公司的执行力很强。我和苹果公司的一些非凡之士见了面。苹果公司有很多了不起的人。他们之所以做错了事是因为公司的方案是错的。

最后，和无政府状态的说法相反，我发现公司的员工们都迫不及待地想支持一项好的战略。只是这样的好战略不曾有过。

因此，我看到的是构成一个非常健康的公司的成功因素，即一些极其富有才华的公司员工，他们像过去一样对制造计算机的梦想依然热情和执着。他们需要走到一起制定出一套出色的方案，然后开始执行。那就是过去四周多的时间里发生的事情。

公司根本的问题是什么？我认为根本的问题有点微妙，不过我认为其症状如下：苹果公司在 1995 年的销售额为 111 亿美元，1996 年变成了 95 亿美元，而今年则将在 70 亿美元上下。这就是问题所在或症状所在，就看你怎么看它了。这种情况需要稳定下来或者需要反转过来。公司员工正为此而努力工作着。

**董事会**

那么我们初步将要采取的一些措施是什么？其中一项初步的措施就是必须先从高层开刀。苹果公司已经对底层进行了很大的变动，我想公司的高层也需要来一次这样的变动，从董事会开始。

**集中于拳头产品**

苹果公司需要找出在哪个地方它仍有极大的影响力并把精力集中放在那些领域。它需要弄明白什么是自己的核心资产并加大对它的投资力度。苹果公司有很长一段时间忽视了自己的核心资产。

苹果公司必须和一些企业建立有意义的伙伴关系，而不仅仅是那些只出现在新闻稿里的伙伴关系。它需要定义新的产品模式。我们已经有了一些非常棒的想法。但我今天不打算谈论产品。我只想让你们知道我们有一些很好的想法，你们将会从今天开始到今年年底听到这些想法。

那么就让我们谈谈这些问题。董事会，苹果公司曾有过一群非常正派的人组成董事会。他们为苹果公司而勤力工作。但我想苹果公司发现自己处于一个不得不进行变革的境地。董事会成员同意这个观点。

我们已经组成了新一届的董事会，今天我要向你们宣布。我们感到非常高兴的是有两位以前的董事会成员将留任继续在新一届董事会里担任董事。第一位是爱德·伍拉德。爱德是杜邦公司的董事会主席和前任 CEO。我几周前才和爱德认识，我认为他是一个了不起的人。在苹果公司生死存亡的关键时候他挺身而出，承担起了大量的领导责任。

接下来的这位就是加雷斯·张。加雷斯是休斯国际公司的董事长。他加入苹果公司董事会的时间也不长。加雷斯给苹果公司带来的是丰富的国际经验，特别是他在亚洲的经验，而亚洲是苹果公司非常重要的高增长的市场。

其余的前任董事会成员都辞职了。为了让公司正常运转，我们将增加 4 名新董事。第一位是拉里·埃里森，他是甲骨文的 CEO。拉里是在我们创办苹果公司一年后在他的车库里创办甲骨文的。它已经成为了世界上第二大软件公司。我们在软件这一块想做大量工作，所以我们认为董事会里出现一个具备软件业专业知识的人将是一个不错的主意。

第二位董事会成员是杰里·约克，他是 IBM 和克莱斯勒的前任 CFO。杰里在克莱斯勒和 IBM 做了大量的逆转工作，在金融界享有盛名并备受尊崇。

第三位新董事会成员是比尔·坎贝尔，他是直觉软件公司的 CEO，在苹果的全盛时期曾经担任过市场营销部门的副总裁。他同时管理克拉丽斯软件公司。他对苹果公司的盛衰成败相当熟悉，我想他将会成为苹果公司的非常好的董事会成员。

最后，我也加入了董事会。

我愿意拿出一点时间来向离开的董事会成员表示感谢。我认为，在过去几年里作为一名苹果公司的董事会成员他们的工作是不容易的。这些人都是正人君子,他们一直勤勤恳恳地为公司做事。

同样我想向我们的新董事会成员表示欢迎。我认为我们面对的任务真的很让人兴奋：向管理层提供帮助并引导苹果公司回到健康繁荣的发展道路上来。

因此我希望你们和我们一样，认为这次变动是一次彻底的变革。我们增加了大量的计算机界专家。我们暂时不指定董事会主席的人选。我们将要等到新 CEO 上任理清头绪的时候再指定。

我把一些视频放在了一起。假如你们喜欢的话，我将放给你们看。我们曾问了董事会成员一些问题，这样你们也许就可以对他们有所了解了。你们愿意看视频吗?

**董事心声**

**坎贝尔：**过去的董事会和过去相联系，而过去是一个错误。新一届董事会带来的是希望。

**埃里森：**新一届的苹果公司董事会成员都是电脑行家，我们一直在计算机界摸爬滚打。

**伍拉德：**地球人都知道计算机业的变化速度像光速一样快。现在我们有了能够帮助我们清楚地说出并明白我们的位置在哪里以及苹果公司可以在哪个领域进行竞争并取得胜利的人。

**现实**

**加雷斯：**很多时候我们把精力集中在了自己身上。我们在内部精心设计自己，我们有时忘记了是谁在买单。是外面的消费者在买单。

**坎贝尔：**若干年前困扰我的一件事是他们提高了价格，它说明苹果公司对外面的世界并不了解。

**埃里森：**我认为苹果公司应该少关注和微软的竞争，而更多地关注做与众不同的事情。那就是回到革新之路上来，回到创新之路上来，重新召回自己的愿景。

**伍拉德：**没人真会相信苹果公司能够取得成功，除非我们让收入和成本回复到原来的样子。那就意味着我们必须再一次地开始增加收入。

**约克：**公司必须仔细检查他们所做的每件事并决定他们的核心竞争力。商业的核心部分是什么？

**埃里森：**在某种意义上说，苹果公司正在试图做太多与众不同的事情。我们需要集中于少数事情上并将其做得非常非常好。

**经验**

**伍拉德：**1991 年我在花旗公司的董事会里。当时花旗的股价为 9 美元，有很多关于花旗将会破产的负面文章。现在它的股价为 130 美元，主要是因为我们抓住了根本性的事情去做，这就要求我们将重心放在了客户身上，放在了取得极大商业成功的努力上面。

**约克**：在克莱斯勒，我们不得不从成本构成中拿出将近40亿美元来让克莱斯勒变成一个彻头彻尾的竞争性公司，特别要与日本公司进行竞争。

**伍拉德**：我在杜邦见识过，在IBM见识过，在花旗银行见识过：成功带来更多的成功。

**重心**

**坎贝尔**：信心必须始于一个清晰的愿景。我们打算完成什么事业？我们在努力地做什么？你把愿景变成战略。人们不得不看着你的战略说：“是的，他们能够做到。”

**加雷斯**：当一家公司缺乏活力的时候，你对这个公司无能为力。所以我想有了史蒂夫和新一届的董事会成员，我们需要做的第一件事就是给公司注入大量的新鲜活力和新鲜思想。

**约克**：苹果公司在两个细分市场上有着很强势的位置：第一个是教育市场，第二个是创意内容市场。

**伍拉德**：其他电脑系统有2000万到2500万的忠实、热情和坚定的用户吗？我们在此基础之上正在获得他们的坚定支持，因为我们带给他们的是伟大的产品。

**约克**：无论什么时候你在细分市场中占据主导地位，你就能够利用这种地位。

**激情**

**埃里森**：你知道吗？苹果公司是计算机业里唯一一个标志着生活方式的品牌。它是唯一一家人们为之疯狂的公司。我的公司甲骨文是一家大公司。IBM是一家大公司。微软是一家大公司。但是没人对我们的这些公司具有如此不可思议的感情。只有苹果公司是真正的标志着生活方式的品牌。

**约克：**公司可以花几十亿美元去树立一个品牌。苹果公司不必那么做，因为它的品牌已经树立了起来。

**埃里森：**重要的是生产美好的产品，或者如同史蒂夫所说，生产“伟大得离谱”的产品。现在是生产“伟大得离谱”产品的时候了。

**伍拉德：**你能做的最重大的事情就是出去买一台麦金塔电脑。

**坎贝尔：**我用麦金塔吗？当然，我用麦金塔。我家里有 3 台麦金塔。

**埃里森：**自从 1984 年以来我一直在用麦金塔，而且我不打算停止使用它。

**加雷斯：**我也许拥有苹果公司生产过的每一种类型的机器，而且我可以告诉你，在使用什么机器方面没人能够改变我的个人偏好：那就是麦金塔。

**乔布斯：**所以正如你们看到的那样，这是一个相当多样化的群体，他们在业界有着相当深厚的专业知识，他们走到了一起说：“嘿，这个世界会因有一个健康的苹果公司在其中而变得更加美好。”

**市场重心**

接下来要谈的是市场重心。我从任何人那里都得不到苹果公司市场份额的具体数字，但从我所能搜集到的信息来看它大约在 7% 左右。问题是：苹果公司在哪个方面举足轻重？苹果公司在哪个领域依然是主角？是在哪个细分市场里？

有两个市场。第一个我称之为创意内容市场。它包括印刷、设计、印前预处理等等。在这个市场上创意专家使用电脑。有意思的是在这个市场上迄今为止苹果公司依然是占支配地位的市场领导者。用来做广告、艺术图形设计和印前预处理的80%的电脑都是麦金塔机。60%的互联网网页是用麦金塔创建的。真是不可思议。

但是在这个市场上我们做得还不够好。举一个例子，售出的麦金塔中大约有10%到15%是可以直接追溯到强大应用软件Adobe Photoshop的使用者那里的，对不对？你上次看到Adobe公司和苹果公司联手销售Photoshop是在什么时候呢？我们最后一次去找Adobe公司并对它说“我们如何制造一台更快速运行Photoshop的电脑”是在什么时候呢？这些有结合力的工作都是应该做而没做的。我想我们将开始前瞻性地将更多精力集中在我们如何做这些事情上面。

第二个市场是一个我非常喜爱的市场，那就是教育市场。苹果公司把第一批电脑投入到了教育。苹果公司把麦金塔电脑也投入到了教育市场。苹果公司依然是教育市场上的绝对领导者。现在我打算问你们一个问题：谁是世界上最大的教育类公司？

回答是苹果公司。苹果公司是世界上唯一最大的教育产品供应商。我们是世界上唯一最大的教育类公司。对这个问题我问过苹果公司里的100个人，只有2人想到了苹果公司。不可思议，苹果公司在教育市场上依然占据一席之地。教育市场中60%的电脑是苹果公司的。教师使用的电脑中64%是苹果公司的。教育市场每年带给苹果公司的是20亿到25亿美元的生意。这是一个多么让人难以置信的基础啊！这是一笔多么让人难以置信的资产啊！

因此你们将会看到苹果公司前瞻性地把更多精力集中在这两个相关性很强的市场上。这两个市场的年增长率都已经超过了20%。现在苹果公司在这两个市场中的份额在慢慢减少，但是我想你们将看到这种情况会稳住并反转。你们将会看到苹果公司和这些市场一起成长，因为它会在把精力集中于相关联市场以及历史积淀较为雄厚的市场的方面做得更好。

**核心资产**

接下来的是核心资产问题。正如你们所知，苹果公司最大的核心资产是你们大家。正是2000万到2500万的活跃用户群相信苹果公司的产品包括麦金塔电脑依然是世界上最好的产品。我并不认为我们在关心你们的方面已经做得十全十美。我亲自打电话给服务热线。我对电话的等候信号已经变得相当熟悉。因此我想我们将会看到来自这个方面的变化，我为过去发生的所有事情道歉。

但我目前想做的就是在定义苹果公司的核心资产时进行更多的分析。其中有两件事我可以披露。第一个是它本身的品牌，第二个则是麦金塔的操作系统 Mac OS。

先看品牌。世界上的5大品牌是什么？如果你出去向专家问这个问题的话，我想耐克会出现在每个人的榜单上，可口可乐会出现在每个人的榜单上，迪士尼会出现在每个人的榜单上。苹果公司也会出现在每个人的榜单上。我们拥有世界上最顶级的品牌之一，但我们在过去几年里没有给予太多的重视。我想你们将会看到那种情况开始有所变化。

现在我想重点谈谈 Mac OS。Mac OS 无疑是苹果公司重要的核心资产，我们一直忽视它的存在。大多数人认为我们将要放弃 Mac OS。我们刚刚发布了 Mac OS 8，它的代号为“速度”。我们明年版本的代号为“急速”。那么大多数人就认为我们的下一个版本将会是“挽歌”。这真是疯狂的想法，绝对疯狂的想法。

Mac OS 依然是世界上最好的东西。它依然是世界上最好的东西。有超过 2000 万的活跃用户。用户数量将近 2500 万。有数千名的开发人员。围绕着这个操作系统，软件业有 15 亿美元的产值。这是公司的核心资产之一，我们将会对其进一步加大投资力度。我们认为它是一项了不起的资产，但它还有待于被充分发掘利用。

苹果公司是从事 Mac OS 开发的公司。我们也将做其他事情，因为我们是一群具有创造力的人。但是归根结底苹果公司是开发 Mac OS 的公司。我从人们那里听到的所有认为我们将放弃它的担心都绝对是不真实的。

关于我们最新发布的 Mac OS 8，我有一些真正的好消息要告诉你们。我们在两周之前发布了这个版本，我们已经卖出了 120 万套拷贝。那比我们预测的销售量多 4 倍。因此我们正在加紧发货。假如你需要等一段时间才能得到货的话，我向你表示歉意。我们正在加紧发货。这 120 万套的数量还在上升。没有迹象表明上升趋势在减缓。Mac OS 8 的表现非常好。

**有意义的合作伙伴**

现在我想谈谈有意义的合作伙伴这个话题。苹果公司生存在一个生态环境之中，它需要得到其他合作伙伴的帮助。别的合作伙伴也需要它的帮助。破坏性的关系对这个行业中的任何人都没有好处，就像今天我们看到的这样。因此就在前几周，我们审视了我们和其他一些公司的关系，其中和一家公司的关系引起了我们的注意，我认为我们和这家公司的关系一直不是很好，但存在着变好的潜力。我愿意在今天向大家宣布我们的第一个合作伙伴，它是一个非常非常有意义的合作伙伴，它就是微软。

我愿意帮大家理解此事。实际上对这个问题的讨论早已开始，因为我们之间存在着一些专利纠纷。不是……我知道。不是重复历史，我对这两家公司都感到骄傲，因为它们以一种非常非常专业的方式解决了这些分歧。我想这已经导致了我们今天宣布的一种全面的关系，它包含有几个让我们极其兴奋的部分。

第一部分是专利协议和交叉许可。这两家公司收到了一个全面的交叉许可证书，适用于所有已经存在的专利和在未来 5 年内申请的专利。它是一项非常严肃的专利协议。第二部分是微软承诺在未来 5 年里发布适用于麦金塔机的微软办公软件。他们将会发布同样数量的重要版本，正如他们发布的 Windows 版本一样。他们瞄准的目标是年末发布他们的第一个版本，也可能会延迟到明年的前几个月发布，但是他们真的很辛苦地工作着，这个版本看起来十分不错。

接下来让我们看一眼浏览器的情况，苹果公司已经决定让微软的 Internet Explorer 成为它在麦金塔上的缺省配置。既然我们相信选择，我们也打算把其他的浏览器装在麦金塔上，用户当然可以更改他们的缺省设置，只要他们选择这样做即可。但是我们相信 Internet Explorer 确实是一款不错的浏览器，我们认为它将会成为一款很好的缺省浏览器。

说说 Java。我们将和微软公司在 Java 上通力合作以保证我们能够从对方那里得到最好的东西并，保证我们的虚拟机之间保持兼容。我们认为那将符合每个人的利益。最后，微软正在对苹果公司进行注资。微软以市场价格购买苹果公司的价值达 1.5 亿美元的股票。微软买的是不具投票权的股票。

他们已经答应了至少在 3 年内不出售那些股票。因此这就意味着微软将参与我们恢复苹果公司健康的游戏中来，并从股票价格上升中获得既定的利息收益。我们将共同开发 Microsoft Office、

Internet Explorer 和 Java。我认为这将给我们带来一种非常健康的关系。因此今天宣布的是一揽子计划。对此我们感到非常非常的高兴，感到非常非常的激动。今天通过卫星传播我邀请到了一位特殊嘉宾。我们现在是否可以请他到台上……

**比尔·盖茨：**在我的职业生涯中，我所做过的最激动人心的工作之一就是和史蒂夫一起研究麦金塔。无论是第一次向公众介绍麦金塔还是制造像 Mac Excel 这样的产品，这些经历都是里程碑式的重要事件，所以我们重新恢复对麦金塔的承诺是一件非常令人激动的事。我们有超过 800 万的客户在麦金塔电脑上使用微软的软件。我们让使用麦金塔电脑的人们很容易地处理他们的文档并适用于所有类型的机器。我们对于即将发布的新版本感到非常的兴奋。我们称之为 Mac Office 98。我们期待今年年底使其上市。我们加上了一些真正令人激动的特性。它是一款不需要进行设置的产品。使用老版本的人们很容易改用新版本。我认为它将为如何高效地做好工作以及如何利用麦金塔的独特性能树立新标准。在很多情况下，它比我们在 Windows 下的版本更先进。

我们对 Internet Explorer 也倍感激动。我们有一个非常敬业的团队已经南下加利福尼亚去研究该产品。程序代码专为麦金塔而编，而不是我们在 Windows 环境下的一个简单移植。因此我们对能够帮助苹果公司而感到高兴。我们认为苹果公司为计算机业作出了重大贡献。我们认为帮助苹果公司走出困境将会是一件充满乐趣的事情，随着我们不断地编出新麦金塔软件，我们期待着从你们诸位那里得到反馈。谢谢。

**乔布斯：**谢谢你，比尔。你们知道吗？我们现在的情形就是在看管计算机业一些最大的资产。假如我们要想继续前进，要想看到苹果公司再次恢复健康走向繁荣的话，我们就必须放弃一些东西。我们必须放弃“苹果公司赢微软就必须输”的观念。我们必须接受“苹果公司要想赢就必须真正地做好工作”的观念。如果别人愿意帮助我们，那很好，因为我们需要得到能够得到的所有帮助。如果我们搞砸了，我们没有把工作做好，那不是别人的错。那是我们的错。所以我想这是一个很重要的概念。我认为假如我们要在麦金塔上装 Microsoft Office 的话，我们最好对提供该产品的公司抱有一点感激之情吧。我们喜欢他们的软件。在我看来，苹果与微软之间你争我夺的时代结束了。现在是让苹果公司恢复健康的时候，是让苹果公司能够为计算机业作出巨大贡献的时候，是让它再次恢复健康走向繁荣的时候。在这个问题上我愿意和你们分享的最后一个观念就是，有时候人的观点真能够让你从不同的角度看问题。就像我吧，当我看统计数字的时候，我突然意识到苹果公司成了世界上最大的教育类公司，这无异于一道闪电照亮了我的心头。太震撼了。这是多么好的基础啊。另外“一道闪电”就是苹果加微软等于整个台式电脑市场。所以，无论苹果与微软同意做什么，它就成了标准。我认为你们将看到我们愿意更多地和微软联手是因为他们是台式机市场上唯一的另一个“局中人”，而我认为你们将看到微软愿意更多地和我们联手是因为我们是台式机市场上唯一的另一个“局中人”。因此我希望将来我们会有更多的合作，因为这也是业界期盼的。

最后我想谈谈苹果品牌及其对我们很多人的意义[1]。你们知道

① 乔布斯最后这一段对自己产品的推销可以说非常精彩也必将成为经典：不直接赞美产品而去赞美购买产品的人和生产产品的人。购买产品的人有品位而生产产品的人是天才，这样的产品你能不买吗？本段用了大量的think differently，有人译成“不同凡想”，很传神，以至于有一本写乔布斯的书，名字就叫《不同凡“想”》。

吗？我认为你们买苹果电脑一定有点与众不同。当我们提交苹果二代的时候，你们一定对电脑有了不同的想法。电脑是你们在电影里看到的东西，它们占据了诺大的一个房间。它们不是那种你们可以摆在桌面上的东西。你们一定有了不同的想法，因为一开始的时候电脑里没有任何软件。当此前学校从未有过电脑而把苹果二代作为第一台电脑引进学校的时候，你们一定有了不同的想法。我想当你们买了一台麦金塔的时候，你们一定有了不同的想法。它是完完全全与众不同的电脑，以完完全全不同的方式工作，利用你们大脑中完完全全不同的部分。它为很多不同凡“想”的人们打开了一个电脑世界。你们买的是一台有着安装基础的电脑。要买一台苹果电脑你们就必须不同凡“想”。我认为即使你们现在买一台苹果电脑你们依然必须不同凡“想”。我认为那些买了苹果电脑的人们的确不同凡“想”，他们是这个世界上具有创造性的一批人。他们不只是想完成一个工作，他们是想改变这个世界①。他们试图利用手中一切可能得到的得力工具去改变世界。我们为这样的人制造工具。所以希望你们今天在这里看到的是我们采取的一些初步措施，这些措施能带给你们信心，知道我们也将不同凡“想”，我们将向从一开始就一直购买我们产品的人们提供服务。因为很多时候人们都认为他们是疯子。但是在他们的疯狂中，我们看到了天才，我们就是为那些人提供工具的。非常感谢你们。

① 这句话成了乔布斯的名言之一，以至于有一本写乔布斯的书就叫做《活着就是为了改变世界》。2011年7月，建筑设计大师Curtis Fentress在其母校发表毕业演讲时就对这句话稍作修改，成了：I believe the people who graduate from here are among the creative spirits in this world. You are the people who are not out just to solve a problem. You are out to change the world.类似例子不胜枚举。

# 11 逐级驳斥对苹果公司的怀疑论

## ——1998年7月8日乔布斯在苹果公司麦金塔世界博览会上的演讲[①]

**电视广告：**向那些狂热的人致敬。他们是不合时宜的人。他们是离经叛道的人。他们是制造麻烦的人。他们是格格不入的人。他们是不同凡“想”的人。他们不喜欢条条框框。他们对现状不屑一顾。你可以引用他们的话。你也可以不同意他们的话。你可以美化他们，你也可以诋毁他们。但你唯一不能做的是忽视他们。因为他们改变事物。他们推动人类向前发展。尽管有人可能把他们看成一群疯子，但我们看到的是天才。因为那些疯狂到一定程度自认为能够改变世界的人就是真正改变世界的人。

**乔布斯：**谢谢你们。非常感谢你们。真好。我刚刚从一架“红眼”班机上下来就赶到了这里。我没想今天能够赶到这里。我设

---

① 1998年7月8日至10日苹果公司麦金塔世界博览会（MacWorld Expo）在美国纽约举行，公司临时CEO乔布斯在大会上做了主题演讲。乔布斯巧妙借用马斯洛的著名需求层次学说（human hierarchy of needs）将人们对苹果公司的怀疑分为5个层次：能否生存（survival）、业务是否稳定（stable business）、有什么产品策略（product strategy）、有没有让消费者眼前一亮的应用程序（applications）以及公司是否具有可持续的盈利能力（growth）。乔布斯针用铁的事实逐一进行反驳这5个层次的疑问，打消了股东们对“红旗到底能打多久”的疑虑。事实上，乔布斯演讲后，苹果公司的股价从31.24美元上升到了32.56美元（截止2012年7月13日，苹果公司股价为589美元）。另外值得一提的是演讲之前播放的黑白广告片，既有艺术感染力，又充满人生哲理，乔布斯在演讲中谈论公司品牌时间接提到了制作该广告片的动机。广告中依此出现的乔布斯心目中的英雄人物是：阿尔伯特·爱因斯坦（Albert Einstein）、鲍勃·迪伦（Bob Dylan）、马丁·路德·金（Martin Luther King）、约翰·列侬（John Lennon）、托马斯·爱迪生（Thomas Edison）、玛丽亚·卡拉丝（Maria Callas）、穆罕默德·阿里（Mohammed Ali）、泰德·特纳（Ted Turner）、圣雄甘地（Mahatma Gandhi）、阿尔弗雷德·希区柯克（Alfred Hitchcock）、玛莎·葛兰姆（Martha Graham）、吉姆·汉森（Jim Henson）和弗兰克·劳埃德·赖特（Frank Lloyd Wright）。本演讲主体部分完整收录。

法做到了，所以真好。

我们今天有很多精彩的东西要讲，所以让我们开始吧。

一位名叫亚伯拉罕·马斯洛①的美国人提出了一套他称之为人类需求层次论的理论。该理论的概念非常简单。其深层次的含义就是人类的一些需求必须得到满足。这些需求可以被划分为几个层次。首先位于底层的需求需要得到满足。然后发展到上一个层次的需求。当这些需求得到满足之后，就该轮到了上一个层次的需求。因此，你首先从生理需求开始，比如食物、衣服和住所，假如这些东西很重要的话。一旦这些需求得到了满足，你就开始更多地关注环境的安全性，最终你会更多地关注爱的需求、被尊重的需求以及自我实现的需求。我知道亚伯拉罕相信的这个理论绝对是正确的。我认为这是一个很好的模型，所以我今天愿意借用一下来构造史蒂夫·乔布斯的版本，我称之为“苹果公司之怀疑层次论”。让我给你们解释一下。

当我在一年前回到苹果公司的时候，我听到的都是这样的话：苹果公司要死掉了，苹果公司活不下去了。事实表明，每当我们向人们证明我们在某个层次上取得某种成就时，他们就会提出新的要求。我过去常常认为这是件坏事。我想：“他们什么时候才能相信我们将会彻底翻盘呢？”但实际上我现在认为这是一件大好事，因为它意味着我们现在已经让他们相信我们已经在处理上个月的问题了，而他们在想下一个问题了。于是我就想，让我们捷足先登吧，让我们试图弄清楚所有将会出现的问题并标出我们的位置吧。这就是“苹果公司之怀疑层次论”的由来。它是从马斯

① Abraham Maslow：亚伯拉罕·马斯洛（1908—1970），美国社会心理学家、比较心理学家，人本主义心理学的主要创建者之一。

洛博士那里借来的。

因此我们一年前遇到的第一个层次的疑问就是生存问题。当时很多人认为苹果公司正在死亡线上挣扎，对此我有同感。我们做了什么？我们做了很多事情，不过有三件事情印在了人们的脑海里：我们引进了新的管理团队来管理公司；新一届的董事会向经验相当丰富的人敞开了大门；另外，我们和微软达成了协议，这家世界上最大的软件公司想要帮助苹果公司，这一事实没有让很多人感到害怕，它极大地增加了我们言行的可信性。

我认为这三件事情再加上很多其他不大不小的事情很快让人们相信苹果公司至少在短期内不存在生存问题。这给了我们时间向人们展示我们能够完成别的事情。因此，一旦我们做了这些事情，人们立即得寸进尺更上一层。

你知道吗？当你拍照时，我看不清屏幕。谢谢合作。也许时候我们再多拍点？如此对我帮助很大，谢谢[1]。

于是他们更进一步。设想一下，虽然生存不成问题，可是假如 Mac 机没有稳定的市场怎么办？这是怀疑层次论的上一层。于是我们不得不开始向人们展示我们有一个稳定的市场，而这个稳定的市场就来自麦金塔市场，因为它是一个庞大的市场。我们做了什么？因为最重要的东西就是利润，所以归根结底很多人是用利润眼光来看我们的。

那么新的管理队伍上任满一个季度后，苹果公司录得 4700 万美元的利润，对吧？这是结束于去年 12 月的财政季度状况，到了

① 这是乔布斯对讲台上对他拍照的人说的一句话，因为闪光灯使得乔布斯看不清屏幕。这是小插曲，但让气氛得到了活跃，同时也表现出此时的乔布斯变得成熟、大度、谦逊。

下一个财政季度，即结束于今年 3 月的第二财政季度，苹果公司获得 5500 万美元的季度利润。我们走了很长一段路才说服很多持怀疑态度的人。我们将公布我们的第三财政季度的数据。这一财政季度刚刚在 6 月底即一周之前结束。我高兴地告诉你们它将会是我们连续盈利的财政季度。假如我把结果透露给你们，我们极其了不起的首席财务官（CFO）弗雷德·安德森会砍掉我的脑袋。我渴望告诉你们，不过我不能。所以我想你们对结果会感到满意的。

除此之外，我们看到就现金流和人员来说，苹果公司的资源正在汇聚之中。我们的留人率一直在上升。我们几乎不再有人离开公司。现在我们正在招收优秀人才进入公司。

我们也重新调整了我们的销售渠道，当然最明显的就是和 CompUSA[1] 签订了协议。我们还有其他很多渠道。CompUSA 是非常重要的一个渠道。它是整个销售渠道调整的象征，它运转良好。

我们开始围绕“非同凡‘想’”这一主题开展推广品牌的广告活动，而且是针对某些非常具体的产品作广告。因此时隔很长时间人们又一次开始在电视上、在户外展板上、在印刷品上看到了苹果公司。

我们还投资于网上商店。我们网上商店从没有到成为现在我认为的电子商务的黄金标准店（根据易用性和清晰性）。它一直以来为我们赢得了各类奖项。我们是目前互联网上最大的电子商务网站之一。如果你把苹果公司的所有网站都考虑进去的话，它很好地体现了公司的兴趣水平。它的点击量从去年每天 400 万次上升到了今天的 1000 万次。真是好极了。

那么所有这些事情加在一起的后果就是让苹果公司的市值从

① 美国电子商品零售商，类似于中国的国美之类的连锁店。

一年前的约 19 亿美元升至昨天的约 40 亿美元。我不知道今天的市值是多少。这意味着人们看到了公司有稳定的业务，这是好事，同时也看到了公司的业务处于公司的掌控之下，这也是好事。

那么接下来他们做什么呢？哦，他们不给我们发贺卡什么的。他们直接到了怀疑论的上一层。那么接下来的疑问是什么？“既然你们生存下来了，你们也有稳定的业务，你们的产品策略是什么？你们最好有一个相当好的产品策略。”我们有好几个月没有怎么谈那个问题。我们之所以好几个月没谈那个问题是因为我们想让自己以及外面的世界将目光集中在我们当前正在做的事情上，将精力集中在结果上而不是未来的某些愿景上。因此我们没有谈论它，不过我们在刻苦研究它。在今年 5 月份，我们在两次活动中披露了产品策略。一是在 5 月 6 日举办的我们称之为“大爆炸”的活动，另外一次就是一周后的开发者大会。

现在让我从头到尾给你们展示一下我们的产品策略，因为它一直以来广受好评。

当我们一年前来到公司的时候，公司的产品非常多——这些就是产品平台，有 15 个产品平台，每个平台又有无数个产品变种。我自己都数不过来到底有多少种产品。过了大约三个星期，我说：“如果连我们自己都不知道向我们朋友推荐哪款产品的话，我们如何向别人推荐？”

我们无计可施，于是我们回到了 101 商学院，我们问道：“人们想要什么？”回答是：“人们想要两类产品：消费类产品和专业化产品。”他们想要消费类产品。消费者想要的是一般化产品，而教育界人士想要的多半也是消费类产品。我们仍然需要专业化产品，因为我们的设计排版市场用的是专业产品，不过一些消费者和一些教育界人士用专业产品用得也很好。

在这两个类别里面我们需要台式机和便携机。这个模型告诉我们我们可否拥有 4 类伟大的产品，其实我们需要的就是这些。事实上，假如我们只有 4 类产品，我们就能够将我们的一流团队集中用在每一类产品上面。假如我们只有 4 类产品的话，我们就能够每隔 9 个月而不是 18 个月对它们全部更新一遍。假如我们只有 4 类产品的话，我们就能够在推出第一代的时候开始研究每一类产品的下一代。所以,我们决定将精力集中在 4 类伟大的产品上。

我们推出的第一款产品的当然是专业领域里的台式机 Power Macintosh G3。该产品一直是苹果公司里的绝对成功产品。它是一款伟大的产品。其表现性能绝对属于上乘。如果你出去找到任何价位的一台最快的奔腾 2（Pentium 2）系列电脑，一台 400 兆赫兹的奔腾 2 系列电脑,它的测试结果为 5.6 个基准单位（BYTEmarks）。看看 G3 系列，最慢的 G3 也比最快的奔腾 2 快，结果值得庆贺。

英特尔（Intel）当然不相信这个测试结果。英特尔找到了《巴特》杂志社（Byte Magazine），说："天哪，你们的测试一定出了问题。你们一定是搞反了。"为此他们投入了大量精力。《巴特》杂志社想尽一切办法和英特尔解释，最后只好重新进行测试。结果完全一模一样。他们发表了相同的测试结果。他们说他们支持我们的测试结果。结果是真实可靠的。因此我们想把该结果公之于众。我们想把该结果公之于众。于是我们把它放进了我们的广告里。到目前为止我们已经卖出了 75 万台 G3 电脑。因此，我们对这个结果非常高兴。我们非常高兴。这是我们专业领域里的台式机。

第二类产品就是专业领域里的便携机。众所周知，它就是我们新生产的 PowerBook G3。这是相当不错的产品。

……

我们最快的便携机即 292 兆赫兹的 G3 比世界上任何价位的奔腾机——无论是台式机还是便携机都快。

今天我们要宣布的另外一件事就是我们为 PowerBook G3 配置了 DVD。因此，这是世界上在飞机里观看电影的最酷的方式。这就是我们专业领域里的便携式产品。

在 5 月 6 日那天，我们还宣布了一则消息，即我们正在开发一款消费类便携式产品，我们将在明年上半年推出该产品，我们正在努力研制该产品。我认为它将会是一款相当漂亮的产品。

哪一款产品把我们带到消费类台式产品领域而且我们打算今天在它身上要花大量时间呢？当然是 iMac 了，iMac 将互联网的激动人心和麦金塔的简单实用结合在了一起。这就是我们生产这款产品的目标。

当我们一年前回到苹果公司时，很显然苹果公司正在从消费者市场消失，因为它在 2000 美元以下没有一件让人眼前一亮的产品，此前很长一段时间里都没有这类产品。我们立即开始生产一款最抓消费者眼球的产品。我们知道怎么做，那就是 iMac。

因此我们对这件产品感到非常非常满意。它很华丽。它将改变——我们相信它将改变电脑的外表，改变它应有的外表。正如你们看到的，我想今天这里大概就有 1500 台 iMac 吧。它的确的确很漂亮，看看它的键盘，看看它的鼠标。非常漂亮。

这就是竞争。关于竞争值得注意的第一件事就是不完全要看产品的外表，更重要的一点是竞争由新型处理器驱动。iMac 有 G3 在里面，我想我们作出的最重要的决定之一就是不要再这个地方缩手缩脚而让我们在这辆“小汽车”里安装一台杀手级引擎。对不对？我们在 iMac 里安装了 G3/233 处理器。其他消费类产品安装的是赛扬（Celeron）处理器，运行频率是 266 兆赫兹。让我们看看这个图表。赛扬、英特尔 / 赛扬的基准测试数值为 3.2 个基准单位。对吧？ 3.2 个基准单位。而 iMac 的测试数值为 7.9 个基准单位。对吗？它把它们统统干掉。令人印象更深刻的是，让我们把微软英特尔（Wintel）搭配的机器排成一队，运行频率为 400 兆赫兹的最快的奔腾机也比我们的消费类产品慢。这是关键。

我们在调制调解器（Modem）问题上得到了一些反馈意见。我们苹果公司有很多缺点，其中之一就是没有倾听我们顾客的意见。因此，我今天高兴地宣布我们已经对调制调解器进行了升级，而且从第一台 iMac 开始。所有的 iMac 都随同 56Kb 的调制调解器出货。因此谢谢你们寄来的卡片和信件，我们确实读它们。

随机附送一些精彩的软件，首先当然是 MAC OS 8.1 了，它是 MAC OS 的优秀版本，其次就是世界上最好的网络软件——微软的浏览器（Microsoft Internet Explorer），还有 Microsoft Outlook Express 以及美国在线（America Online），美国在线有了新版本的浏览器。嘿，嘿，嘿，嘿，我告诉你们，我用过 IE 浏览器，我喜欢它。我认为它是最好的浏览器，但是你可以作出自己的选择。有选择是好事，不是吗？

这就是 iMac。我这里有一段视频，这段视频是我们为在 5 月 6 日发布而制作的。不知道你们是否想观摩一下，只有几分钟时间。你们想看吗？好的。如果你们喜欢的话，让我们开始播放吧。

我们对 iMac 信心百倍。

这就是我们的硬件策略和产品线。未来几年里你们将会看到我们不断地更新这些产品，使它们更好，使它们更快，使它们更光滑，给它们增添新特色和有趣的东西。我们将只围绕着这些产品做这些事情，因为除非我们学到了新东西，这 4 类产品就是你们告诉我们说想要得到的产品，而且你们想要它们个个都了不起。所以，我们将尽最大努力及时交出这个矩阵里的 4 类伟大的产品。

开发者大会结束一周之后我们披露的第二件事就是我们的软件策略。我想和你们一起简要地回顾一下。它分两部分。MAC OS 8 表现优良，我们每隔 6 个月就对其进行改进升级。在这方面软件团队正在做非凡的工作。我们宣布了 MAC OS X，它代表着 MAC OS 的未来。我们将在一年后的推介会上宣布它的第一个版本。

这就是我们的软件策略。再说一遍，我们的开发商在开发者大会上真的很喜欢它。我们和他们中的很多很多人一起研究这个系统。我们在 5 月 6 日和盘托出了我们的产品策略，一个星期后，我认为我们受到了如潮好评。

过了不到一天的时间，我们开始听到上一个层次的怀疑论调，就是："好吧，你们已经生存下来了，你们有了稳定的业务，这真的很好。你们正在盈利。这真不错。你们的业务处于掌控之中，挺好的。你们有一套极好的产品策略，而且你们执行了它，可是你们将来有没有应用程序？" 当然，我们一年前就预料到了这个问题，在过去一年里我们一直和很多开发商一起工作。令人感到神奇的是我们和多少个开发商交谈并倾听他们的心声。我们做了大量的工作，我们和开发商结成了伙伴关系，真了不起。

不过让我带领你们回看一年前的情形。一年前情况并非如此。当我刚刚回到苹果公司时，我打电话召集一大批大的开发商。他们正对苹果公司怒气冲天呢，他们为失去市场份额而怒不可遏，但更让他们愤怒的是苹果公司竟然不理睬他们。我们知道我们必须扭转这种局面，我们开始请别人的合作伙伴重新和我们合作重新和我们盟约。这样我们就能够一起将局势扭转。

你们知道谁是第一个吗？微软。他们说：“我们想让麦金塔取得成功。我们在麦金塔配套软件的销售上表现极佳。我们认为麦金塔是伟大的产品。我们想让麦金塔取得成功。我们想和你们结成合作伙伴关系。”微软是我们第一个合作伙伴，一年前我们是在麦金塔世界大会上宣布这一消息的。今天我非常高兴地告诉你们，尽管一年前我们在麦金塔世界大会上受到了嘘声，但是这种伙伴关系确实已经繁花盛开了。它已经做了每个好的合作关系所应该期望做的事，就是为我们共同的客户提供伟大的产品。对于这种结果我非常满意。

你们知道吗？当我在一年前宣布这种合作关系时，我试图作个类比，将其比为尼克松访问中国以及里根会见戈尔巴乔夫。那么必须有人担当尼克松或者戈尔巴乔夫的角色。我不知道正确的类比应该是什么，但我想苹果公司和微软一起工作为我们的顾客带来了一些伟大的产品，仅此一点我就感到非常高兴了。

因此我们生存了下来。我们证明了我们有相当稳定的业务。我们有一个奇妙的产品策略并已经展示了它的路线图。我们正把成千上万个应用程序以前所未有的速度带回给麦金塔。那么你们还有什么要问的呢？哦，总是有问题的，对吗？最后一个问题就是成长。

“你说得这么好，给我看看一些成长事实。你们将如何成长？”对吧？再说一遍，当我听到这些话时，我觉得问得很好，因为它意味着我们正在为底层打好基础，人们正在盯着上一层，对吧？因此，成长问题浮出了水面，这非常好。我想当我们讲应用程序的事时，它将来得更快。人们明白应用程序正在回到麦金塔阵营中来。

那么接下来人们怀疑什么呢？成长。那么我们所说的成长是什么意思呢？一年前，当新的管理团队来到苹果公司时，我们观察了一下市场，我们说尽管苹果公司的市场份额在下降，但在设计和排版市场上它的表现依然非常强劲，它的市场份额根据不同的部门而在 50% 和 90% 之间，苹果公司在教育市场上拥有超过 50% 的装机量，新装机量大约占到 35%，超过任何其他公司。我们没有说的是苹果公司在消费者市场上的份额快速下滑，而消费者市场是苹果公司开发出来的啊。苹果公司率先开发了把电脑卖给消费者的市场。可是它却在好几年内未能推出价格上能让消费者接受的引人注目的产品。

因此尽管我们没有谈论这件事，我们开始启动让公司迅速回到消费者市场的计划。正是从这里我们看到了公司快速的成长。我们在设计和排版市场表现极为突出，在教育市场上我们的表现开始有了极大的改善。但增加消费者市场将会让我们在前两个市场的表现更加稳健。我们将会用 iMac 做到这一点。

我们认为除了产品本身之外我们还有一些相当独特的资产来实现这一目标。那么这些资产是什么？今天我愿意说出其中的4类。

第一类就是品牌。在一个信息爆炸的世界上，人们每天都被各种信息所包围，品牌就变得尤为重要。人们在生活中没有时间选择所有的东西。品牌帮助他们作出选择。在计算机行业里还没有哪个品牌像苹果公司的品牌一样那么持久那么强壮。就认知度和顾客忠诚度而言，在世界范围内苹果公司的品牌和迪士尼、索尼以及耐克（Nike）几乎不分伯仲。

另外值得指出的是，其他三个品牌的情况正在江河日下，它们都遇到了大麻烦。看看迈克尔·艾斯纳接手后的迪士尼吧。看看耐克和索尼在过去6年的表现吧。不过当这些公司解决掉它们的问题后，它们的品牌会变得比以往更加强大。

品牌的建立需要几十年的时间。我们认为我们拥有世界上最好的品牌之一。我们也在我们的品牌推广上投入重金。当我们开始我们“不同凡‘想’”的广告活动时，我们对广告公司说苹果公司必须告诉人们我们是谁以及我们代表的是什么。对于如何做到这一点我们考虑了很久。我们想到的最佳方式就是告诉人们谁是我们心目中的英雄。通过问一个人谁是他心目中的英雄，你大体可以了解这个人的为人，对不对？于是我们说这些人就是我们心目中的英雄。我们把他们放进广告里，试图告诉人们我们是谁以及我们代表的是什么、我们的价值观是什么，同时伴随着一些稍微激进点的产品广告。

我们拥有的第二类独一无二的资产就是我们的客户群。

我们拥有的第三类独一无二的资产就是被我们称为的设计或风尚。

最后，让我们别忘了简约这类资产。我们拥有世界上最好用最好安装的产品。别人试图复制我们的简约风格长达10年，但依然赶不上我们。很久以后第一次，我们不再原地踏步。那么我们是如何衡量简约性的呢？我这里有最后一段视频来展示给你们，这段视频很精彩。它是简约大战。我现在就愿意放给你们看。

顺便说一句，这段视频完全是真实的。我们只是找到了这两个人，然后拍摄他们。我们没有告诉他们任何事情，完全是真实的拍摄。我们打算将其制成广告，可以吗？

以上就是我们独一无二威力无比的4类资产——品牌、客户群（特别是在消费市场和教育市场上）、我们的设计能力（真正让这些产品进入消费者欣赏的时尚空间）以及我们产品在安装和使用方面比竞争对手的产品简单得多的事实，这4类资产是相当重要的。我们认为这4类资产再加上像iMac这样的产品将会让我们在消费市场上、在教育市场上以及在设计和排版市场上茁壮成长。随着iMac的问世，我们期待在接下来的6个月里看到苹果公司的成长，届时我们和你们分享那一喜讯。

让我们再次回到亚伯拉罕·马斯洛的理论上来。他建立了自己的需求层次理论，而我们今天借鉴了他的理论并带领大家看了一下"怀疑层次论"。在过去一年里它如影随形地伴随着我们，而我们慢慢地、一步步地向人们证明苹果公司正在大踏步地杀回来。在过去一年里，我们花了大量时间做好这三件事——公司的生存、公司具有非常稳定而又健康的业务以及非常漂亮的产品策略，目前这三件事都显见成效。我们现在即将证明最后两件事——一是应用程序回到Mac机里。未来人们绝对能够得到他们想要的Mac机应用程序。很多情况下，他们将会得到最好的版本。二是如何将所有这些转化成苹果公司的成长，转化成苹果公司的开发商的成长，转化成麦金塔客户市场的成长。

我真的很感激今天又这个机会和诸位在一起。我们的展览很精彩。出去看看iMac吧。出去看看一大堆USB外设吧。出去看看一大批了不起的软件吧。非常感谢诸位！

# 12 乔布斯谈iMac

## ——1998年8月14日乔布斯接受美国福克斯新闻电视台记者采访[①]

**主持人：**史蒂夫，见到你很高兴。谢谢你前来录制节目。

**乔布斯：**谢谢你邀请我。

**主持人：**IMac 本身正在得到如潮好评，而我几乎怀疑你有没有足够的机器来满足市场对 iMac 的貌似强烈的需求。

**乔布斯：**对。是的，我不知道。我是说我们正在大批量生产它们。不过 iMac 于本周六上午在全美发售大约两周后在欧洲和日本发售，从此以后我们将会知道真正的需求是什么。它可能会超出预期一大截。我们还不知道。

**主持人：**事实上听说你推出了一些广告活动，因此我认为这些活动是针对 iMac 的，是这样吗？

**乔布斯：**哦，广告活动比你说的还要广泛得多。那只是我们一个广告牌里的一句广告词。我们有的广告比那个要厉害得多。我最喜欢的广告词之一就是“时髦而不低俗”。

---

① 1997年7月，被自己创办的公司放逐13年之后的乔布斯又被苹果公司请了回来，不过此时的苹果公司已经奄奄一息。回归后的乔布斯犹如猛虎归山，天才的想象力再次得到了充分的发挥。他抓住里互联网兴起的历史性机遇，将研发力量投入到他日后改变世界的“i”系列产品中的第一个——iMac。1998年，苹果公司孤注一掷地投入1亿美金对新型iMac电脑进行宣传推广活动，包括电视广告（当年苹果公司在电视媒体中的广告投放进入了美国市场前十名）、户外广告（苹果公司在几大主要地铁站的广告牌上标有口号：I think, therefore iMac.以及Chic, not geek.）、纸媒广告（苹果公司在《时代周刊》、《新闻周刊》、《商业周刊》、《人物》杂志、《体育画报》和《滚石》杂志内都有12页的iMac广告插页）以及广播宣传（苹果公司在全美范围内的20家电台进行了一轮为期五天的“iMac倒计时”宣传活动，并且每天免费赠送iMac。）1998年8月14日就在苹果公司正式推出iMac之前一天，乔布斯接受美国福克斯新闻（Fox News）电视台记者采访向公众解释为什么苹果公司不惜血本宣传新产品iMac，同时也为即将上市的iMac造势。

**主持人：**哦，我们观众包括我自己都欣赏那个广告。我注意到这次广告活动在把苹果公司拉回到老路方面不遗余力。你的宗旨是让苹果公司走回头路吗？

**乔布斯：**你知道吗？我们的宗旨就是制造了不起的电脑。它们确实让人们感到与众不同。我指的是 iMac。你把 iMac 带回家，从包装箱里拿出来，10 分钟之内你就可以畅游网络了。你要是换成个人电脑的话，你需要一个多小时才能完成上述工作。因此，我认为我们想要做的就是生产一些伟大的产品并把这些产品告知人们。我想如何用一种聪明的方式让人们知道产品将是一件有意思的事。希望周日在迪士尼的奇妙世界里展开的广告活动是个开端。

**主持人：**一些购买者提到了没有软盘的问题，他们担心这个问题。你有什么要说的？

**乔布斯：**你知道吗？当你前进的时候，人们有时不理解你。软盘相当过时了。你知道吗？你能够用它所做的事情已经很少了。你可以用它来分发软件，只可惜所有软件都可以刻在光盘上来分发。你可以用它来备份几个吉的硬盘数据，只不过你需要几千张软盘。所以，没人那么做。你可以用它来上网，可是现在所有人都在使用互联网。所以事实证明它过时了。

当然如果你现在想在 iMac 上装一个软驱，你花大约 80 到 90 美元就能得到。但是，更多的顾客可能选择不花钱安装软驱或者可能选择安装极驱（zip drive）或者安装我提到过的容量达到 100 兆甚至更多的超驱（super drive）。

**主持人：**你考虑到你所有其他的事业，让苹果公司回归正途是你的挚爱还只不过是你的宗旨？

**乔布斯：**你知道吗？我想苹果公司是在我父母的车库里诞生的。史蒂夫·沃兹尼亚克和我在它身上倾注了多年的心血。我认为苹果公司依然还有很多东西要奉献。我认为计算机行业依然还很年轻，我认为苹果公司是一个让技术变得真正容易真正可以接触的公司。我认为如果没有苹果电脑公司的话世界的境况就会变得稍差一点。

**主持人：**让我问你一个问题，就个人而言你现在想看到什么？你在苹果公司的临时职位上打算待多久就能看到公司渡过难关？

**乔布斯：**你知道吗？我在6个月前或9个月前就认定这不是我的问题。因此我不担心它。现在我不担心这个问题。我担心的只是诸如推出iMac以及生产足够多的iMac等等这样的问题。

**主持人：**那么你在决定谁掌握公司权力谁不掌握公司权力上会有否决权吗？

**乔布斯：**我不知道。我猜测他们会考虑我的建议的。

**主持人：**他们考虑过吗？

**乔布斯：**现在不是讨论这个话题的时候。我想现在讨论的话题是我们如何制造iMac以及我们如何尽可能多地制造iMac？我们如何把它们做出来的？我们如何支持经销商？我们必须开展什么样的市场营销活动？

我们在和软件开发商合作方面取得了巨大的成功。开发商陆陆续续地回到MAC机的开发上。和他们一起工作是我们目前考虑的问题。

**主持人：**好的。史蒂夫，很高兴你参与我们的节目。谢谢你。再次祝贺你。

**乔布斯：**好的，保重。

# 13 苹果公司的复兴

## ——1999年7月21日乔布斯在麦金塔世界博览会上的主题演讲精华版①

**诺亚·怀尔：**大家好，感谢诸位前来捧场。本届麦金塔世界博览会将会成为伟大的一届。你们知道吗？苹果公司的每位员工在过去几年里一直都在非同凡“想”。我们已经卖掉了很多电脑。但这里还有别的事情在发生。那就是苹果公司的复兴！你们今天将会看到很多蛛丝马迹。我们有一些伟大的新产品。一些真正伟大的新产品。一些伟大得离谱的新产品！一些真正伟大得离谱伟大得疯狂的新产品！

**乔布斯：**谢谢你了。

**诺亚·怀尔：**我们的产品……

**乔布斯：**不对，不对……那根本就不是我！那根本就不是我！你搞砸了。听着，你本来应该走到这里，打开一瓶水，拿起幻灯片遥控器，然后你就可以双手合十了。这种“伟大得离谱”的话，我们100年前就停止使用了！你知道吗？我的意思是说，我……女士们，先生们，这位是诺亚·怀尔。

今天是我邀请他来的，这样他就能够看到我是如何真正表演的。另外，还因为他演的我比我自己要好！

**诺亚·怀尔：**谢谢你。谢谢你。你对那部电影不生气我就很

---

① 1999年7月21日麦金塔世界博览会（Macworld Expo）在美国纽约举行，苹果公司临时CEO乔布斯发表主题演讲，不过在乔布斯登台之前，曾在电影《硅谷海盗》（The Pirates of Silicon Valley，1999）中扮演乔布斯的著名演员诺亚·怀尔（Noah Wyle）先行登上了舞台，然后模仿乔布斯的语气和动作进行演讲，等乔布斯真人现身时，二人进行了精彩的对话，随后乔布斯进行了长达90多分钟的主题演讲，首先对苹果公司良好的发展形势进行了回顾，然后介绍了苹果公司的最新产品，包括软件的Quicktime和硬件的iBook。限于篇幅，我们本书只收录该演讲的前半部分。

高兴了。

**乔布斯：**什么？我生气？嘿，它只不过是一部电影而已。不过，你知道吗？假如你真的想把事情搞定的话，你可以让我在《急诊室》[1]里担任一个小小的角色。哈哈。一个小角色就很好了。

**诺亚·怀尔：**乔布斯医生，欢迎加入我们的队伍。

**乔布斯：**非常感谢。

**诺亚·怀尔：**“你还是处男吗？”[2]

**乔布斯：**女士们，先生们，这位就是诺亚·怀尔。

我们今天有很多东西要谈，让我们开始吧。我想做的第一件事就是向你们汇报一下苹果公司的最新业务状况。消息确实让人振奋。我们刚刚出台了我们的第三财政季度报告，我们截止于6月的第三财政季度盈利超过2亿美元。这是我们连续第7个季度盈利。因此，现在苹果公司的财务基础非常非常牢固。

除此之外，我们的现金流已经超过了30亿美元。我们对苹果公司股票投资的前景充满信心，我们已经宣布了股票回购计划，我们计划在下一个交易日分批回购价值为5亿美元的股票。对此，我们也是非常非常激动。

另外一件非常关键的事情就是我们已经把卓越的运营方式带回到了苹果公司。一项重要的评价指标就是库存。评价方法就是在每个财政季度末你还拥有多少天的库存。两个季度前，我们为自己设定了只有一天库存量的创纪录目标。你如何和自己过不去？我们就那样做了。我们谈的是不超过1天的库存，15个小时的库存。

① 这里指的是诺亚·怀尔主演的一部电视连续剧的名字。

② 这是电影The Pirates of Silicon Valley中的一句台词，是乔布斯问一位IBM员工的话。

这一点很重要，因为我们越是有效率，我们就能节省更多的钱，这样我们就可以为我们产品制定一个较低的价格。

和我们的竞争对手比起来如何？哦，康柏（Compaq）的库存期是 28 天，捷威（Gateway）和戴尔（Dell）这两家直销商的库存期分别是 9 天和 6 天，而苹果公司的库存期是 0.6 天。因此，我们对这个结果感到非常满意。

上周我们非常高兴地宣布 Gap 公司的 CEO 米奇·德雷克斯勒加入到了我们的董事会。我们有了一个出色的董事会，而米奇将会让我们的董事会好上加好。

以上就是对苹果公司业务进展的一个快速回顾。现在，我愿意谈谈我们的产品。

我想谈的第一件产品就是 Quicktime。Quicktime 是苹果公司的核心技术。我们认为这是一款极具战略意义的产品，我们认为我们在技术上远远地超过了别人。关于 Quicktime 首先要提到的第一件事就是我们最近主办了史上最大的互联网盛事。卢卡斯影业公司找到我们，他们对我们说“你们愿意为《星球大战前传：魅影危机》制作预告片吗？我们只想用 Quicktime 完成预告片的制作，因为只有 Quicktime 才能制作出我们客户需要的我们观众需要的高质量的预告片”。我们回答说“那当然愿意了”。

我们已经完成了大规模的基本建设。我们学到了很多东西。因为在过去几个月里，这部预告片的下载量已经超过了 2300 万次。每个人都倾向于努力获得最高质量的视频版本，这就是每分钟 25 兆字节的版本。所以，我们在过去几个月的下载量超过了 400 兆兆字节，棒极了。这种体验真的很美好。

我们还推出了 Quicktime 4。Quicktime 4 是 Quicktime 的最新版

本。它在很多领域取得了进步。我们有一些新的非常棒的编码解码器，可以带给我们最高质量的视觉享受和听觉享受。我们还为播放器换上了全新的界面，深受用户好评。但最大的进步是增加了实时网络流功能。我们比任何人都喜欢互联网的实时视频流和音频流。自从我们在 4 月下旬把 Quicktime 4 播放器放到我们的网站上供人们下载以来，其下载量已经超过了 1000 万次。这是个庞大的数字。因此我们正用 Quicktime 带动网络流的增长，我们将会全力以赴。

那么今天做什么？我们现在做什么？哦，我们推出 Quicktime TV。什么是 Quicktime TV ？就是我们想让在网上看精彩视频的观众得到最棒的体验。坦率地说，现在在网上看实时视频流的体验并非那么美好，对于这一点你们多数人是知道的。那么我需要做什么？我们需要为 Quicktime TV 安装上什么样的零部件？噢，让我们先回头看看普通电视。

就像一台电视机一样，我们首先需要的是一台电视信号接收器。我们需要的第二件东西就是一家播放电视内容的电视台。但仅此还不够，因为位于加利福尼亚州的电视台发出的信号在纽约是收不到的，反之亦然。因此你需要一个广播网络来传输这些电视台的信号到全国各地或者在有些情况下把将电视信号实时转到全世界。所以你需要一个广播网络。最后需要的当然就是节目内容。因此我们要把 4 样东西放在一起形成 Quicktime TV。

让我们看看我们是如何做的吧。在电视信号接收器方面，我们为 Quicktime 4 播放器 配置了世界上最好的接收器，其性能远远超过了我们所知的市面上的任何其他接收器。电视台的情况怎么样？哦，我们在 Quicktime 实时网络流方面做了一件相当激进的事情。和我们的竞争对手将实时网络流基于专有协议的做法不同，我们将实时网络流置于一种完全开放的协议即 RTP/RTSP 之上。因此，任何人都可以写一个服务器程序，任何人都可以成为一个电视台而无需支付给我们服务器税，而他们必须支付给我们的竞争对手服务器税。

因此，在一个完全开放的世界里，我们甚至想走得更远，我们写了一套遵循这些开放标准的服务器程序，我们称其为 Quicktime 流服务器。我们将其公之于众。没有服务器税。我们以两种方式公开 Quicktime 流服务器代码。我们在 Mac OS X 服务器上公布代码，另外我们在我们的开放代码模式下（称为达尔文流服务器）公布代码。你们可以到我们网站上下载全部代码并全权使用它们。2.5 万人已经从我们网站上下载了这套程序，2.5 万人。

现在有 Linux 操作系统和一大堆别的操作系统，各地的人们开始问这么一个问题："我们为什么应该服务器软件付钱？"，因为他们不必再付钱就可以得到更高质量的引导系统了。

这就是我们电视台的情况。任何人都不必支付服务器税即可拥有一个电视台。

广播网络的情况又如何呢？那又是什么呢？它显然就是互联网。但问题不那么简单。现在互联网网速如此之慢，假如你想在纽约通过互联网收看来自加州的实时广播，其效果不是很好。它会突然出现静音。质量很低。传输率得不到保证。因此这方面的体验并非那么美妙。

我们打算怎么做呢？我们广泛搜索，我们甚至拥有自己的某些技术。我们发现马赛诸塞州有一家叫做阿卡麦（Akamai）的公司。我们决定在广播网络方面和它合作。我们把自己的 Quicktime

网络流服务器和他们的互联网重广播网络结合在一起。他们手里有什么呢？他们目前在全世界拥有900台互联网服务器。这些服务器接收来自Quicktime的流广播并缓存起来。我们则再把它们重新广播给我们当地的接收者。因此当你在Quicktime网络上接收Quicktime流服务器的广播节目时，你希望是从本地某个地方得到它，这样你的体验就会比从前大为改善。

最后，内容怎么样呢？我们为Quicktime TV准备了一些了不起的内容，其中有些内容真的非常精彩。首先是英国广播公司的今日世界节目（BBC world）。“这里是英国广播公司的今日世界新闻广播节目，一周7天一天24小时在Quicktime TV网络上为你广播。”我们有彭博社电视台（Bloomberg Televesion），同样在Quicktime TV网络上一周7天一天24小时进行广播。我们有福克斯新闻（Fox News）一周7天一天24小时进行广播。我们有福克斯体育世界（Fox Sports）。我们有家庭票房广播网（HBO[①]）。我们拥有NPR音乐频道，即美国国家公共电台音乐频道。我们拥有天气预报频道（Weather Channel），我们有美国公众电台波士顿分台（WGBH Boston），由它提供一些教育方面的精彩内容。

今天我们还要宣布一些新的内容供应商，它们现在都是我们在Quicktime TV网络方面的合作伙伴。第一个就是美国广播公司新闻网（ABC News），它提供高质量的新闻。第二家是娱乐体育节目电视网（ESPN）。第三个是《滚石》杂志社（Rolling Stone），它独自用Quicktime建立自己的第一个互联网流网站。我们有热门录像带第一台（VH1）音乐台。最后但不是最不重要的一个就是迪士

① HBO：Home Box Office的缩拼，是美国的一家有线电视广播网，母公司为时代华纳公司。

尼（Disney）。迪士尼即将推出一些相当精彩的家庭内容。

因此我们相信我们拥有一些非常好的内容，而当你把所有这4样东西——最好的接收器、免服务器税制作电视台的最好软件、最好的广播网络以及我们相信是最好的内容放在一起的时候，我们就可以用 Quicktime TV 来参与竞争。我们在未来几个月里将继续努力，争取实现把最棒的互联网流体验带给世界各地数百万人的目标。

那么接下来我们想做的就是向你们展示这款产品。我想邀请我们全球产品营销副总裁菲尔·席勒上台演示。菲尔，上来演示 Quicktime TV。

**菲尔：**谢谢大家。没有什么比给我这个机会能够站在你们面前向你们展示最棒的互联网流内容更让我兴奋的了。

谢谢你，史蒂夫。

……

**乔布斯：**谢谢你，菲尔。

现在我们来谈谈我们的产品系统。众所周知，我们制定了一个非常非常简单的产品战略——4种产品，专业领域里的台式机和便携机，消费者教育领域里的台式机和便携机。我们认为我们能够将精力集中在这4类伟大的产品上，把我们的特攻队集中在每件产品上，这样我们就能够真正地让我们的客户满意。

也许你们知道，我们今天有其中的3款产品出厂。在专业领域一边，我们有 Power Mactosh G3。它比你用任何价钱购买的任何一款其他个人电脑都强大。它是世界上具创新精神的专业人士的第一选择，它表现卓越。在专业领域便携式电脑一栏，我们在5月份推出了 Powerbook G3。它薄得要命，而且它比当下流行的同类型的便携式电脑轻 2 磅。它是世界上最快的便携式电脑，14 英寸的显示器非常漂亮。它出售的速度比我们制造它的速度要快。我们对这件产品也感到非常满意。

不过今天我打算谈论消费领域里的产品。因此，请允许我首先从汇报我们消费领域里的台式机即 iMac 的最新情况开始。iMac 表现非常优异。众所周知，我们在今年 1 月份才推出 5 种颜色的 iMac，我们在内部给它们起了个代号，叫作“救命者”，这是 7 个月前的事。但时间过得似乎比 7 个月要漫长得多，对吗？因为我们认为它像火箭一样一飞冲天。我们在上个季度 iMac 的交货数量比该产品推出后任何一段时间的交货数量都多。因此 iMac 势头正劲。

这就是今天我们 iMac 的最新情况。哪种产品会填补这个空格呢？对这个问题坊间有很多猜测，有很多流言。今天我将结束这种情况。我们即将推出我们的消费类便携式电脑。我希望你们喜欢它。我们去走访我们的客户。我们走访我们的消费者和教育用品客户，我们问他们：“你们想在便携式电脑身上得到什么？什么才是你想要的？”我们仔细倾听。当你把他们的意见汇总在一起的时候，就知道他们想要的是一台能移动的 iMac。他们喜爱 iMac，他们想让 iMac 动起来。我们能够制造一台能移动的让人肃然起敬的 iMac 吗？我们已经做到了，我们希望如此。

那么首先我们应该怎么称呼它？就是为了提到它我们也要给它起个名字啊。嗯，如你们所知，我们常常在我们消费类产品前面冠以字母“i”，而在我们专业类产品前面冠以单词“power”。我们往往在我们的台式机后面加上“Mac”，而在我们的便携式电脑后面加上“book”。既然我们是逻辑性如此强的人，iBook 就是这款产品的名称。

14

# 乔布斯谈年薪

## ——1999年7月21日乔布斯接受美国有线电视新闻网财经频道记者采访①

**女主持：**自从史蒂夫·乔布斯回归以后，苹果公司的股价就暴涨。公司盈利已经连续 7 个季度超出了人们的预期。这种 7 连胜的趋势还会继续下去吗？欢迎收看我们的《钱线》节目。这是苹果公司的联合创始人兼现任 CEO 史蒂夫·乔布斯。欢迎回来。

**乔布斯：**谢谢。

**女主持：**今天市场的反应是相当热烈的，可是我们刚刚听史蒂夫·杨报道说人们对定价感到有些担心。

**乔布斯：**噢，是的。

**女主持：**你对自己希望上市的电脑的定价有同样的担心吗？

**乔布斯：**实际上时代大不相同了。假如你观察一下消费者的移动电脑市场，你会发现最便宜的移动电脑的价格在 1599 美元左右，但大多数移动电脑的价格在 1799 美元左右。举例来说，IBM 最便宜的家用 ThinkPad 价格是 1799 美元。所以，既然我们的电脑实际上比任何微软英特尔组合的电脑更加强大，也比它们酷得多，而其价格和市场上的任何一款移动电脑的价格一样便宜，那么我们的感觉相当良好。

事实上过去用在移动电脑上的纯平显示器大部分都由亚洲公

---

① 自从史蒂夫·乔布斯1997年回归苹果公司以后到1999年7月，公司的盈利已经连续7个季度超出了人们的预期，公司的股价暴涨，但史蒂夫·乔布斯的头衔依然是临时CEO（interim CEO），年薪依然是1美元。公司是否能够保持持续盈利的尽头？史蒂夫·乔布斯何时能够转正？他在公司是否受到了不公正待遇？等等诸多问题让关心苹果公司、关心乔布斯本人的人们好生猜疑。1999年7月21日，史蒂夫·乔布斯接受美国有线电视新闻网（Cable News Network，简称CNN）财经频道记者采访，对这些问题做出了一一回答。

司制造。大概两年半以前当禽流感在亚洲流行时，那些公司撤回了对新工厂的投资，于是需求赶上了供给，现在则超过了供给，于是纯平显示器的价格一直在上升。

因此作为一个例子，由于越来越高的显示器价格 IBM 在过去 16 个月里已经两次调高了他们的家用移动电脑的价格。因此你也许很遗憾地知道现在的价格不同于以往的价格了。

**女主持：**好的。自从你回到苹果公司以来公司 7 个季度的强势表现让你突破了盈亏底线。你改进了你的产品生产线，成功地发布了几款新产品，你的下一步是什么？你下一个目标是什么？

**乔布斯：**多么简单的一件事！我们想制造出世界上最好的电脑。我们想制造出面向设计出版以及网页制作专业市场以及教育市场上最好的电脑。我不知道你有没有注意到，如果按照收入来衡量，苹果公司是世界上最大的教育产品供应商。对我们的消费者来说，我们认为只要我们生产出世界上最好的电脑，而你真正地做好你的工作，那么我们就会不断地吸引新客户，到目前为止情况就是这样。

**女主持：**你打算去掉临时 CEO 的头衔还是开始有点喜欢这样一个临时性头衔呢？

**乔布斯：**你知道吗？大概一年前吧，所有人都问我这个问题，而我有太多事情要处理，有太多事情要做。有一天早晨我醒来后就想，你知道吗？这不是我的问题，这是他们的问题。我要挑战的难题够多的了，因此我干脆不再去想它。我也想拿出一天的时间想想这件事，但是自从那天之后我真的再也没去想过。

**女主持：**那么你现在依然是临时 CEO？

**乔布斯：**我依然是临时 CEO。是的。

**女主持：**皮克斯公司怎么样了？你担心它吗？你将如何分配你的时间呢？你担心会忽视皮克斯公司吗？

**乔布斯：**你知道吗？我尝试过拿出一半一半的时间，现在情况发生了变化，不过我过去就是那么努力的。

两家公司的高级管理团队都非常优秀，因此，嗯……遗憾的是我不导演动画。在皮克斯，我们有这个，嗯……动画界最杰出的导演约翰·拉赛特（John Lasseter），他是我们创新部门的高级副总裁，由他来监督皮克斯的运作。

现在皮克斯运作良好。今年11月份我们有一部电影要上映——《玩具总动员2》。有迪士尼和汤姆·汉克斯（Tom Hanks）以及提姆·艾伦（Tim Allen）的再次加盟，我想它将会有良好的表现。

**女主持：**很好。史蒂夫·乔布斯，非常感谢你参加我们的节目。

**乔布斯：**非常感谢你。

# 15 我打算丢掉“临时工”的称号

## ——2000年1月5日乔布斯在苹果公司麦金塔世界大会上的演讲片段①

噢，还有最后一件事。

两年半前我和另外几个人回到了苹果公司，我们发现这家伟大的公司需要得到一点点帮助，但却需要一大批俊杰之士。事实上，既然我谈到了这个话题，我想请所有来自苹果公司的人（那边研究 OS X 的团队和那边研究互联网的团队）现在站起来接受我们的掌声。我们还有一些了不起的合作伙伴，包括制图那一边的 CKS 公司和广告那一边的 Sharp 公司，可否请你们站一会儿呢？谢谢你们。

这两年半来，苹果公司的每个人都在兢兢业业地工作。在这段时间里，我一直是公司的临时 CEO。我还担任皮克斯公司的 CEO，我喜欢那份工作。因此，我在苹果公司里担任的是临时 CEO。

那么，我想，经过两年半的时间，我希望我们能够向皮克斯公司的股东和苹果公司的股东证明，我们是可以胜任双重 CEO 的工作的。因此我不打算改变我在皮克斯公司或者在苹果公司的职责，不过我今天高兴地宣布我打算丢掉“临时”头衔。（观众：史

① 2000年1月5日苹果公司麦金塔世界大会（MacWorld）在美国旧金山召开，苹果公司临时CEO乔布斯发表了长达2个多小时的主题演讲，重点介绍新一代麦金塔操作系统，即MAC OS X。不过最让现场观众激动的不是新一代操作系统的诸多卓越性能，而是乔布斯在演讲最后宣布的一则消息，就是从那一天开始，乔布斯的“临时工”身份被终止，他正式成为苹果公司的CEO并接受iCEO的称号。对于当时的场景，《乔布斯传》写得非常煽情，也非常真实。我们本书节选了这段精彩内容，供热爱乔布斯的人们欣赏和学习。真心喜欢乔布斯的人看了这段视频是会热泪盈眶的。

蒂夫，史蒂夫，史蒂夫！）

你们这么欢呼让我感到不自在。我每天都到苹果公司和皮克斯公司上班，而且是和这个地球上最有才华的人一起工作，这是世界上最好的工作。但是这些工作都是团体性的工作。苹果公司是一个团队。因此我代表苹果公司的全体人员接受你们的谢意，因为我们大家的确工作很辛苦。

大约一年前，曾经有人称我为 iCEO，我喜欢这个称呼。因此，我打算选择 iCEO 作为我的头衔，假如你们接受的话，以便提醒我自己什么才是真正重要的东西，对我来说当然是互联网啦。对此我感到非常高兴。

很抱歉今天上午耽误了你们这么长时间，因为我们有这么多东西要告诉你们。非常非常感谢诸位。

# 16 乔布斯谈创业

## ——2001年2月8日乔布斯接受日本NHK电视台采访[1]

**女主持：**乔布斯先生，史蒂夫，谢谢你今天参加我们的节目。

**乔布斯：**没问题。谢谢你邀请我们。

**女主持：**自从你创办苹果公司以来将近30年的时间了吧。

**乔布斯：**是的。在这个行业里我是个老头子了。

**女主持：**你有没有想过放弃？

**乔布斯：**什么？

**女主持：**你有没有想到过要放弃？

**乔布斯：**噢，噢，是曾经有过非常艰难的时刻。一直有这样的艰难时刻。但现在我不这样想。我并不这样想。一开始的一两年是最艰难的。我认为最重要的事情是假如你打算开始做一件新鲜事的话，你必须对它充满激情，因为确实太难做了。创办一家公司是如此困难，你必须努力工作。如果你不充满激情的话，你会放弃。成功人士和非成功人士之间最大的区别就是成功人士永不放弃。

**女主持：**我明白了。

**乔布斯：**非成功人士比成功人士放弃得要早。你必须对它充满激情，因为它是如此之困难。

**女主持：**人们称你为梦想家，你相信个人电脑在未来将会扮

① 2001年2月8日，麦金塔世界博览会（Macworld expo）在日本东京举行，乔布斯做了主题演讲，随后接受日本NHK电视台采访，本书节选其中最精彩的部分。乔布斯在采访中精彩地回答了如下几个问题：有没有在困难的时候想到过放弃？个人电脑在未来应该扮演什么角色？想办公司的年轻人是否应该模仿诸如苹果公司这样的企业？等等。

演什么角色？你认为个人电脑在未来应该扮演什么角色？

**乔布斯：**个人电脑正在进入第三个伟大的时期。

**女主持：**第三个伟大的时期？

**乔布斯：**第三个伟大的时期。第一个伟大的时期始于 20 世纪 80 年代左右。那个时期是带有电子数据表以及处理器等的电视机产品时期。这一时期主要是电脑行业受益。大约 6 年前我们开始了第二个伟大的时期，这就是互联网时期。突然之间，受益的不仅仅是电脑行业还有普通的消费者。我们可以在家里买东西；孩子们可以上网；我们可以上网。它的影响力是巨大的。但现在它有点成熟了。我们正在进入第三个伟大的时期，这就是数字生活方式充斥的时期，由所有这些妙不可言的数字设备触发，而这些设备中的大多数都来自日本。因此我们有数字摄像机，我们有数字照相机，我们有 DVD 播放机，我们有手持电脑，我们有手机。实际上个人电脑能让所有这些东西变得更好。

**女主持：**当你首先制造个人电脑的时候，1975 年还没有个人电脑。真难相信啊。

**乔布斯：**这就是我们为什么造一台的原因。我们造一台，因为我们想要一台。那时候没有一台个人电脑，所以我们就造了一台。

**女主持：**当初你制造第一台个人电脑的时候你知道它会成为一个重要行业吗？我是说像今天这样的数码行业？

**乔布斯：**不会，不会。我们开始有这个意识之前已经花费了好几年的时间。我有一个合伙人叫做史蒂夫·沃兹尼亚克（Steve Wozniak），他是个聪明绝顶的人。最初的 Apple I 和 Apple II 上的大部分工程部件都是他完成的。大约一年之后，我们把它展示给——我们造它只是为了我们自己。我们把它展示给朋友们，他们都想要。于是我们在业余时间里亲自动手给这些朋友们制造这些电脑，忙得不亦乐乎，要不然的话他们会要了我们的命。于是我们决定我们最好制造出几百台这样的电脑，这样我们就不用把余生献给给朋友们制造电脑上了。这就是我们开始的过程。我们没有想到开办一家公司。我们只是为我们自己和朋友们做这件事。用户的圈子越来越大越来越大。现在它有 2500 万人。

**女主持：**所以你乐在其中。

**乔布斯：**噢，是的。我们总是乐在其中。

**女主持：**这么多年轻人想找到开办企业开办公司的一座灯塔，他们想模仿诸如苹果公司这样的企业。

**乔布斯：**有时候人们走到我跟前说：“我想开一家公司。”我说：“为什么？”他们说：“噢，我想发大财。”我说：“算了吧。这不是一个足够好的理由。你有很大的可能不会取得成功。”大多数人办公司是因为想挣大钱。我没有看到他们中的很多人取得了成功。成功的人是那些有时候甚至不想开公司的人。他们只不过有了想法，而想要把这些想法向世人表达出来。常常是因为没有人听他们的，于是不得已就办了一家公司。

**女主持：**你知道吗？“不同凡‘想’”说起来容易，我是说这两个单词说起来容易但做起来相当难。作为有 1 万人公司的领导人，你是如何把信息传递给所有员工的呢？你对他们说什么？

**乔布斯：**哦，你最终通过以身作则的方式把信息传递给他们。换言之，当某件东西不那么好时，你是制止它并让其改善还是什么都不管照常交货。你知道吗？所有人都看着呢，看你的管理层如何作出这些决定。我们努力做的是在交货前停下来改善它。当我们出现问题时，停下来解决它。树立了榜样后你就可以说你想说的话，但当你身处困境时每个人都非常仔细地盯着你：你作出了什么决策，你的价值观是什么。

**女主持：**我意思是你刚才说过你在这个行业里30年了，你正在成为该行业里的一位老者，可是你如何看待10年后的自己？

**乔布斯：**你知道吗？我的“前照灯”可没那么好。我不知道。我不想这件事，真的。你知道吗？我想的是未来2到3年的事情。我们苹果公司有4年计划或5年计划。我最喜欢的也许就是3年计划或4年计划，因为事情变化太快。你可以做计划。你说“5年后我想到达这里。”可随后新情况发生了。你会说“算了吧，我想到达那里。”因此，我在一生中所见过的5年计划有些是必须的但大多数变化太快。所以我们倾向于认为我们能够看清的是未来3到4年的情况。

**女主持：**这么说来你对快乐的追求还在继续之中。

**乔布斯：**噢，是的。

**女主持：**好的，非常感谢你，史蒂夫。

**乔布斯：**谢谢你。

# 17 把1000首歌装进你口袋里的iPod

## ——2001年10月23日乔布斯在苹果公司总部介绍第一代iPod时的演讲①

谢谢诸位今天前来捧场。我们今天向你们展示一款真正激动人心的产品。最近苹果公司一直在致力于生产一大批伟大的产品。我们在上个月推出了 Mac OS X 10.1，它是对 Mac OS X 10 的极好的升级。我们从在座诸位那里得到了很多有用的好评。我们上周更新了我们整个移动设备的生产线，包括 PowerBooks 和 iBooks 的生产线。很多事情正在进行之中。

我们今天邀请诸位来到这里是想向诸位揭示我们在一款数字设备上的新突破，这款数字设备不是 Mac 机。那正是我们现在正在做的事情。

那么先让我们从数字化中心说起吧。数字中心策略是我们在今年 1 月份提出来的，也就是 9 个月前提出来的。这个策略是说，我们相信 Mac 已经成为了你们数字化生活方式的中心。换言之，今天我们正被这些神奇的数字设备——数字相机、数字摄像机、DVD 播放机——所包围着。我们认为只要有合适的应用程序软件，Mac 机就会给这些设备增加巨大的价值并成为你们生活中不可或缺的那一部分的核心。这就是我们数字化中心策略的基本内容。

① 2000年至2001年随着美国经济的疲软，苹果公司的销售收入大幅下滑。由于当时苹果公司超过/6%的收入是来自工商业部门，因此当美国经济不景气时苹果公司的盈利能力大幅度下降。为此，苹果公司高层在寻找新的盈利增长点，最后乔布斯将目光锁定在了音乐领域，从此世界音乐领域开始了革命性变革。本演讲就是2001年10月23日乔布斯在加州库比蒂诺总部推出具有划时代意义的音乐播放器iPod时的主题演讲。演讲主要围绕三个问题展开：一，为什么苹果公司选择音乐作为新的突破口；二， iPod是什么；三，iPod售价是多少。本书完整收录了本演讲的主体部分。

这些设备之中最重要的当然是数字相机、数字摄像机、DVD播放机和移动数字音乐播放器。

那么，我们是如何做的呢？哦，今年年初我们推出了一款叫作 iMovie 2 的神奇的应用程序。iMovie 2 在消费者进行视频编辑方面远远超过同类产品。我们有数百万用户在他们的 Mac 机上制作电影。用起来相当容易。你甚至不需要阅读用户手册。在这个领域我们远远领先于别人。无论是在专业领域还是在消费者这个级别上，苹果公司都是世界上最大的视频编辑软件供应商。

紧接着我们在 1 月份推出了 iTunes。iTunes 给我们带来的成功是巨大的，它是在任何平台上运行的最易用最强大的数字音乐自动播放器。

接下来我们在某些型号的 PowerMac 上增加了光驱配置，而且我们推出了 iDVD。我们宣布推出 iDVD 2，它将在 11 月初交货。难以置信吧？你可以制作属于自己的可在任何一台电脑的 DVD 播放器里播放的 DVD，这个市场仅在美国就已经超过了 2000 万美元。不可思议。此外，我们在这个领域也远远地超过了别人。

最后一个就是摄影，数码摄影。我们在 Mac OS X 里已经内置了一套叫作 Image Capture 的应用程序，非常神奇。你插上数码相机，忽地一下，你的照片就自动地传进了电脑里，你可以对它们做大量加工工作。

现在很多人能在黑板上画出这样的图形，但我们正在提供这样一些产品。我们已经覆盖了这 4 种产品。我现在想做的就是将它们演示给你们看。快速浏览一下。

……

以上就是我想展示给你们的 4 款应用程序。我们今天运行的就是这些程序，它们是在我们宣布数字化中心策略之后 9 个月就问世了，而 iDVD 2 基本上在下个月初就可以交货了。

在我们设计这些应用程序的时候，我们当然一直在关注着这些设备。我们想在这些最酷的设备身上做些工作。为了让我们的 iApps 程序能够正常工作，我们必须吃透这些设备的所有特点。这样 iApps 程序就了解了所有这些设备。但是去年底一个想法突然进入到了我们的脑海里，就是这些设备根本不了解 iApps 程序啊。还没有人设计出这样的一台设备，它能够利用在一台 Mac 机上运行的这些应用程序中内在的神奇智慧。万一有了怎么办？万一有人制造出这样一台能够利用这些 iApps 程序的设备并将集成水平提升到前人未曾达到的水平怎么办？我们决定做这项工作。我们选择的领域就是音乐。

为什么选择音乐？

我们热爱音乐。做自己喜欢的事情往往是快乐的。更重要的是，音乐是每个人生活的一部分。音乐一直存在，而且它将永远存在下去。这不是一个投机市场。由于它是每个人生活的一部分，它是全世界范围内的非常大的目标市场。它没有边界。可是有意思的是，在这场全新的数字化音乐革命之中竟没有一位市场领导者。市场上有一些诸如“创新”（Creative）和“蓝色索尼克”（Sonic Blue）这样的小公司，后来市场上出现了一些像“索尼”（Sony）这样的大公司，但依然没有一个热门产品。他们尚未找到良方。

没有人真正为数字化音乐找到一剂良方。我们认为我们不仅仅能够找到一剂良方，我们还认为苹果品牌将会在音乐界大放异彩，因为人们在购买自己的数字化电子产品时信任苹果品牌。

那么让我们看看便携式音乐的情况。让我们看看这幅画面。

第一，假如你想在移动中听音乐，那么你就必须买一台 CD 播放器，对吧？这是一个途径，可以听 10 到 15 首歌。或者你可以买一台闪存播放器，买其中一台。你可以买一台 MP3 CD 播放器或者买一台硬盘自动播放器。这是目前听便携式音乐的 4 个选择。

那么让我们看看每一种情况。一台 CD 播放器的售价大概在 75 美元美元，一张 CD 上可以装 10 到 15 首歌。每首歌的花费大概在 5 美元左右。假如你买一台 MP3 CD 播放器，而在你电脑上烧制一张 MP3 CD 播放唱片需要花费约 150 美元，上面可装 150 首歌，这样每首歌的花费就降到了 1 美元。或者你可以花大约 300 美元买一台硬盘自动播放器，它可以装 1000 首歌，因此每首歌的花费大约在 30 美分左右。

因此我们看看这张表，我们研究所有这些产品。这就是我们想进入的领域。这就是我们想进入的领域。

我们今天介绍一款引领我们进入该领域的产品，我们称这款产品为 iPod。我们有了 iMac 和 iBook，现在又有了 iPod。

iPod 是什么？

iPod 是一款 MP3 音乐播放器，它有着 CD 般的音质，它播放当前流行的所有形式的数字音乐，包括 MP3、MP3 VBR、WAV 和 AIFF。但是关于 iPod，最重要的一点是它可以装下 1000 首歌。你们知道吗？这是一个大跃进，因为对多数人来说，1000 首歌相当于他们整个的音乐库。

该产品意义非凡。有多少次你身上带着一台 CD 播放器走在路上，然后说道："噢，天哪，我没有带我想听的那张 CD"？在听音乐方面随时把整个音乐库带在身边时一大飞跃。但关于 iPod 最酷的一点就是你可以把整个音乐库放进你的口袋里。你可以把整个音乐库放进你的口袋里。这在以前是不可能做到的事情。因此，这就是 iPod。

在 iPod 身上有三大突破。让我们一一道来。

第一是它的超级便携性。假如你把 1000 首歌放进 iPod 里，而 iPod 又可以装进你的口袋里，那么我们是如何做到这一点的呢？我们是怎么可能做到这一点的呢？我们先从超薄硬盘开始。我们搞到了一张直径只有 1.8 英寸的硬盘，只有 0.2 英寸厚，超薄。这张硬盘的容量是 5GB，这意味着它可容纳 1000 首压缩率为 160K 波特率的高质量 MP3 歌曲，音质相当高。1000 首歌放在容量是 5GB 的硬盘上。我们还建立了 20 分钟的跳转保护机制，是 20 分钟而不是 20 秒的跳转保护机制。因此，你可以带着 iPod 去骑自行车、去爬山、去跑步、随便去干什么而不会漏掉一个节拍。

于是我们有了容量是 5GB、能够容纳 1000 首歌的硬盘。那么我们如何把 1000 首歌弄到硬盘上去呢？我们不想等待。于是我们为其建造了火线接口。

你们知道吗？苹果公司发明了火线技术，我们为我们制造的每台电脑都配有一根火线。iPod 内置有火线接口。iPod 是第一款也是唯一一款配有火线的音乐播放器。为什么？因为火线速度快。你可以用 5 到 10 秒钟的时间把整张 CD 的内容下载到 iPod 里。那么，让我们拿它和 USB 作一下比较。用 5 到 10 秒钟的时间把整张 CD 的内容下载到 iPod 里。而要下载到 USB 接口的播放器上你得需要 5 分钟的时间。现在，让我们考虑 1000 首歌的情况。用火线传到 iPod 里所用时间不到 10 分钟，而传到 USB 接口的播放器上则需要 5 个小时。你买了个 USB 接口的播放器，你想把 1000 首歌装到里面，而当它装载这些歌曲时，你必须等待 5 个小时，你能想象得到吗？

而用 iPod 则不到 10 分钟时间。它比任何一款其他的 MP3 播放器都快 30 倍。因此，它完全占据上风。

可是假如你的电池用光了的话，你播放器上有多少首歌就没那么重要了。是不是？因此，我们为 iPod 装上了一只非凡的电池。电池寿命为 10 个小时。也就是它能连续播放 10 个小时的音乐。我们用的是可充电的锂高分子电池。它比我们用在移动电脑里的电池先进，是我们出厂的最先进的电池。你可以为寿命 10 小时的电池充电，快速充电 1 小时即可充满 80% 的电量。只需充 1 个小时。也许最酷的东西就是火线了，火线可把所有数据从 iMac 传到 iPod 里。火线还带电。所以，当你把火线插到你的 Mac 机上时，它实际上通过唯一的那根火线为 iPod 充电。你不必为需要另外一根充电线而忧虑。每当你把它和 Mac 机连载一起时，Mac 机就通过火线为 iPod 充电。

你也许会说："假如我在路上随身带着我的 iPod 但没带我的 Mac 机，而我的 iPod 电池快用光了，那该怎么办？我该怎么做？"哦，我们。这个充电器有火线接口。因此，你拿出你的火线，只需连上充电器，插进充电器的插孔里即可在任何没电量的时候为 iPod 充电。所以，有了这项卓越的新电池技术，你就可以连续 10 个小时反复播放音乐了。

你也许会说："很酷，很酷。可是我的移动设备里有了一个大硬盘，比如我的 iBook 里就有一个大硬盘。我运行 iTunes。我对 iBook 的火线真的很满意。我不太在乎电池的寿命是不是 10 个小时，不过我的 iBook 里的电池比别的移动电脑里的电池已经强很多了。那么 iPod 有什么特别之处呢？"

特别之处就在于超级便携性。iBook 确实是便携式电脑，可是

iPod 是超级便携式数码设备。让我们向你们展示一下我这句话的含义吧。iPod 大小和一副扑克牌一样。和一副扑克牌的大小一样。它的宽度为 2.4 英寸，高度为 4 英寸，厚度仅仅比 0.75 英寸厚一点。相当小巧玲珑。它的重量只有 6.5 磅，基本上比诸位口袋里的手机还轻。因此，这是 iPod 不同寻常之处。它是一款超级便携式数字设备。

我们不满足于此。iPod 秉承的是苹果公司的设计风格。我们具备世界上最好的设计队伍之一。他们所做的工作非同寻常。让我给你们展示一下吧。这是 iPod 的侧面，厚度只有 0.75 英寸。让我首先给你们展示一下它的背面，因为我喜欢它的背面。它是不锈钢的，真正的耐用。它很漂亮。这是它的正面。这就是 iPod。

事实上，碰巧的是我的兜里就有一台 iPod。它就在这里。就是这样一个小巧得让人惊叹的设备装着 1000 首歌，而我可以把它装进我的口袋里。

这是 iPod 的上端。你们可以看到有两个插口，一个是火线插口，该插口既可以提供音乐又可以充电，另外一个是耳机插口，还有一个按钮。这就是 iPod。和 iPod 装在一起的还有一个立体声耳塞式耳机。令人惊艳的苹果设计风格。

仅仅 1000 首歌就已经让人飘飘然了，但 iPod 甚至超越了音乐本身，因为我们在里面有一个 5GB 的硬盘，并且有火线，所以 iPod 还是一个火线硬盘。你实际上可以把它当作一个火线硬盘使用，可以把你的文件、你的照片、你的随便什么东西连同你的音乐从 iPod 拖到另外一台电脑里。你需要做的就是进入“偏好”面板并激活火线硬盘。就是这样。现在你的 iPod 就是一个火线硬盘了。

因此，这就是把 1000 首歌放进你口袋里的 iPod。我们认为这是一项重大的突破。我们第一项重大突破就是超级便携性。还有另外两个重大突破。

第二项突破。如果你们中的任何一位用过便携式音乐设备或者任何一款便携式数码设备的话，比如数码相机或者甚至VCR，那么你们就知道消费者用的电气设备并非以易用而闻名。那么我们的第二项突破就是我们把苹果公司传奇式的易用性应用到了iPod身上，其结果是令人吃惊的。

如果你打算把你所有收藏的音乐放到iPod里，你必须能够通过播放列表、艺术家、专辑以及歌名快速找到你要听的歌曲，是不是？iPod就让你做到这一点。它上面有一个漂亮的液晶显示器。你可根据光线条件进行反向调节。在它中间有一个真酷的东西。那是什么呢？哦，那个东西被称作转盘。它在界面设计方面连同我们的软件可以说是一项真正的突破。它让你进行快速地导航，让你快速地滚动一大串歌单。我们内置了加速器，所以你可以很快地翻阅一长串歌曲。它允许你单手操作。你可以拿着iPod，用一只手选择你的乐曲。我们还内置了压电式点击器，你实际上可以到任何地方去。事实证明它也是非常有用。

这就是我们的转盘。让我为你们展示一下iPod是如何工作的吧。没有什么比演示更加直观的了。

这就是iPod。我们认为我们在用户界面方面已经取得了突破性进展，可以让每个人都接触得到，即使你有1000首歌，你比在其他只有10或15首歌的简易得多的设备上还要快速地找到歌曲并操纵它们。这是一项重大突破，将苹果公司传奇式的易用性运用到了消费性电子设备上。

第三项突破就是自动同步。所以让我先从把歌曲备份到iTunes

谈起。就像我提到的那样，iTunes 是不折不扣的成功者。我们分发的 iTunes 拷贝数量已经超过了 600 万。我们的用户喜爱它。他们可以在自己的 Mac 机上建立自己的数字音乐库。他们可以烧制 CD。他们可以收听网络电台。他们可以制作出非常夸张的视觉效果。iTunes 真的很奇妙。

今天，我们很高兴地宣布推出 iTunes 2。iTunes 2 具备我们用户最期待的 3 个特色。它们是可以直接从 iTunes 里烧制 MP3 CD、衰减功能以及均衡器。那么，请让我快速地给你们演示一下这 3 个特色。

总之，烧制 MP3 CD、衰减功能以及均衡器是 iTunes 2 新增加的热门特点。iTunes 2 在 MAC OS 9 以及 MAC OS X 下运行。它的免费下载版本将于 11 月初在苹果公司官网 www.apple.com 上发布。这就是 iTunes 2。

不过 iTunes 2 的最酷特色不是上述的这些特色。iTunes 2 的最酷特色是我们将其设计成与 iPod 协同工作的软件。二者密切协作。所以 iTunes 2 的最酷特色是自动同步功能。

还记得我刚才说过数码设备不了解 iApps 吧？我们正在改变这种情况，因为不仅仅 iTunes 了解 iPod，而且 iPod 完全了解 iTunes。因此当你把你的 iPod 火线插上你的 Mac 机时，iTunes 就自动运行起来，iTunes 里的所有歌曲和播放清单都自动地被下载到 iPod 里。你不必坐在那里把东西拽来拽去，你整个音乐库里的东西都以我们刚才看到的每首歌半秒钟的速度自动地下载到了你的 iPod 里。对不对？

因此第三项突破就是自动同步。

三项重大突破：超级便携性、苹果公司将其传奇性的易用性用到了消费性设备上以及自动同步性。此前从来没有这些东西，我也不认为有另外一家公司能够做到把硬件设计、工业设计、程序软件设计、火线技术等等完美地放到一起从而能够制造出像这样一款产品出来。真是不可思议。

这就是 iPod。我们打算卖多少钱呢？它有 5GB 硬盘，支持火线技术，它的电池寿命长达 10 个小时，你用它把 1000 首歌放进你口袋里，它的售价是 399 美元，11 月 10 日商店有售。它的运行环境是 Mac OS 9 以及 MAC OS X。我想我可以有把握地说 iPod 将会成为这个假日季节里送给每一位 Mac 用户的最热门的礼物。

# 18 再见了，我们的老朋友

## ——2002年5月6日乔布斯在苹果公司全球开发者大会（WWDC）上为Mac OS 9致悼词[①]

Mac OS 9 是我们大家的朋友，“他”代表我们不知疲倦地工作，总是托管我们的应用程序，从来没有拒绝执行命令，对我们总是言听计从，除了偶尔有时候忘了自己是谁，需要重新启动。Mac OS 9 是在 1998 年 10 月来到这个世界上的，建议零售价为 99 美元，或许是“他”那一代最好的网络操作系统。数以百计的零售商在半夜里聚会疯狂地庆祝“他”的诞生。“他”是许多新生代技术的导师，这些技术包括“夏洛克”、“钥匙扣”以及“自动更新”。在“他”的帮助下“他们”才有今天。“他”还是个谦谦君子。虽然“他”被充分优化以便利用 G4 那令人难以置信的性能优势，但“他”从来没有炫耀他拥有开始菜单的权力。

今天我们在这里悼念 Mac OS 9 的离去。他现在已经归天。毫无疑问“他”在天堂俯首看着我们，脸上浮现出来的笑容与“他”每次启动显示出来的笑容一模一样。 Mac OS 9 留下了“他”的下一代即 Mac OS X 以及数以千计的应用程序，其中大多数都是合法

---

① 2002年5月6日，为期5天的苹果公司全球开发者大会（WorldWide Developers Conference，简称WWDC）在加州召开，一场幽默风趣别开生面的开幕式以唯美的形式呈现在世人面前。序幕拉开，在烟雾缭绕的舞台上一个做工精致的棺椁从舞台下面徐徐升起来， 下身穿牛仔裤，上身穿黑色套头衫的乔布斯快步走上舞台，打开棺椁，将一套装有Mac OS 9的包装盒从棺椁里拿出来立在棺盖上，然后掏出稿子郑重其事地致悼词，完毕后将包装盒放回棺椁内，盖上棺盖，在棺盖上放一朵鲜花，然后默哀，真的就像送别一位老朋友一样。看到这一幕不由得使人想起《红楼梦》里黛玉葬花的情景，难道乔布斯是以这样的方式预演自己和世界告别时的情形？其实对于死亡，乔布斯毫不畏惧，他有着独特的理解，他曾在多个场合说道：“死亡是生命之中最伟大的发明”，本演讲算是对他这句话的一个精彩注解吧。

的。请和我一起默哀，共同怀念我们的老朋友 Mac OS 9。

Mac OS 9 不是因为我们的客户而死，而是因为你们而死。今天我们告别 OS 9 是为了未来的发展，而我们集中精力开发 Mac OS X。时机恰到好处。我们进入 2002 年的时候，我们拥有 Mac OS 9 的活跃用户数量超过了 100 万。我认为我们告别 2002 年的时候将会拥有 500 万左右的 Mac OS X 的活跃用户。

今天为 Mac OS X 而设计的应用程序已经超过了 3000 个。一年前这个数量还只有 500，而今天已经超过了 3000，增长多么神速啊！500% 的增长速度啊，看看它的增长曲线吧，值得庆贺。

因此，我想说的第一句话就是"谢谢你们"。真的，你们中的很多人为了更新 Mac OS X 而辛苦工作，为此我们真的十分欣赏。谢谢你们。

那么下一步是什么呢？下一步只做 Mac OS X。你们的很多应用程序既可在 Mac OS 9 下运行又可在 Mac OS X 运行，所以对这种转变是理解的。现在是丢掉 Mac OS 9 的时候了。我们在苹果公司所做的一切事情都是围绕着 Mac OS X。一切事情。我们最新版本的 iMap 和 iPhoto 都只在 Mac OS X 下运行。我们只开发 Mac OS X 版本的应用程序，不再开发在 Mac OS 9 下运行的应用程序。我们告别了 Mac OS 9。我们所做的一切都只针对 Mac OS X。

# 19 乔布斯谈平板电脑

## ——2003年5月28日乔布斯在第一届数字大会上接受《华尔街日报》记者采访①

**莫斯伯格：**女士们先生们，有请史蒂夫乔布斯。

考虑到你生产了一系列的伟大产品，考虑到iPod也是一款移动设备，很多人认为你应该制造掌上电脑（PDA）②。人们一直谣传“他要制造PDA了，他要制造平板电脑了，他要制造手机了。”所以让我们从平板电脑开始说起吧。你打算生产平板电脑吗？你对平板电脑怎么看？

**乔布斯：**眼下还没有制造平板电脑的计划，没有。

**莫斯伯格：**你看到了，你的老朋友比尔·盖茨昨晚在这里热情洋溢地谈论着平板电脑，对此你有什么想法？

**乔布斯：**哦，我是说，我认为他们的尝试是一件好事，但是事实证明我对它的特点的描述和比尔的有所不同。比尔将其描述成一个你可以带到会议上做记录的设备。哦，我在每次参加会议的时候都看到人们用笔记本电脑做笔记。因此我并不认为平板电脑是用来干这个的。我认为它主要是用手写来代替键盘。手写识

---

① 由《华尔街日报》举办的第一届数字大会（1st Annual All Things Digital conference，简称D1）于美国东部时间2003年5月28日晚上在加利福尼亚拉开帷幕，乔布斯出席大会并接受《华尔街日报》记者沃尔特·莫斯伯格（Walt Mossberg）的采访。采访时长45分钟，不过由于篇幅限制我们只选取了部分精彩内容。在我们选取的这部分访谈中，乔布斯集中叹了他对刚刚兴起的平板电脑谈了自己的看法，他认为平板电脑的春天尚未到来，他给出了自己的理由并否认苹果公司将生产平板电脑，但他对手机上的小键盘提出了批评，这也预示着乔布斯开始酝酿重新发明手机了。

② PDA：PDA是Personal Digital Assistant的缩写，字面意思是“个人数字助理”，也被译为“掌上电脑”。 这种手持设备集中了计算，电话，传真，和网络等多种功能。它不仅可用来管理个人信息（如通讯录，计划等），更重要的是可以上网浏览，收发Email，可以发传真，甚至还可以当作手机来用。

别已经人们无数次地试用，当这种技术真正成熟的时候——不管你信不信，苹果公司在 Newton 身上经历了痛苦的尝试之后现在拥有了世界上最先进的手写技术。它比任何别的东西都好很多。

**莫斯伯格**：真的吗？

**乔布斯**：真的。你知道是什么问题吗？这不重要。它写起来慢得要命！你知道吗？如果你要手写一封电子邮件的话，你的手写速度永远不能跟得上。所以，事实证明人们想要一个键盘。我是说，当初我开始进入这一行业时，我们面临的一大挑战就是人们不能打字，有一天我们意识到了死亡会最终把这个问题带走。

**莫斯伯格**：（大笑）

**乔布斯**：因此，人们现在知道如何打字了！他们想要——。假如你想写一封不论多少字的电子邮件，你必须有键盘才行。因此，假如你有这样一个设备——

**莫斯伯格**：我不知道，昨天晚上比尔说手写电子邮件很容易。

**乔布斯**：我，你知道吗？那么我们看看平板电脑——

**沃尔特/观众**：（大笑）

**乔布斯**：我们认为它会失败。

**莫斯伯格**：你认为平板电脑会失败？

**乔布斯**：是的，我们就是这么认为的。

**莫斯伯格**：平板电脑作为一个阅读设备怎么样？因为以我自己的感觉——我一直在试用，我甚至给了它一个好评，但是我说的是，我相信它——有意思的是，它实际的长处在于它让你以一种更加自然的方式去阅读——

**乔布斯**：那当然了。

**莫斯伯格**：——像读一篇长长的网络文章或者一篇长长的

Word 文档或 PDF 文件或别的什么东西而没有“蛤壳”的阻挡。

**乔布斯：**真是这样，如果你身边有一大批有钱人能够买他们的第三台电脑的话——你知道吗？他们有台式电脑，他们有便携式电脑，现在他们打算拥有一台这样的平板电脑去阅读——那是你的市场吗？

**莫斯伯格：**好的。

**乔布斯：**人们指责我们的市场定位！（大笑）

**莫斯伯格：**（笑）掌上电脑怎么样？我是说——我愿意向那些还没有 iPod 的人说明一下，实际上他们已经增加了——尽管它在设计方面无论是在硬件上还是在软件上都是一款音乐播放器，但是你可以把日历放在里面，你现在可以把通讯录放在里面，新一代的 iPod 在功能方面有所提高。掌上电脑怎么样？

**乔布斯：**哦，你知道吗？我的电子邮箱地址就挂在外面，所以每当爱荷华州的某个人走进洗手间的时候，我就会收到一封电子邮件。在过去几年里我收到很多关于这个话题的电子邮件，我们面临巨大的压力去做掌上电脑。我们考虑了很久。我们的决定就是——我们相信对于每个使用 PDA 的人们来说，他们中的 90% 只是想把信息发出去。只有 10% 的人在这个机器上想输入重要的东西。因此假如他们真正想要的是一个他们能够拿出数据的数据库，偶尔把电话号码放进去，纠正通讯地址，那么我们相信手机就具备这些功能。我们几年前就看清了这一点。我们看到手机的曲线走势是这个样子（用手比划一个角度为 35 度向右上方延伸的线），你打算必须在口袋里放一部手机，因此携带这种信息的一定是这样一台设备。我们开始了这方面的工作，不过还没有动手做——由于运营商的原因我们并不认为我们在手机市场上会获得成功。我们不是最厉害的企业，可以把产品卖给那些进入“财富500强”排行榜的企业，有500家这样的企业，有500名首席信息官[①]，要接近“财富500强”企业你就必须过他们这一关。

在手机行业，全国有5家企业进入了“财富500强”。所以我们不喜欢“财富500强”企业，我们宁愿做一个广告让数百万人自己拿主意——你可以想象得到我们是如何看待那5家企业的。所以我们决定，我们也许在手机行业里不会取得成功，我们所做的就是编写一些世界上最好的软件让你电脑里的数据和手机里的数据保持同步。任何用过Palm的人都知道在它身上发生过2次革命性的大变化。第一次集中在功能和形状系数上，但第二次是“摇篮停靠站”，它让你的Palm和你的电脑保持同步，因此假如你丢掉了Palm你也不会感到失魂落魄。你可以再买一台，连上“摇篮停靠站”，刷新新机子里的数据，你又可以轻松出发了。因此，我们相信这种模式是手机需要达到的境界。作为一个例子，我们把这种模式复制到了iPod上面。只要你的个人电脑是你的交换中心，你的所有数据就是安全的，你可以用一个真实的键盘连上大屏幕进入数据中心等等等等，将数据同步到你的手机里，你还可以在手机上，用手机上的小键盘干这件事稍微会感到痛苦，但你可以偶尔为之，不过对于90%以上的人们来说，他们将能够从手机以外的地方得到所有想要的信息。这就是我们看到的手机的发展方向。

① CIO：abbr. 首席信息官（Chief Information Officer）。在企业购买软件时，首席信息官(CIO)是最重要的决策者。

# 20 乔布斯谈人性弱点

## ——2003年12月25日乔布斯接受哥伦比亚广播公司《60分钟》节目采访[1]

**乔布斯：**我的商业模式是甲壳虫乐队（Beatles）。你知道吗？他们是4个才华横溢的人，他们抑制了彼此的弱点。他们取长补短取得彼此平衡。他们的歌更加伟大——整体大于部分之和。这就是我的生意经。你知道吗？在商业中伟大的事情从来就不是由一个人完成的。它们是由一个团队完成的。我们在皮克斯做到了这一点；我们在苹果公司也做到了这一点。所以那就是让我这么做的原因。

你知道吗？对于甲壳虫乐队，当他们在一起的时候，他们做的工作真的聪明绝顶又充满创造力。当他们分开后，他们做的工作也不错，但永远不再一样。我就是那么看待生意的。做生意真的一直就是团队的事。

**主持人：**作为一个人，你最大的长处是什么？

**乔布斯：**我一直很幸运遇到了一群非常有才华的人并和他们结伴而行，这是我最大的长处。

**主持人：**那么你最大的短处呢？

**乔布斯：**你知道吗？我认为我们所有人都需要对傲慢自大提高警惕，它在你取得成功之时就悄然而至。

**主持人：**你经历过那个阶段吗？

---

① 这是一次罕见的采访，是美国哥伦比亚广播公司（CBS）在2003年12月25日制作的，但是根据协议该采访直到乔布斯逝世后才公之于众。乔布斯在本次访谈中谈到了他的商业模式、谈到了他的最大优点和最大弱点、谈到了他被自己公司炒鱿鱼的感受、谈到了自己前进的动力，总之本次访谈是了解乔布斯内心世界和人生哲学的绝佳资料。

**乔布斯：**噢，当然，当然。

你也许知道我基本上是在30岁的时候被炒鱿鱼离开了苹果公司，12年后又被邀请回到了公司。因此当这件事情发生的时候，我感到很难过，但是那也许是发生在我身上的最好的一件事情。如果没发生那件事就不会有皮克斯。所以你继续前行，生活要继续，而你从中学到东西。

**主持人：**你在30岁的时候被炒鱿鱼离开了苹果公司。当你回来的时候你42岁了。你在那一刻有没有想过这是多美妙的一刻啊？

**乔布斯：**没有。我当时想，生命真是一个轮回啊。生命总是神秘莫测的，总是充满惊喜的，你永远不知道接下来将会发生什么。

**主持人：**让我们谈谈史蒂夫·乔布斯这个人。是什么驱使你前进，史蒂夫·乔布斯？

**乔布斯：**我喜欢和那些制造出让很多人使用或者体验的产品的人在一起工作，你有机会以一种细微的方式去影响事物的发展方向，影响人们看待产品的方式或者甚至以一种细微的方式去影响世界。我很幸运我在苹果公司做到了这一点。你知道吗？我依然相信电脑行业还处在婴儿期。这个行业里将会出现重大的革新，我对电脑行业的前景是乐观的。

# 21 乔布斯谈转变

## ——2005年6月6日乔布斯接受美国广播公司财经频道记者采访[1]

**女主持：**1985 年史蒂夫·乔布斯离开了苹果电脑公司，此后他帮助开办了哪两家科技公司呢？1985 年的 NeXT 电脑公司以及一年后的与他人合办的皮克斯动画工作室（Pixar Animation Studio）。乔布斯于 1997 年回到了苹果公司。

**主持：**苹果电脑公司是一家行事相当独特相当富有戏剧性的公司，它打算在技术行业采取一个极富戏剧性的举措。它试图中断与 IBM 的关系转而从现在开始使用英特尔（Intel）制造的芯片。苹果公司 CEO 史蒂夫·乔布斯是今天在洛杉矶召开的公司软件开发者大会上宣布这一消息的。现在他就在我们的节目之中更加详细地谈谈这件事。

乔布斯先生，很高兴见到你，谢谢你今天参与我们的节目。

**乔布斯：**哦，很高兴来到这里。

**主持：**你为什么采取这一举措？

**乔布斯：**噢，你知道吗？它不像你描述得那么具有戏剧性。你知道吗？我们今天有了一些功能强大的个人电脑产品，我们甚至还有一些功能强大的个人电脑产品尚处于生产阶段，尚未对外宣布。这将是一次更加渐次性的过渡。我想一年后的今天我们在和我们的开发者见面时有望看到市场上出现基于英特尔芯片的

① 2005年6月6日，苹果公司首席执行官史蒂夫·乔布斯在旧金山召开的软件开发商大会上宣布了一条令人震惊的消息，即苹果公司从此以后不再使用IBM的芯片转而使用英特尔制造的芯片。当天史蒂夫·乔布斯接受了美国广播公司财经频道记者的简短采访，首先他解释了为什么那么做的原因，随后谈到了iPod的骄人业绩，最后谈到了雅虎等公司在音乐领域对苹果公司发起的挑战。

MAC 电脑。但这很可能需要 2 年的过渡期。

**主持**：了解内情的人暗示你对 IBM 在你产品开发周期的这一时点上未能如期交货的批评显得有点苛刻。IBM 在哪方面未能跟上你的预期？

**乔布斯**：我们和 IBM 的关系是良好的。他们有自己的产品路线图，而且他们的产品真的很好。但是当我们展望未来的时候，我们想走的方向和 IBM 的方向有点不同，我们能够预见到我们在未来几年里我们想为顾客制造出一些真正了不起的产品。当我们展望未来的 1 到 2 年时，英特尔的处理器路线图和我们的发展方向吻合得很好，超过了其他任何一家公司。因此我们现在就开始了这一转变过程。这将需要 2 年时间，不过我认为这将会让我们实现制造出我们想制造的未来产品的愿望。

我们今天的产品是好的，但你知道吗？未来 1 年或 2 年后我们就会看到它们有一些问题。

**主持**：我知道你不打算在这里透露任何的交易秘密，但能否尽可能地说说你想让英特尔走到哪里而英特尔又愿意和你一起走到哪里呢？

**乔布斯**：是的，我们从来不谈论未经公布的产品，因此我不能说。过去在苹果公司有个说法：从船的上面漏水是不是很有意思？我不想那么做。

**主持**：方向如何？我是说，就公司的战略方向而言，当你看到你想要前进的方向时你有什么想法？

**乔布斯**：哦，我猜想我们只能拭目以待了。

**主持**：好吧，既然我们都在这里，就让我多给你一些别的话题吧。关于皮克斯，有报道说现在管理迪士尼是罗伯特·艾格（Robert

Lger），但实际上你管理的别的公司和华特·迪士尼公司的工作室之间的关系可能更加密切。有没有重启任何新一轮讨论以便你可以重新签订和迪士尼的分销协议还是说此时这种讨论还为时尚早？

**乔布斯：**你知道吗？我和鲍勃·艾格曾有过一些很好的讨论。我确实喜欢他。我们已经看到了事情的进展情况。我想我们有望在未来一两个月里坐下来进行一些认真地讨论。

**主持：**这么说分销协议还和6个月前的一样执行一段时间了？

**乔布斯：**再次重申，鲍勃·艾格看起来是个很不错的人，我相信我们会在未来1到2个月里坐下来进行一些讨论。

**主持：**苹果公司目前的生意如何？我们看到经济和人们都在经历一个非常困难的时期，想弄清楚到底是怎么一回事。不过至少你知道你所在的行业里的情况，因为你身处一个相对集中于一个单一领域的行业，你可以接触其中发生的事情。现在情况如何？

**乔布斯：**哦，你知道吗？我们补谈论季报之间的任何细节。不过上个季度我们做得不错。我们将会看看本季度做得如何，我们将在7月份提交季度报告。

**主持：**分析师对于iPod的销售步伐给出了谨慎的评论，尽管事实是它在最近几个季度的销售情况一直超出所有人的预期。现在iPod的市场表现如何？

**乔布斯：**还是老生常谈，对于季度报告之间的事情我们真不能说太多，但你知道吗？我们大部分地方都有现货，对此我们很兴奋。去年大部分时候情况不是这样。因此我认为这是件好事。

**主持：**到目前为止你们已经卖出了多少首歌曲？

**乔布斯：**噢，超过了4.3亿首。

**主持：**每首 99 美分？

**乔布斯：**每首 99 美分。这个价格很多人认为是不可以接受的。我们现在卖歌的速度是每年超过 5 亿首。

因此我们感到很高兴。我认为 iTune 的市场份额超过了 80%。在过去 6 个月里它持续上升，尽管我们面临很多新的竞争。

**主持：**关于这一点我想问问你。你对雅虎以及其他厂商努力加入进来并侵占你的销售空间有何想法？

**乔布斯：**噢，你知道吗？最终结果说了算，所以我在等待雅虎来告诉我们他们拥有多少订户。我猜想他们将很快告诉我们。我所能告诉你的就是我们的市场份额，因为它是在一周一周的基础上计算出来的，它一直在上升。因此我同样迫不及待地等待他们的结果。

**主持：**噢，乔布斯先生，我很高兴你今天参与我们的节目，谢谢你。

**乔布斯：**谢谢你邀请我们。

**主持：**史蒂夫·乔布斯，苹果电脑公司的 CEO，当然也是皮克斯公司的 CEO。

# 22 生命、爱情和死亡

## ——2005年6月12日乔布斯在斯坦福大学毕业典礼上的演讲①

我今天很荣幸能和你们一起参加世界上最好的大学之一——斯坦福大学的毕业典礼。我从来没有大学毕业。事实是，这次是我有生以来离大学毕业最近的一次。今天我想向你们讲述我生命中的三个故事。如此而已。都不是什么大不了的事情，只是三个故事而已。

第一个故事讲的是如何把生命中的点点滴滴连结起来。

我在里德学院②读了 6 个月之后就退学了，但之后仍作为旁听生混了 18 个月后才最终离开。我为什么要退学呢？

故事从我出生前讲起。我的生母是一名年轻的未婚大学研究生，因此她决定把我放进收养名单里。她倔强地觉得收养我的夫妇都应该具备大学学历，因此我一出生即被一位律师和其妻子所收养的一切手续都已完备。但是出乎意料的是，我出生之后律师夫妇突然决定他们想要领养的其实是一个女孩。所以我养父母③（当时他们的名字还在申请领养名单上）半夜里接到了一个电话："我们这里有一个意外出生的男婴，你们想要他吗？"他们回答道："当然。"但是我生母后来发现，我的养母根本没有上过大学，而我的

---

① 2005年6月12日，乔布斯受邀在斯坦福大学的体育馆向即将毕业的大学生发表演讲，这一次他依然穿着黑色长袍和牛仔裤，不过脚上穿的不是运动鞋而是一双凉鞋。擅长在演讲中穿插故事的乔布斯的这次演讲受到了广泛好评，被认为是毕业演讲里的精品。他讲述了自身经历的三个故事，并借此向毕业生传达了他对人生、对事业、对感情、对挫折，甚至对死亡的深刻认识。

② 里德学院是美国一所私立高校，位于俄勒冈州的波特兰，有本科生1300多人。2005年《普林斯顿评论》将该校列为"本科生整体学术经历最佳学校"中的首位，由此可见其学校的教学质量和人文管理水平。

③ 即乔布斯的养父母Paul Jobs和Clara Jobs。

养父甚至从没有读过高中。生母拒绝在最终领养书上签字。几个月以后，我养父母答应她一定要让我上大学，那个时候她态度才缓和了下来。

17岁年后，我真地上了大学。但是我很天真地选择了一个学费几乎和你们斯坦福大学一样昂贵的大学，因此我那属于蓝领阶层的养父母几乎把所有积蓄都花在了我的学费上面。上大学6个月后，我已经看不到上大学的价值所在。我不知道我想要在有生之年干什么，我也不知道大学能否有助于我找到答案。但是在这里，我几乎花光了养父母毕生的积蓄。所以我决定退学，我相信这是个正确的决定。我当时作出这个决定时确实非常害怕，但是现在回头看，那的确是我一生中最明智的决定之一。从我退学的那一刻起，我终于可以不用去上那些丝毫提不起我兴趣的必修课了，然后我就可以开始去选那些看起来有点意思的课程了。

但过程并不总是那么浪漫。没有了宿舍，我只能睡在朋友房间的地板上，我去退可乐瓶子只为了要回5美分的押金以购买食品，而每到星期天的晚上，我就需要穿过小镇步行7英里到本地印度教的海尔讫里什那寺庙，目的是为了能吃上一顿每周一次的美餐。我喜欢这样做。在好奇心和直觉的驱使下，我偶遇到的很多事情后来都成了我的无价之宝。让我给你们举一个例子吧。

那时里德学院的美术字课程也许是全美最好的。学校里的每张海报、每个抽屉上的标签全都是用漂亮的美术字手写的。因为我退学了，不用正常上课，于是我决定去上美术字课，去学学怎样写出漂亮的美术字。我学到了衬线字体和无衬线字体，我学会了怎样在不同的字母组合之中改变空格的长度，还有怎样才能让印刷式样好上加好。它的赏心悦目、实实在在而又艺术般的精妙是科学永远无法捕捉得到的，我发现它实在是太迷人了。

当时看起来，这些东西在我的生命中好像都没有什么实际应用的可能。但是 10 年之后，当我们在设计第一台麦金塔电脑时，这些艺术字一股脑地涌现在了我的脑海里。它是第一台拥有美丽印刷字体的电脑。如果我当时没有在学院偶尔上美术字课程，麦金塔就不会有这么多丰富的字体，也不会有等比例的字体间距。而因为 Windows 只是模仿了麦金塔，所以如果麦金塔没有那么丰富的字体，那么很可能个人电脑也就不会有这些字体了。如果我没有退学，如果我没有偶然上了美术字课，那么个人电脑就不会有现在这么美妙的印刷式样了。当然我在大学的时候，还不可能把这些和未来的点点滴滴联系起来。但是当我 10 年后往回看的时候，这一切都豁然开朗了。

再次说明的是，你在向前展望的时候不可能将这些片断串连起来；你只能在回顾的时候将点点滴滴串连起来。所以你必须相信这些片断总会在未来串连起来。你必须要相信某些东西——你的勇气、命运、生命、因缘等等。因为相信那些点点滴滴将会连接你的未来之路将会给你听从内心召唤的信心，即使在它引导你离开那人们长久以来走得烂熟的路径的时候。这个方法从来没有令我失望过，相反它让我的生命更加地与众不同。

我的第二个故事是关于爱和损失的。

我很幸运——我在生命之初期即找到了我热爱的职业。我 20 岁那年，沃兹和我就在我养父母的车库里面开创了苹果公司。我们努力工作，10 年之后，公司规模从最初两个栖身车库的穷光蛋发展到了市值达 20 亿雇员超过 4000 名的大公司。此前的一年，我们刚刚发布了最好的产品，那就是麦金塔，而我那时马上就要 30 岁。

可是随后我被炒了鱿鱼。你怎么可能被自己创立的公司炒了鱿鱼呢？是这么回事，随着苹果公司的成长，我们雇用了一个我认为很有天分的家伙和我一起管理这个公司，在最初的一年多，公司运转良好。但是后来我们对未来的看法发生了分歧,并最终吵了起来。当争吵不可开交的时候，董事会站在了他的那一边。所以在30岁的时候，我被炒了，而且是在众目睽睽之下被炒的。在而立之年，我的生活重心顷刻倒塌，这对我而言无疑是毁灭性的打击。

在最初的几个月里，我真是不知道该干些什么。我感到自己让前辈企业家们失望，我觉得从前辈手里传承下来的指挥棒在我的手里丢掉了。我会见了戴维·帕卡德和鲍勃·诺伊斯，并试图向他们道歉，因为我把事情弄得一团糟。我是一个公认的失败者，我甚至想逃离硅谷。但是我渐渐明白了一件事——那就是我仍然喜爱我过去所做的一切。苹果公司发生的这些风波丝毫没有改变这一点。我虽然被拒之门外，但是我仍然热爱我的事业。所以我决定从头再来。

我当时没有看明白，但是事后证明，从苹果公司被炒是我这辈子遇到过的最棒的事情。创业的轻松取代了成功守业的沉重，对任何事情都不那么武断。这让我如释负重，于是我进入了生命中最有创造力的一个阶段。

在接下来的5年时间里，我创立了一家名叫NeXT[①]的公司，

① 乔布斯1985年离开了苹果公司，同年即创办了NeXT，他的目的很明确，就是要用自己新创立的NeXT彻底打败背叛了自己的苹果公司，这和2010年黄光裕和陈晓之争颇为相似，黄光裕扬言一旦失去国美控制权就将自己的国美门店从上市公司中剥离出去从而和自己一手创立的国美进行竞争。1997年，苹果收购NeXT，乔布斯回到苹果接任首席执行官。

还有一家叫作皮克斯[1]的公司，然后和一个后来成为我妻子的美丽女人坠入爱河。皮克斯公司制作了世界上第一部电脑动画电影——《玩具总动员》，皮克斯现在成为了世界上最成功的动画制作工作室。风水轮流转，后来苹果公司收购了 NeXT，而我又回到了苹果公司，我们在 NeXT 发展的技术成了当前苹果公司重新崛起的关键。而劳伦娜和我一起组建了一个幸福美满的家庭。

我可以非常肯定地说，如果我不被开除出苹果公司的话，上面讲的任何一件事都不会发生。这是一剂苦药，但是我想“良药苦口利于病”。有些时候，生活会当头给你一闷棍，但你不要失去信心。我很清楚唯一支撑我一直走下去的就是我热爱的事业。你必须找到你所热爱的东西。对于你的工作是如此，对于你的爱人也是如此。你的工作将会占据你生命中的很大一部分，而唯一让你感到心满意足的是你相信自己所做的是伟大的工作。做伟大的工作的唯一途径就是热爱你的工作。如果你现在还没有找到你的所爱，那么请继续找下去，不要停下来。只要你全心全意地去找，当你找到的时候你自然就会知道。就像任何良好的关系一样，随着岁月的流逝它会变得越来越好。所以继续寻找，直到你找到它为止。不要停下来！

我的第三个故事是关于死亡的。

在我 17 岁那年，我读到了一句话，大意是：“如果你把每一天都当作生命中的最后一天，那么终有一天你会找到最正确的事。”这句话给我留下了深刻的印象，自打那时起，在随后的 33 年里，

① 1986年乔布斯花1000万美元从著名导演乔治·卢卡斯手中收购了电脑动画效果工作室，并成立独立公司皮克斯动画工作室（Pixar）。Pixar已在2006年被迪士尼收购，乔布斯成为最大股东。

每天早晨我都看着镜子里的自己扪心自问：“如果今天是我生命中的最后一天，我会不会去做今天将要去做的事情呢？”当一连几天我给出的答案都是“不会”的时候，我就知道自己需要作出某些改变了。

记住“我即将死去”是我一生中遇到的最重要的一句话，它帮我作出生命中重大的选择。因为几乎所有的东西，包括所有外在的期许、所有的骄傲、所有对难堪或失败的恐惧，在死亡面前都会烟消云散，只留下真正重要的东西。记住你即将死去，这是我知道的避免陷入患得患失陷阱的最好办法。你已经赤条条来去无牵挂了，你还有什么理由不去随心而行呢？

大概一年以前，我被诊断出患了癌症。我在早晨7点半作了一个扫描检查，结果清晰地显示在我的胰腺有一个肿瘤。我当时甚至都不知道胰腺是个什么东西。医生告诉我那很可能是一种无法治愈的癌症，我活在这个世界上的时间很可能不超过3到6个月。我的医生建议我回家安排身后事，这是医生向我发出的准备死亡的信号。那就意味着你将要把未来10年里想对孩子说的话在几个月里面说完。那就意味着你要确保每件事情都已搞定，这样你的家人将会尽可能轻松地生活。那就意味着你要和世界说“再见”了。

一整天我都在想着那个诊断结果。到了傍晚时分医生给我作了一个病理检查，医生将一个内窥镜从我的喉咙伸进去，经过胃部进入我的肠子，用一根针扎在胰腺上的肿块上取了几个细胞。我当时服用了镇定剂，但是我在现场的妻子后来告诉我说，当医生用显微镜观察这些细胞的时候他们开始尖叫了起来，因为病检结果表明我得的竟然是一种非常罕见的、可以通过手术治愈的胰腺癌症。医生们给我作了手术，现在我恢复了健康。

这是我和死亡最亲密的一次接触，我也希望这也是以后几十年里和死亡最亲密的一次接触。以前死亡于我而言只是一个有用但纯粹抽象的概念，现在我死里逃生，因此我更有信心地对你们说以下这些话：

没有人愿意死。即使那些想上天堂的人们也不愿意为此而死。但是死亡是我们所有人共同的归宿。从来没有人能够摆脱死亡。它就应该存在，因为死亡很可能就是生命给予我们的最好发明。死亡是生命中变革的原动力。它将推陈出新。你们现在还年轻，但是从现在开始用不了多长时间你们将会逐渐变老然后退出历史舞台。尽管时光飞逝如电让人遗憾，但是事实就是这样。

你们的时间是有限的，所以不要浪费时间重复别人的生活方式。不要被教条束缚——那意味着你正在忍受其他人思考的结果。不要被其他人喧嚣的观点淹没你内心的声音。最重要的是，你要有勇气去遵从心灵和直觉的指示。心灵和直觉在某种程度上已经知道你想要成为什么人。除此之外，所有其他的事情都是次要的。

当我年轻的时候，有一本叫作《全球概览》的奇妙杂志，它是我们那一代人要读的红宝书。它是由一个叫斯图尔特·布兰德[1]的人在离此地不远的门罗公园出版的，此人用诗一般的风格赋予这本杂志以活力。那是20世纪60年代后期，个人电脑以及桌面出版系统尚未面世，所以这本杂志全部是用打字机、剪刀以及宝丽来相机制作出来的。它有点像平装本的谷歌，但谷歌35年之后才出现：它是理想主义的，其中充满了简洁的工具以及伟大的想法。

斯图尔特和他的团队出版了几期的《全球概览》，然后它走完了自己的旅程，他们出版了最后一期。那是在70年代中期，那时

① 斯图尔特·布兰德（1938-），美国作家。

我和你们一样年轻。在最后一期的封底上是一张照片，照片里是一条晨光中的乡村公路，是那种有冒险精神的人才可以等在那里搭便车的乡间小路。照片下方有这样一句话："大成若虚，大智若愚。"这是他们停刊的告别语。大成若虚，大智若愚。我总是希望自己能够做到这一点。现在，在你们即将毕业开始新的征程的时候，我也希望你们能够做到这一点。

大成若虚，大智若愚。

非常感谢你们。

# 23 三幕剧和还有一件事

## ——2005年10月12日乔布斯在加州大剧院的主题演讲①

哇！大家上午好。今天上午我们有一些精彩的东西要向你们展示。就像每一出伟大的经典故事剧一样，我将本次展示分为三幕（众笑）。你们说我们应该从何处说起？

第一幕：iMac

iMac是一台了不起的电脑。我们大概在一年前推出了第三代iMac。今天我很高兴向大家报告，我们在第一年就卖出了300多万台，对此我们深感振奋。iMac是一台奇妙的电脑。我认为它让台式机的体系结构达到了极致，因为当你有了这个庞大的平板显示器之后，还有比显示器后面更好的地方来放置电脑吗？我们将光驱、硬盘以及电源连同整个电脑集成在一个漂亮的压缩包里，然后将其放在一个既漂亮又典雅的支架上来回转动。

就在一年前我们推出第三代iMac的第二天，我们就开始了下一代产品的研发工作。今天我们就向各位介绍一款延续了我们台式机极致体系结构风格的全新iMac。我们会让好电脑好上加好。

这款全新的iMac有三大新特点。

---

① 《乔布斯的魔力演讲》一书的作者卡迈恩·加洛认为，乔布斯深知数字3的重要性，因此他在演讲中始终贯彻“事不过三”的原则，这成了乔布斯演讲的最大特色之一，也是乔布斯演讲吸引人的原因之一。据说Facebook老板扎克伯格在自己的演讲中就借鉴了乔布斯演讲“3”原则。2005年10月12日乔布斯在加州大剧院（California Theater）的主题演讲是演讲“3”原则的生动体现，首先乔布斯开门见山地说“每一出伟大的经典故事剧都有三幕”，他也把自己的产品演示会分成三幕。其次，他在介绍每一幕的主打产品时，基本上只讲产品的3大特色（最多4大特色）。最后，如果“3”不够了怎么办？乔布斯的经典方法就是“One More Thing”。限于篇幅，我们精选了本次演讲的主体部分而忽略了一些技术性细节，目的是和读者朋友共同体会乔布斯的演讲技巧和研究魔力。

第一，它更薄了。如你们所见，尽管我们增加了它的功能，但是我们能够使其变得更薄。我们能够做到这一点，我们重新对它进行构造从而使其边边角角变得更薄。事实上，它是如此之薄，以至于现在 20 英寸的电脑比原先 17 英寸的电脑还薄。当你们亲自见到它时，你就会感到它漂亮多了也薄多了。所以，薄上加薄是第一个特点。

第二个特点和我们的 iSight 摄像头有关。我们现在有了这台不可思议的摄像头。我们在 iSight 和 iChat AV 的协同工作下就可以举行视频会议了。成千上万的 Mac 用户用这种方法举行视频会议。真是不可思议啊。

那么这和新款的 iMac 有什么关系呢？新款的 iMac 有内置的 iSight 摄像头，摄像头价格为 150 美元。你可以看到它就安置在上端那个地方，而你一旦使用它，它的“使用中灯光”就亮起来，因此你知道它什么时候处于使用状态。真是妙极了。

该摄像头拥有比 iSight 更高的像素质量。它的技术参数非常不错棒，它看上去很棒。因此你开机就可以通过 iChat AV 举行视频会议了。开机就可以举行视频会议，这真是不可思议。

除此之外，你们知道吗？我们甚至可以将摄像头当作一台不动的照相机使用，当你第一次在麦金塔连锁店（Mac’s Body）买一台 Mac 时我们会运行这款小巧的应用程序给你看。你们中的一些人也许有过这样的经历，我希望如此。它引导你设置你的 Mac。我们就想我们将会用它来拍照。我们将会用它来拍照，制作你的系统照片等等。这非常有意思，于是我们就认为人们会很需要这种程序。那就让我们写一个小程序来做这件事吧。于是我们写了一个叫作“照相馆”（PhotoBooth）的小程序，这是我们写过的最有趣的应用程序。

接下来我愿意向大家演示这两样东西。我这里有一台新款的iMac，我将通过 iChannel 呼叫菲尔。我把窗口调大一点。

**史蒂夫：**嘿，菲尔。

**菲尔：**嘿。情况如何？

**史蒂夫：**情况很好。我是在新款 iMac 上呼叫你的。我看上去怎么样？

**菲尔：**噢，你看上去棒极了，我是说你在屏幕里看上去棒极了！

**史蒂夫：**菲尔为我打工。嘿，听着，一旦你召来一些朋友，给我打回来，如何？

**菲尔：**我一会儿就打回去。

**史蒂夫：**谢谢。所以开机就可以进行视频会议，除了你自己的网络连接之外无需在购买别的东西，不需要连接电缆线。真叫绝。菲尔一会儿就回拨过来。我们将进行四方聊天。我开始接受邀请。

嘿，是谁在中间窗口？你好，斯科特。

**斯科特：**我正从杂志的图片上学习一大堆关于老虎的事情呢。

**史蒂夫：**是吗？很好啊。你好，伯特兰。

**伯特兰：**你好。

**史蒂夫：**所以你们看，不用任何附加材料开机就可以进行视频会议，多么不可思议啊。

嘿，谢谢你们，伙计们。

**菲尔：**回见。

好吧，稍后和你们再谈。

**菲尔：**再见。

**史蒂夫：**现在我想为大家展示一下“照相馆”。这只是找乐子的一个绝佳途径。这就是“照相馆”。我将在这里为我拍照。是不是很棒？你们知道吗？我们待在一间黑屋子里的时候就想，要是有个闪光灯多好。我们的确有闪光灯啊。这个屏幕后面的光线很强。它发出的就是白光。所以整个显示器里面就有发出白光的内置闪光灯。效果很好。

让我给你们展示一些真正酷毙了的效果图吧。你按下这个“效果”按钮，我一下子就实时地得到了这些真正酷毙了的效果图。我这里有“乌贼效果图”。我还可以得到“彩笔效果图”，很酷的一种效果图。我还可以得到“热成像效果图”，只需点这里就行。还有“X 光效果图”。这里还有一种很不错的效果图，我也喜欢这一张。不过接下来的更加精彩。我们决定试试“返老还童效果图”。就是这里的第二排按钮。我打算选取一张“膨胀效果图”。你们知道，牙科医生对“挤压”相当在行，实际上我们这里的“挤压效果图”是相当不错的。如果你想扮演上帝的话，“时光隧道效果图”是个不错的选择。

我想我们在这里会浪费掉大量的生产效率，可是看看这些东西吧，我是说它们相当精彩，你可以把它们用电子邮件发出去或上传至 iPhoto 里，或者对它们随心所欲地进行处理。真的很简单。你可以照一张测量身体高矮肥瘦的照片，你也可以照一张账号照片。真是太棒了。

这就是 iChat AV，用它即可马上召开视频会议，还有 PhotoBooth。有了 iChat AV 和 PhotoBooth，我们的生活平添了很多乐趣，我们会喜欢上视频会议和内置于系统中的 PhotoBooth。因此，iSight 内置于新款的 iMac 中。

这一特色是难于超越的，不是吗？但是我想我们做到了，因为第三个特色是我们近期所完成的最神奇的事情之一。它被称之为“前排”（Front Row）。它是体验你电脑里多媒体文件的新途径。这是什么意思？它的意思是你坐在沙发上就可以用一种不可思议的新方式欣赏音乐、照片以及视频。假如你想坐在沙发上欣赏，那你就需要一个遥控器。因此我们研制了一款遥控器，不过我们研制的是一款具有苹果公司风格的遥控器。

什么是具有苹果公司风格的遥控器呢？就是这样的遥控器。有 6 个按钮。非常薄，非常漂亮。你就像这样将其握在手里。但重要的不是遥控器本身，重要的是它能干什么。现在我愿意向诸位展示一下“前排”的功能。

这就是第一幕。

第二幕：iPod

昨天我们宣布截止 9 月 24 日，也就是在我们的财政季度和财政年度于上个月结束的时候，我们 iPod 的交货数量差不多达到了 3000 万台，差不多 3000 万台啊。我们 iPod 的交货数量占了所有 MP3 播放器交货数量的 75%，75% 的市场份额啊。为了使其保持非常健康的状态，就在 5 周前我们推出了 iPod nano，就在 5 周前。你们知道吗？我们 iPod nano 在 9 月 24 日之前的第一个 17 天里的交货数量就超过了 100 万台，超过 100 万台啊，我们满足不了市场的需求。

人们对 iPod nano 的反应一直很热烈。这是一则来自哥伦比亚广播公司（CBS）的评论：“从工程和设计的角度看，nano 是一个真正的奇迹。”这是来自《今日美国》（USA Today）的评论：“苹果公司已经用 iPod 火了一把，现在它又有了 Nano，一颗新星冉冉升起了。”《纽约时报》（The New York Times）的评论是：“市场上没有哪一款的音乐播放器能够接近于Nano的理念或容量。”我最喜欢的评论之一是来自《华尔街日报》(The Wall Street Journal)的沃尔特·莫斯伯格:“最近几天我一直在测试nano,我被它弄得神魂颠倒。”因此,我们对nano取得的巨大成功感到无比的高兴。

可是白色的iPod怎么样呢?白色的iPod怎么样呢?对我们而言它取得了巨大的成功,因此是时候取代它了。今天在我们进入假日季节①的时候,我们宣布推出一款新的白色iPod,它美妙绝伦。是的,它可以播放视频。它真的非常非常漂亮,非常薄。我想领着你们领略一下它的若干功能。

这就是新款的iPod,它是我们制造出来的最好的音乐播放器。它比之前的iPod薄了30%,内存则增加了50%。它有着如此炫丽的屏幕,这对艺术专辑而言相当有意义,不过价格还和原来的一样,就算把播放视频功能当作一个奖品吧。不可思议吧?

好的,这就是构成第二幕的新款iPod。

第三幕:iTunes

你们知道吗?我们已经在世界各地分发了超过2亿拷贝的iTunes,当然这只是我们知道的拷贝数量。真是了不起啊。iTunes在美国拥有84%的合法下载音乐的市场份额。真是不可思议。我们就在5周前的9月7日推出了iTunes 5,它身上具备一些真正了不起的特色。但是很多变化就在这5周里发生了,是不是?因此就在5周后的今天,我们宣布推出iTunes 6。我们一直在忙活!我们真的一直在忙活!

这就是构成第三幕的iTunes 6。

① holiday season:假日季节,时间是从“黑色星期五”(Black Friday,即感恩节之后的11月份第4个星期五)开始一直持续到元旦(New Year's Day)。

不过呢，我们今天的确还有另外一件事，另外一件大事。

你们知道吗？我们已经谈过你如何能够在商店以外的地方购买音乐视频，如何能够订阅视频播客或者 iTunes 音乐商店里的东西，如何购买皮克斯的短片。那么，今天我们要宣布的另外一件你可以在 iTunes 音乐商店购买的东西就是电视节目。

假如我们打算购买电视节目的话，我们就应该购买最热门的电视节目，对吧？那么电视上第一大热门的节目是什么？《绝望主妇》。第二大热门的电视节目是什么？《迷失》。它们在哪个电视网上播出？它们都在美国广播公司（ABC）播出。谁拥有 ABC？迪士尼公司。而我认识这些人！这些人拥有第一大热门的电视节目，而我有幸和他们一起共事了很长一段时间。他们拥有 ABC 和迪士尼频道。我们达成了一项里程碑式的协议，而今天我们就在这里宣布这一协议。

我们打算在 iTunes 上提供 5 套节目，你可以在网上购买和下载，然后在你的电脑上或者 iPod 上播放。这些节目是《迷失》、《绝望主妇》（它们分别为第一热门和第二热门的电视节目）、一套在 ABC 上新播出的叫作《夜猎者》的节目以及在迪士尼频道两套最受欢迎的节目——即《这是瑞文》以及《扎克与科迪的套房生活》。所有这些节目下载你都可以在 iTunes 上购买。举个例子，你到 iTunes 上选择《迷失》第一季，你可以购买这一季里的任何一集剧情。那么当前播放的剧情怎么办？是的，你可以购买当前的剧情，你可以在它们播出后第二天购买它们。

你现在可以在 iTunes 上购买有意思的内容，那些在黄金时间播出的热门电视节目第二天就可以购买，然后下载到你的电脑里或 iPod 里观看。

现在我们对今天看到的内容进行回顾一下，首先是带有内置的iSight摄像头可用来召开视频会议的新款iMac，有诸如PhotoBooth之类的东西，而Front Row则提供了一个你在房间各处欣赏音乐、照片和视频的途径；其次是全新的iPod，在这款我们迄今制造出来的最棒的音乐播放器也可以播放视频了。事实上，它无所不能；最后是iTunes 6，里面有超过2000的音乐视频，6部获奖的皮克斯电影短片，最让人激动的是，有6或5套的电视节目，包括最热门的前两套节目。真不可思议。

这意味着什么呢？它意味着的一件事就是我们在这个假日季节将会拥有一些真正热门的产品。但我认为今天还有比这个更重要的事情。让我们回到一天前的昨天。昨天，经过若干年的艰苦工作，你们终于可以通过iTunes在线购买音乐而在你的电脑上听音乐并将其放到你的iPod里让你在百忙中收听音乐了。几年的努力工作，一朝把所有的基础设施规整到位，我们已经前进了一大步，因为自今日始，你们可以在线购买视频然后在本地电脑上观看了，你可以将视频放到你的iPod里了。还有音乐视频、电影短片以及热门电视节目。“我感到我们永远离开了堪萨斯”，一夜之间全部变成了现实。真不可思议啊。

因此我想知道的是，苹果公司里的很多人在过去一年到一年半的时间里在这些产品的研发上真的费尽了心机。我们有iPod团队，有Mac团队，有iTunes团队，公司的所有人都在研究这些产品。我想为他们送上热烈的掌声。

# 24 其实不想走

## ——2006年4月18日乔布斯在库比蒂诺市政厅的演讲[①]

**克丽丝·王**（副市长）：现在是口头交流[②]时间。我这里有一张卡片。苹果公司CEO乔布斯先生来到这里和我们分享一些消息，我们感到很荣幸。欢迎乔布斯先生。

**乔布斯**：谢谢你。

**克丽丝·王**：你可以使用任何一个麦克风。

**乔布斯**：噢，我用这个。

**克丽丝·王**：好的。我们特意把议程安排得非常轻松就是为了突出你的演讲。

**乔布斯**：我没有太多要演示的，我来这里主要是想告诉你们一件事并从你们这里得到反馈。

我们就在30年前的4月在我父母的车库里创建了苹果公司——我们公司是在愚人节那天开张的。大约一年后我们把公司搬到了库比蒂诺。因此，我们几乎30年来一直在这里，从那之后我们一直待在这里。

在苹果公司身上发生的事情是我们现在的生意规模几乎是

---

① 随着iPod的大获成功，苹果公司的规模也在急剧扩张，旧的办公园区不敷使用，于是公司决定在库比蒂诺购置50英亩的土地建立第二个苹果园区。2006年4月18日晚，乔布斯走进库比蒂诺市政厅，用口头交谈（oral communication）的方式向政府人员告知了这一决定并请市政府批准这一计划。语言专家分析，此次非正式演讲完美体现了乔布斯的讲话艺术，即他自始至终没有提出请求，但最后得到了热烈的掌声，自然他的请求的被批准也就不在话下。建议读者将本演讲和他2011年6月7日最后一次演讲对比来读。

② oral communication：口头沟通；口语交谈。美国市政厅准许公民用口头表达的方式陈述自己的请求，但时间不超过3分钟。不过鉴于乔布斯的影响力，他用了将近5分钟的时间。

五六年前生意规模的3倍。我们的销售额从60亿美元增长到了200亿美元。这意味着什么呢？这意味着我们在库比蒂诺的人数急剧扩张。因此，我们现在——你们知道吗？我们的庞大园区就在靠近州际公路280号的地方。但是我们在别的地方还有30幢大楼。我们租下了我们在库比蒂诺能够找到的每一片建筑，我们让人们住进去，而人们离我们的园区越来越远，这使得——整体状况相当无效率和让人沮丧。这对人们来说是很不方便以及让人沮丧的。

因此，我们几个月前决定我们需要建造一个新园区。我们当时认为我们不会在库比蒂诺建造新园区，因为库比蒂诺的杏园所剩不多了。

因此，我们想我们可能不得不到库比蒂诺之外的地方去建造新园区了，我们开始了寻找工作。你知道吗？你可以在硅谷的其他地方找到价格远比库比蒂诺的土地价格便宜的土地，而且它们还都在州际公路101号附近，但经过仔细检查，我们发现我们在库比蒂诺还有一线机会。尽管这里地价较贵，尽管这里的地价比我们能够找到的别的地方的地价贵很多，但是还有别的东西让我们留在这个我们最喜爱的地方。

因此，我们实际上已经先行一步买下了产权——实际上是9处分散的房产。通过把它们放在一起，我们能够建造出一个占地约50英亩容纳3000到3500人的园区。因此，我们实际上先行一步购置了这里的土地，主要是位于州际公路280和红山脊（Pruneridge）以及坦陶（Tantau）的土地，那一片土地正好位于占地100英亩的惠普公园的对面。那里有一些建筑了，已经成了一片片的商业区。我们的方案是基本上把那些建筑拆除掉，专家一些更加有效的建筑结构，基本上就是建造一个园区，建造一些漂亮的东西。

所以，我们非常高兴。我是说我们还没有开始进行任何设计。我们得花 3 到 4 年时间做好设计、得到所有审批、竣工等等。当我们竣工时，我们计划同时使用两个园区。我们计划保留现有的园区，同时启用新园区。我们有望能够让我们所有员工住进两个园区。我们感到无比激动，我来这里就是要把这个消息告诉你们。

因此几个月后我们将开始进行设计，想想我们打算做什么并提出一些想法，不过我认为我们找到了留在库比蒂诺的方法。既然我们是你们最大的纳税人，我想你们对这一消息也许会感到高兴。是的。我们的规模也许将会变得更大。

这就是我今晚要告诉你们的内容。我们已经找到了非常值得期待的东西，尽管它将让我们花费很多我们不想花费的钱，但是我们希望 5 年之后忘掉这个不愉快而只记得我们在库比蒂诺拥有一个漂亮的园区——第二个漂亮的园区。

**克丽丝·王：**非常感谢。这真是一个好消息，是个真正的好消息。

**乔布斯：**是啊。

**桑多瓦尔**（市议员）：对你的决定表示祝贺。我们都已经看到了你们公司的成长，我们这里的很多人不论在班上还是在家里都喜欢使用你们的产品。

**乔布斯：**噢，好啊。

**桑多瓦尔：**我们一直希望随着你们的扩张，你们能够在库比蒂诺找到发展的空间。祝贺你们能够做到这一点。

**乔布斯：**是啊。机会虽然渺茫，但我们非常幸运。

**桑多瓦尔：**我们相信是这个样子。我们对你既是雇主又提供服务表示欣赏。因此，谢谢你。

**乔布斯：**好极了。噢，不胜感激。我们喜欢待在这里。

**帕特里克**（市议员）：乔布斯先生，我认为苹果公司一直就是库比蒂诺的重要组成部分，因此我们感谢你为库比蒂诺的发展所付出的努力，我们也期待和你继续合作开创双赢的良好局面。再次感谢。

**乔布斯：**好极了。噢，不胜感激。

**帕特里克：**祝贺。

**乔布斯：**是的，30 年了。我们都变老了。

**克丽丝·王：**是库比蒂诺市变老了，不是你变老了。

我想说的是，你刚才谈到了公司在这个地方的发展问题，我们确实有一个小组委员会，叫做经济发展委员会，你也许想要派遣一个小组和该委员会一起工作。你知道吗？也许由此出发我们可以给你提供一些帮助。

**乔布斯：**太好了。那就太好了。你知道吗？我确信我们有很多东西需要计划委员会的审批。我们首先要做的就是一起行动。我们买了土地，现在你们必须想好了上面建什么东西。不过我认为我们将会提出一些很好的想法。

**克丽丝·王：**这就好比说你有了一个孩子，然后你只需告诉人们如何教育那个孩子。这很重要。你做到了,就是教育。真不错。

**乔布斯：**我想我们得到了库比蒂诺提出的最后的忠告。我们相当幸运。非常感谢你们。

**众市议员：**谢谢你。感谢你来到这里。感谢你和我们在一起。

**乔布斯：**谢谢你们。

# 25 乔布斯谈智能手机

——2006年5月18日乔布斯接受美国广播公司财经频道记者采访[①]

**女主持人：**欢迎回到《路标》节目中来。苹果公司正在把大赌注押在“大苹果”[②]上。现在这个电脑巨人在曼哈顿豪华的第五大街上占据了一个重要地段。苹果公司新设的产品展示店今晚在不夜城开张，巧合的是它将一年365天一周7天一天24小时营业。

这种零售策略的背后意图是什么？从苹果公司的新店里加入我们现场直播节目的是史蒂夫·乔布斯。乔布斯先生，很高兴你能参加我们的节目，谢谢你。

**乔布斯：**很高兴能参加你们的节目。

**女主持人：**好吧，我想首先问问你的确切位置在哪里？是在号称波道夫之家的曼哈顿区中心？还是就在街对面的普拉达店里？卡地亚店里？那里商品丰富豪华商店林立。这里最重要的头条新闻标题也许是“曼哈顿区中心终于酷得配得上一家苹果商店了”。

**乔布斯：**哦，你知道吗？我们大约5年前就进入了零售业。实际上恰恰就在5年前的今天我们开了第一家店。它们所取得的成功超出我们最疯狂的想象。其中一家店就开在了曼哈顿的索霍[③]区（SOHO）。它曾是我们开的最昂贵的店。我们有点担心它能做多少生意。事实再次证明它的生意好得不得了。

---

① 2006年5月18日，苹果公司在美国纽约最繁华的第五大街上新开了一家产品零售店，这成了当天美国众多媒体的头条新闻，而公司首席执行官史蒂夫·乔布斯就在新开张的店铺里接受美国广播公司财经频道记者的采访。在本次访谈中乔布斯主要谈了苹果公司在第五大街上开新店的前前后后，接着谈了苹果公司和智能手机市场上主要竞争对手的关系，最后对他是否继续掌舵苹果公司谈了自己的立场。

② 大苹果城（美国纽约市的别名）。

③ SOHO：索霍区(美国纽约曼哈顿南部一地区，以先锋派艺术、电影、音乐与时装款式等著称)。

我们在纽约拥有如此之多的 Mac 用户。那家商店显得如此之拥挤，因此我们意识到我们必须在纽约开第二家店。我们找到了这块宝地，纽约的一位房地产开发商哈利·麦克罗刚刚在这里购买了通用汽车的大楼。他看了我们的索霍店。他说："你务必在我们大楼里开个店。"我们说："你想好地方了吗？"他说："在广场的下面，那里有一些商店。"我们说："让我们成为地下工作者？你疯了吗？"但是一天后我们给他们回电话，我们说："我们有个疯狂的想法。如果我们重新装饰广场使其成为一个美丽的广场怎么样？我们将把店开到它下面。我们想把进出口开在广场的正中央。"他说："什么样的进出口？"我们说："边长大约为 32 英尺的玻璃制成的立方体怎么样？"他喜欢上了这个主意。我们通过了市政厅的审批。我们建成了它。今晚它开张营业了。对此我们感到非常兴奋。

**女主持人：**你说过索霍店极其昂贵。通过你激情地描述这一切直到描述立方体，我得到这样一个印象：这家店甚至更贵。

**乔布斯：**哦，你知道吗？有意思的是我们从来不相信旗舰店不挣钱的观点。我们的每一家店都挣钱。所以尽管我们在纽约的这两家店身上多花了一点钱，建筑更加昂贵，而且它们还不得不面对很多的浪费，尽管如此它们依然做得非常好。

**女主持人：**现在问你一个大问题。我们的制片人是爱伦·艾格斯，她对这个问题很感兴趣。就是 24 小时营业的概念。它会成为我们大纽约市里面最大的人流集散地吗？

**乔布斯：**你知道吗？很早很早的时候我们决定做的事情之一就是为我们的客户提供极好的服务。所以一半的员工（我们在店里上班的员工有 300 名）把时间用在诸如服务"天才吧"（Genius

Bar）上面，你可以到“天才吧”提出问题并得到免费解答，你可以到那里修电脑，无论你有什么样的需求，我们都尽力满足你。因此我们是高度服务型的人。我们的服务甚至到了这样一种地步，即我们的索霍店早上 6 点就开门营业为“天才吧”里的人提供服务，直到半夜才打烊。后来我们就想，这离我们可以试开一家一年 365 天一天 24 小时营业的店并不太远。因此，如果你在凌晨 2 点编辑你的电影并且遇到问题的话，我们将会在那里等着你。

**女主持人：**好。不过这里有个大问题。这是不是你告诉你的顾客你要继续扩张零售业从而他们不用到环城百货（Circuit City）或百思买（BestBuy）去买一台 Mac 的另外一种方式？

**乔布斯：**噢，不是的。你知道吗？我再三认为我们和环城百货以及百思买都是伙伴关系。我们主要是通过它们销售我们的产品。但你也可以在很多独立经销商那里买一台 Mac。我们这么做只是想投入更多的钱让客户获得更好的购买体验。我认为在我所知道的产品中也许只有 Mac 才会给客户最佳的购买体验以及拥有体验。你知道吗？这是因为我们对我们的零售店进行了投资，是因为我们对照顾我们的客户充满激情。

**女主持人：**乔布斯先生，最后一个问题。我有一台 iPod shuffle。我非常好奇也很焦急地想知道什么时候我能够买一部 iPhone。你能告诉我 iPhone 何时上市吗？

你知道吗？我们从来不谈论未经宣布的产品。所以如果我们确实在什么时候宣布类似那样的东西，届时我愿意和你谈论它。

**女主持人：**好吧。我们感谢你参与我们的节目。再次感谢。祝你的店生意兴隆。

**乔布斯：**非常感谢。

# 26 我们重新发明了手机

——2007年1月9日乔布斯在2007年苹果世界产品展销会上的演讲①

**乔布斯：**谢谢你们。谢谢你们前来捧场。今天我们将一起创造历史。欢迎参加 Macworld 大会。

你们知道吗？就在一年前我在这里宣布我们将换用英特尔处理器。向英特尔微处理器的转换是一项巨大的“心脏移植”手术。我说过我们将在未来 12 个月内完成这项工作。而我们用了 7 个月就完成了，这是计算机工业历史上前所未有过的最平稳最成功的一次过渡。那是因为我们为英特尔处理器开发了一套漂亮的 OSX 无缝链接版本。我们的团队开发了罗斯塔软件，它让你在英特尔处理器上的 OSX 下运行 PowerPC 应用程序。

我们的硬件团队开始用英特尔处理器每月制造一款新的 Mac 电脑，我们用了 7 个月的时间完成了这次的过渡。但这不是我们单独完成的。我们在很多人的帮助之下完成了这次转换。我们英特尔的新同事们的确帮了我们大忙。非常感谢你们。

我们的第三方开发商们快速地把他们的应用程序升级成通用版本，以便在英特尔处理器上以自然的速度运行。非常感谢你们。

---

① 虽然才50多岁的乔布斯身体日渐衰老，但是他的创新思想和创新步伐不但没有放慢反而在加速，也许他已经预感到自己和这个世界告别的日子不会太远，因此他要和死神赛跑，他要在离开这个世界之前留下更多的印记。他早年的朋友兼合伙人史蒂夫·沃兹尼亚克回忆说：1985年9月他们共同离开一起创办的苹果公司时，乔布斯流着泪告诉他自己活不过40岁。正是这种死亡阴影的笼罩才使乔布斯三步并作一步只争朝夕地向前跑，所以他在2005年斯坦福大学发表毕业典礼演讲时说：“死亡是生命中最伟大的发明。”2007年1月9日，他在苹果世界产品展销会（Macworld）上向人们展示的最新发明就是让消费者爱不释手的手机iPhone。乔布斯本次的演讲和演示被认为是他晚年最为成功的一次演讲和演示，堪称完美无瑕，值得演讲爱好者细细品味。

最重要的是我们的用户。你们一见到这些快如闪电的机器，你们就买下。这使得我们过去的一年是极其成功的一年，所以我想向我们的用户说声“非常感谢”。

正如你们众人所知道的那样，我们零售店销售的 Mac 电脑中暂时有超过半数卖给了那些此前从没拥有过 Mac 电脑的人：我们的零售店就像转换器一样。现在我很高兴地向大家报告，在美国通过各种渠道卖出的 Mac 电脑有一半以上卖给了以前从没拥有过 Mac 电脑的人。这种情况不再限于我们的零售商店了。我们在美国卖出的 Mac 电脑有一半以上卖给了以前从没拥有过 Mac 电脑的人。

有越来越多的人正在成为我们 Mac 电脑大家庭里的新成员，为此我们感到无比高兴。事实上，这里就有一个人可能不久就会成为我们的新成员。微软的吉姆·阿尔奇最近说如果他不为微软工作了，他就会买一台 Mac 电脑，他不久就要退休了，因此我嘱咐我们位于西雅图的商店要密切留意这位老先生并向他提供优质的服务。

你们知道吗？ Vista 就要来了，你们知道我们的广告里有“Mac 小伙”和“PC 小伙”，我们为 Vista 作了小小的广告，现在我愿意让你们先睹为快，不知道你们愿不愿意看？这样的话就让我们播放吧。

2007 年对于 Mac 电脑来说将会是一个不错的念头。但是关于 Mac 电脑我们今天就谈这么多。我们将继续谈谈其他的一些事情，在接下来的几个月里我们将陆续为 Mac 电脑推出令人咋舌的东西。但是今天我们将继续谈谈其他的一些事情。

为这一天的到来我期待了两年半的时间。每隔一段时间，一件革命性的产品就会出现，它改变了一切。苹果公司一直——首先，假如你在职业生涯中哪怕只研究这些革命性产品中的一件，你都是非常幸运的。

苹果公司一直很幸运。它一直能够把一些革命性的产品带给这个世界。1984年我们带来了麦金塔。它改变的不仅仅是苹果公司，它改变的是整个计算机行业。2001年我们带来了第一款iPod，它不仅仅——它不仅仅改变了我们大家听音乐的方式，它改变了整个音乐行业。

而今天我们将带给大家的就是这样的三件革命性产品。第一件是触控式宽屏iPod。第二件是一部革命性的手机。第三件是一款有突破性进展的互联网通讯设备。

所以，三样东西：一个触控式宽屏iPod；一部革命性的手机；一款有突破性进展的互联网通讯设备。一个iPod；一部手机；一款互联网通讯设备。一个iPod；一部手机……你们明白了吗？

这不是三款分开的设备，这是一款设备，我们称之为iPhone。

今天，苹果公司将重新发明手机，它就在这里。不是，实际上它在这里，但我们打算暂时把它放在那里。

在我们开始谈它之前，让我说一件事情。世界上最先进的手机被称为智能手机。他们是这么说的。他们典型的做法就是把手机和某些电子邮件功能以及他们所谓的互联网（有点"婴儿互联网"的意思）合在一起，组成一个设备，这些智能手机上面都有小塑料键盘。

问题是它们并非那么智能，而且它们使用起来也没有那么简单，假如我们要制作一幅……带有智能且易于使用的坐标轴的101商业学校地图，那么一般的手机就能做到，所以它们并不那么智能，而且它们使用起来也并非那么简单。但是智能手机无疑是更加智能了一点，不过它们实际上更难用。它们真的很复杂。只是想弄明白如何使用它们这么简单的一件事就得费很大劲。

好吧，我们不想那么做。我们想做的是制作一款大跃进产品，它比历史上的任何移动设备都要智能得多，也好用得多。这就是iPhone。是吧？所以说我们将重新发明手机。

现在我们将从革命性的用户界面开始。它是我们好几年研究和开发的结果，当然它采取的是硬件和软件的互动方式。

那么我们为什么需要一个革命性的用户界面？我是指，这里不是有4部智能手机吗？摩托罗拉Q、黑莓、掌讯通以及诺基亚E62，人们通常会问：它们的界面有什么不妥吗？哦，它们的问题出在了占40%面积的底部位置。就是这里的东西。它们都有这些键盘，不管你需不需要，键盘都在那里。它们都有这些固定的塑胶控制按钮，每个应用程序都一样。可是，每个应用程序都应该有一个稍微不一样的用户界面，一系列稍微优化的按钮排列，只为该程序而设。假如6个月后你想起了一个好主意那该怎么办？你不能东奔西跑给这些玩意增加一个按钮吧。它们早已交货了。

那你怎么办？一点办法都没有，因为这些按钮和控制键不能更改。它们不能为了某个应用而更改，而且如果你过了一段时间之后想起了另外一个主意想给这件产品增加点什么的话，它们也不能更改。

那你怎么解决这个问题？事实证明，我们已经解决了这个问题！我们20年前在电脑上解决了它。我们用一个位映射屏幕——它能够显示任意我们想显示的东西，你可以把任意的用户界面放上去——以及一款定点设备解决了这个问题。我们用鼠标解决了这个问题。是不是？

我们解决了这个问题。那么我们如何将其用到移动设备上去呢？我们要做的就是去掉所有这些按钮而只保留一个大屏幕。一个大屏幕。

那我们如何和这款设备进行沟通呢？我们不想携带鼠标，对吧？那么我们该怎么做？噢，用一只手写笔吗？我们要用一只手写笔吗？不。不。谁想用手写笔？你得把它们拿出来，然后放好，然后就弄丢了。呀呵，没人想用手写笔。所以我们不用手写笔。我们将使用世界上最棒的定位设备。我们将使用我们与生俱来的定点设备——我们生来就有 10 个这样的设备。我们将使用我们的手指。我们将用我们的手指来触摸这个大屏幕。我们已经发明了一项新技术，叫作多点触控技术，是一项非常棒的技术。它很神奇。你不需要手写笔。它远比任何已上市的触摸屏都精确。它忽略无意识触摸，它超级智能。你可以用多个手指触控它。天啊，我们已经申请了专利。

所以我们一直很幸运地把一些革命性的用户界面及时地推向市场。第一个是鼠标，第二个是点击轮。现在我们将把多点触控技术推向市场。每一个具有革命性的用户界面都让革命性的产品成为了可能——麦金塔、iPod 以及现在的 iPhone。所以这是一个具有革命性的用户界面。

我们将以此为基础开发软件。手机里的软件就如同“婴儿”软件。它不是很强大，但今天我们向你们展示一款具有突破性进展的软件，它比别的手机上的软件至少先进了 5 年。那么我们是如何做的呢？哦，我们从一个牢固的基础开始：iPhone 运行 OSX。

我们为什么要在一部手机上安装这么复杂的操作系统？因为它具备我们想要的所有功能。它具备多任务功能。它具备最好的联网功能。它知道如何管理电源。我们花了多年时间在移动电脑上研究这个操作系统。它的安全性相当让人叹服。还有不错的应用程序。它应有尽有，从“可可”[①]开发环境到图形，它内置有核心动画，有让 OSX 出名的声音和视频。它具备我们想要的所有东西。把它放到 iPhone 里正合适。那个操作系统已经让我们创建了台式机的一级应用程序和联网程序。没错，那可不是你在大多数手机上发现的垃圾程序。这是真正的台式机的一级应用程序。

作为我们业界先驱者之一的艾伦·凯在过去若干年里留下了大量的名言。最近我偶然看到了其中的一句，可以用来解释我们对这个操作系统的看法，解释我们为什么以我们自己的方式行事，因为我们热爱软件。他是这么说的：“真正在乎软件的人们应该制造自己的硬件。”你们知道吗？艾伦是在 30 年前说的这句话，但这正是我们对这个操作系统的感觉。

所以我们第一次地把具有突破进展的软件装到了手机设备里。这比其他任何一款手机提前了 5 年时间。我们做的第二件事情就是我们正在 iPod 身上学到一些东西，正在和 iTunes 保持同步。我们今年准备发售我们的第 1 亿台 iPod，那可是一大……上千万人知道如何让这些设备和他们的家用电脑或麦金塔保持同步，他们把所有的媒体和他们的 iPod 保持同步。对吧？

因此你只需把你的 iPod 拖进来，它就自动地保持同步。你们也要对 iPhone 采取同样的做法。它通过 iTunes 自动与你的家用电脑或麦金塔保持同步。iTunes 将会让你所有的媒体与 iPhone 保持一致：你的音乐，你的音频书，播客，电影，电视节目，音乐视频。

但它也和数不清的资料保持同步：你如今可以从你的 iPod 上

① Cocoa：苹果的面向对象开发环境，用来生成Mac OS X的应用程序。主要的开发语言为 Objective-c,一个c的超集。

得到你的联系人、你的日历以及你的照片，你可以从你的网页浏览器里得到你的注释、你的收藏夹、你的电子邮件账户和你所有的电子邮件设置。所有这些资料都会统统地被自动移送到你的iPhone里。

真的很棒。我们是通过iTunes来完成这项操作的。你再次运行iTunes并对它进行设置，就如同你设置iPod和Apple TV一样。你设置哪款设备要和你的iPhone保持同步。它就像一台iPod。接上去并进行同步。于是用iTunes保持同步。

我准备浅谈的第三件事就是设计。我们已经为你的手设计了很棒的东西,真的很棒。这就是它的样子。它上面有3.5英寸的屏幕,屏幕真的很大。它是我们发售的最高分辨率的屏幕。每英寸有160个像素。是我们发售出去的最高分辨率的屏幕。很华丽。

从前面看，只有屏幕的下方有一个按钮。我们称之为“还原”键。按下该键的作用就如同无论你在哪里都把你带回家一样。就是那样。现在让我们看看它的侧面。它真的很薄。它比那里的任何一款智能手机都薄，只有11.6毫米厚。比摩托罗拉Q薄，比黑莓手机薄,比它们都薄。它真的很酷。我们在侧面有一些控制按钮,我们有一个振铃和静音的小巧开关，有控制音量大小的按钮。

让我们看看它的背面。在背面，最值得注意的是我们有一个200万像素的内置摄像头。另一面，我们又回头看到了它的前面。现在让我们看看它的顶端。我们有一个耳机插孔。你的所有iPod的3.5毫米规格耳机都可以插进去。我们有一个地方有一个小托盘安放你的SIM卡，我们有一个休眠和叫醒开关。你只需要按一下它就让手机进入休眠状态，再按一下就叫醒它。

让我们看看它的底部。我们有一个喇叭，我们有一个麦克风，我们有一个 30 针的 iPod 连接器。那就是底部。

我们还有一些东西是你们看不见的。我们这款手机里有三个真正先进的内置感应器。第一个是近距离感应器。物体靠近它时它能感应得到，所以当你把 iPhone 贴近你的耳朵准备接电话时，它会关掉屏幕并立即关掉触摸感应器。

你为什么要那么做？一个目的就是省电，但第二个目的是你不会让脸部的虚假输入信号进入触摸屏。因此只需自动关掉触摸感应器，一旦拿开它，忽地一下，屏幕又恢复了。所以它有一个内置的近距离感应器。它还有一个环境光源感应器。我们感应到环境照明条件并调整屏幕亮度以便和环境照明条件相匹配。这再次说明较好的用户经验可节省电源。

我们拥有的第三件东西就是加速器，这样我们就能够知道你什么时候从肖像模式切换到了风景画模式。它真的很棒。我一会向你们展示一下。

因此我们有三个内置的高级感应器。所以让我们继续进行并打开手机。这就是它的大小。它优美地置于你的掌心之上。这样，你就有了一台 iPod，一部电话和一台上网设备。

让我们先从 iPod 说起吧。你可以触摸你的音乐。你可以触摸你的音乐，真的很酷。我们有一个宽屏幕视频。你可以以更快的速度找到你的音乐。显示屏上会出现漂亮的唱片专辑封面。有内置的喇叭，还有，为什么不浏览封面呢？这是自 iPod 出现以来的第一次。因此我不用多说，让我向你们展示一下。

好吧。我有一些特别的——一些特别的——iPhone 在这里，它们里面安装了有点特殊的主板，这样我就能够得到一些数字视频，我这里拿着一根细线联到这些投影仪上，这样我就得到一些好的图像，而你们开始看到它到底看起来是个什么样子。我这里有一台摄像头，这样你就能够看到我在几分钟的时间里用手指头都干些什么。

让我继续演示，大屏幕上出现了画中画。我将继续演示，只需按一下“休眠 / 叫醒”开关按钮，我们就看到了那幅画面。为了开启手机我只需让我的手指轻轻划过去即可。想再看一遍？先让其进入休眠状态。我们不想让你的手机在口袋里意外地做某事。只需轻轻划过去。画面忽地一下出现了。这就是 iPhone 的主画面。

假如我想进入 iPod 画面，我只需找到右下角的这个图标并点一下，忽地一下我就来到了 iPod 的世界。现在我想“回家”，我点一下这里的还原键，我就回到了主画面。回到 iPod 画面。我现在回到了 iPod 的画面。

你们看到了底部并排着的 5 个按钮了吧？播放列表、艺术家列表、歌曲、视频及其他。我现在是在艺术家列表界面。那么我怎么样滚动我的艺术家列表呢？我如何做到这一点呢？我只需滑动我的手指。就是这样。很酷吧？当我的手指到达屏幕边缘的时候会有被橡皮筋绊住一下的感觉。假如我想挑出某人，比如说我想挑出披头士吧，我只需在他们的名字上面轻点一下，即可出现披头士专辑里的歌曲。假如我想播放“Sgt. Pepper”专辑里的歌，我只需轻击一下那里的“Sgt. Pepper”以及其中的“来自朋友的一点点帮助”。

看看这幅漂亮的专辑图片。当然我有控制音量的按钮。在右上角有一个小按钮，你们可以看到它在右上角那里，我点击该按钮就可以在专辑画面和专辑列表间翻来翻去。在专辑列表里还有其他歌曲。如果我愿意的话我可以播放“可爱的丽塔”。我翻回去。非常简单。对吧？我可以设置星级，只需点一下这些箭头即可，对吧？那是五星级唱片。那不是很酷吗？是的，非常棒。

现在让我向你们展示一下其他的东西。我手里只拿着我的装置，我把它变成风景画模式，噢，看看发生了什么！我在浏览唱片封面。让我们看看这里的迪伦唱片，让我们播放一首“像一块滚石”。我还可以浏览，浏览我手机里的专辑。真的那么容易。任何时候我找到了我喜欢的东西，我只需把它“翻出来”并播放它。就那么容易。就那么简单。是不是很了不起？是的。好吧，我是可以很长时间放这首歌的。

再来一次，我这里有播放列表。我可以进入播放列表。我这里有艺术家列表。我这里有歌曲列表。我这里还有很多。我这里有专辑。我这里有不错的专辑一览表，如果我愿意的话我可以再次把所有的专辑都展示在这里。我还有音频书以及合集等等。我这里也有视频。所以我点击视频按钮，我这里有视频。我这里装入了视频播客，有一段音乐视频。我有一段电视节目，有一部电影，我愿意给你们播放电视节目。这是来自《办公室》的片段。我们看到的所有视频都是在风景画模式下播放的。

我们当然可以在这里进行触摸控制。那是不是很了不起呢？让我们去……现在我想向你们展示一下一部电影的播放。让我们在这里播放一下《加勒比海盗 2》吧。顺便说一声，这是部不错的电影。

这是一部宽银幕电影，因此我双击一下屏幕就能看到整幅画面，或者我也可以让画面满屏，只要我喜欢就行。

这里也有屏幕控制按钮。是不是很酷？如此一来我们就可以像刚才那样观看长篇电影了。好吧。那就是 iPod。相当酷吧？这只是个开始。

再说一遍，你可以触摸音乐。在歌曲之间滚动，在播放列表之间滚动。不可思议。大屏幕视频在移动设备上前所未见，每英寸有 160 个像素，画质绚丽。极美的专辑封面和封面浏览。它是我们制作出来的最好的 iPod。再看一遍一些屏幕快照。真是难以置信。这里有一些我刚刚放进去的唱片封面，这样你们就可以看看它的样子了。不管你们喜欢什么，它看上去就是那么华丽。当然还有封面浏览和带屏幕控制按钮的视频。你们知道吗？我曾经向某人展示过这个——就在不久前我给某人做过演示，他以前在苹果公司里面从来没看到过这种情形。我演示完毕后问他有什么感受。他告诉我说：你让我也滚动了起来。所以，iPhone 里面有着最神奇的 iPod。现在你可以触摸你的音乐了。那就是 iPod。

现在让我们看看一款革命性的手机。我们想重新发明手机。什么是“杀手级”应用软件？“杀手级”应用软件就是打电话的软件！它不可思议。不可思议的是在多数手机上打电话是多么的困难。大多数人实际上每次都在拨电话。大多数人的电话本里没有太多的号码。他们把最近的通话记录当作电话本。对吧？你们中有多少人那么做？我打赌有不少人。

现在我们想让你们以前所未有的方式使用通讯录。你们可以让你的 iPhone 和你的家用电脑或麦金塔电脑保持同步，并把你所有的通讯录数据下载到你的手机上。这样你就随时有了所有人的号码。我们今天有让语音邮件发生革命性变化的东西。我们称之为可视语音邮件。那不是很了不起吗？假如你没有……假如你有 6 封语音邮件而在你想听第 6 个之前你不必听前 5 个语音邮件的话。假如你随机听取语音邮件的话这不是很好的一件事吗？

哦，我们明白了。这就像对待电子邮件一样，你可以直接听取你感兴趣的语音邮件。iPhone 的音质非常好。iPhone 是一款四频段 GSM① 加 EDGE② 手机。我们决定适应最流行的国际标准，就是 GSM。我们追赶潮流，我们不落人后，我们计划在未来制造 3G 手机和其他所有神奇的东西。所以 iPhone 是一款四频段 GSM 加 EDGE 手机，当然我们还内置有无线上网设备以及蓝牙 2.0 增强数据速率设备③。

当你接到电话时它看上去是这个样子。声音听上去是这个样子。这是我们的来电铃声之一，你当然可以自选。我想向你们展示 4 样东西。我想向你们展示电话应用程序、图片、日程表以及短信发送。你们会在典型的手机上面找到这些东西，但是现在要用非常不典型的方式使用它们。所以让我们继续下去，看看是怎么回事。

首先让我们转到我们的手机上。你们在左下角看到那个图标了吗，手机图标？我只需在这里按它一下，忽地一下我就来到了打电话界面。下面排满了 5 个按钮：最喜爱的人、最近联系人、通讯录、小键盘和语音邮件。我现在就在通讯录界面。我在通讯录里如何转来转去呢？我只需用手指上下滚动即可。这样，假如我想给约翰·艾弗打电话的话，我只需在这里点一下，于是我看到了约翰·艾弗的背景资料，里面有他的所有信息：他的 3 个电话号码，他的电子邮箱，还有他的别的信息，比如他的住址等等，我这里都有。这些信息都存在一个地方。

如果我想给约翰打电话，我所做的就是按下他的电话号码。

① GSM：全球移动通信系统（Global System for Mobile Communications）。

② EDGE的英文全称为Enhanced Datarate for GSM Evolution，中文含义为“增强数据率GSM服务”。

③ EDR：Enhanced Data Rate（增强数据速率）。

我现在就打他的手机号码。现在我们正在给约翰打电话。“嘿，约翰，你好吗？ 2年半的时间过去了，我真不知道该如何告诉你是好。你知道我第一次用iPhone公开打电话是多么的激动吗？我还记得当初我们开始研制它时的情景，真的难以置信。哎，这是什么？哦，我有另外一个电话打进来。约翰，我能让你在线等待一会吗？好的。”于是我让约翰在线等待。“嗨，费尔。”[费尔说：“嗨，史蒂夫，我想成为第一个打给你的人。”]“抱歉，费尔！”你们可以看到我让约翰在线等待，我只需触摸下约翰的图标就让他重新回到对话当中。“喂，约翰，你还在吗？听着，费尔刚才打电话给我。你介意我让他加入进来参加会议吗？”（“我想可以吧。”艾弗说。）你们可以看到中间的按钮已经变成了“合并电话”，于是我只需点击那个按钮就建立了一个电话会议。“约翰，你还在吗？费尔，你还在吗？这样我们就在一起了。听着，我必须回去做我的主题演讲。”假如我想退出的话，我怎么做呢？我只需点一下这里的箭头，我继续和约翰保持私人通话而让费尔在线等待。“约翰，你对第一次通话有什么看法吗？”（“不是很差，对吧？”艾弗说。）“不是很差。你保重啊，约翰。”我结束了这次通话，但费尔还在线上。我要让他下线。“费尔，非常感谢。我现在必须回到主题演讲上去。再见。”不错吧。

现在我还有一个办法从我最经常打的电话号码中列出一张进入收藏夹的单子，这样我就能够只需触摸它一次就可以拨号了。也许我想把某个人加到我的收藏夹里，比如说我想加费尔·席勒吧，我只需点一下右上角的“增加”按钮，我的收藏夹就弹了出来，我可以找到首字母“S”的联系人，这里有费尔，于是就找到了费尔·席勒。我想把费尔的工作用电话号码加到收藏夹里，我就可以把他加进去，你们可以看到收藏夹里加进了费尔。我可以通过点击左上角的编辑按钮来编辑我的收藏夹，我可以把费尔的位置向上移，假如我想那么做的话，我也许会把他的位置移到顶部。现在我不打算敲入托尼已经改变了的电话号码，但我又必须进行更新，于是我将把他的号码删除，我只需把托尼从这里移走即可。忽地一下我们就完成了。编辑这些东西是如此简单。非常非常简单。

我这里有最近通话记录，记录了我最近所有的通话号码。假如我想看看谁的电话没有接，他们的号码被标成了红色，我只需手指上移点击顶部的按钮，忽地一下那些未接电话就全出来了，现在看到的还包括我所有打出的或接到的电话。假如我想打电话，假如我真的土得掉渣，我可以点击这里的小键盘按钮，我可以拨电话就如同……哎呀，拨了 4，不好意思。拨错了号码。4089961010。手机对号码进行了格式化，如果我愿意的话，我可以继续拨号，比如说我拨的是欧洲国家的号码，号码会不断地越来越小，真的很简单。用小键盘拨号非常简单。

现在让我为你们展示语音邮件。这是一项很酷的功能。这是我们通力合作的结果，后面我将详细谈论，它允许我们随机地选取语音邮件。直接找到我们想听的那个语音邮件。作为一个例子，我打开我的语音邮箱，哦，这里有一封来自艾尔·戈尔[1]的语音邮件。我想听听。我只需点一下。现在假如我想马上给艾尔回电话，我只需要点一下回电按钮即可。但我想听听来自提姆·库克[2]的语音邮件，于是我来听听提姆说些什么吧。这是不是很棒呢？这样

① Al Gore：美国前副总统。

② Tim Cook：提姆·库克（1960-），1998年进入苹果公司，2007年1月被提升为COO（首席运营官），2011年8月24日乔布斯辞去总裁职务后被任命为苹果公司新总裁。

当我收到语音邮件时，当我想听听它说些什么时，我在可视化的语音邮箱里可以任何顺序收听它。那就是对手机应用程序的一个快速的介绍。

现在我想做的就是向你们展示短信功能。于是我只要找到位于左上角的SMS图标并点击一下即可。我不但可以收发短信，我还可以进行多重会话。所以我可以和人们保持会话，而每当我收到一条新短信时，我将会被提醒一下，我就可以去查一查。这里作为一个例子，我收到了艾迪·秋的一条短信，而我一直和艾迪保持会话，我只要点击一下这里我和艾迪的会话记录就出现在了这里。假如来了新信息它会告诉我。这里有一条来自费尔的新信息，让我们看看是什么会话："你好，史蒂夫！""你好！""今晚还一起吃晚饭吗？""当然！该你挑地方了。""嗯，我选兰式寿司餐厅。晚上7点如何？"然后我说："我只能说，这主意听起来不错。"

我这里有一个非常了不起的小键盘。它有防止错误和纠正错误的功能。不是因为我不会犯一些错误，我也许会出错。但它实际上打字速度很快。它比所有这些智能手机上的这些小塑胶键盘的打字速度都快。因此我只能说"这主意听上去不错。不见不散。"我可以把它发出去了。就这么搞定了，对吧？就这么简单。而当费尔回复我短信时，我会被提醒一下，我将看到圆点，我可以重新继续刚才中断的会话。如果我想给艾迪或斯格特发短信的话，我只需点一下这个，信息就被发出去了。如此简单。

因此这就是短信功能，你们再一次地看到了键盘，它非常棒。我们稍后会再回来谈它。

我想向你们展示的第三个应用程序就是图片，它是手机套装软件的一部分。你们知道，正如我说过的一样，我们手机里有内置的 200 万像素的摄像头。我们还有最酷的图片管理程序，当然是对移动设备而言，不过我想它可能是移动设备史上最酷的图片管理程序。这个就是我们的图片程序。我就要进入我们的图片库，这就是我们的图片库，再一次地我只需用手指就可以滚动图片。相当棒。我现在进入相册界面，我将打开意大利相册，让我们从上面开始。要想一张张浏览照片的话，我只需划过它们。我只需在我的图片库里划来划去。噢，这是一张风景画式的照片。我只需反转我的设备，你们看一下。相当棒，对吧？

是吧？在风景画模式下我还可以划一下。对吧？很棒吧？我可以做的另外一件事就是我可以任意选取一张照片并把它们放大。让我继续下去，把摄像头接回来，好，就在那里。我只用我的手指就能办到，我们称之为“抓捏”，我可以把它们变得更加集中或更加分散，从而使得它们变大或变小。这样我就能够把它们分开一点，把图片放大。是不是很酷？我可以把它移来移去，是不是很酷？

现在我能做的就是我可以选这个作为我手机的背景画。当然我可以把它定死在这里，然后将其设置我手机的壁纸，现在当我“回家睡觉”然后“醒来”时，我看到的就是我的这张壁纸，直到我重新设定为止。无论什么时候打电话，那就是我将看到的画面。忽地一下我们就完成了。

因此图片、短信以及手机应用软件。那就是我们为 iPhone 制定的手机套装软件的一部分。再看一遍，接电话，有了不起的电话管理功能，只需用手在联系人中间翻来翻去。所有的信息都在你指尖之间流动。有收藏夹，有“老土专用键”，有可视语音邮箱，有日历，有短信，有不可思议的图片应用程序，有抓取任意一张照片并将其设为你的手机壁纸的能力。这些都令人难以置信，我想当你有机会把手放在它上面时，你将同意我的观点：我们重新发明了手机。是的。

现在就让我们看看 iPhone 的另外一部分，即互联网通信设备吧。那么这个设备又是怎么回事呢？原来，我们在这方面取得了一些实质性突破。我们从 iPhone 上的超文本电子邮件开始。这是人类第一次在一个移动设备上处理真正的超文本电子邮件。它支持的是任何具备 IMAP[①] 或 POP[②] 协议的电子邮件服务商。你看看你喜爱的电子邮件服务商是谁，iPhone 也许支持它。它是超文本电子邮件。我们想把世界上最好的网络浏览器而不是“婴儿”网络浏览器或 WAP 浏览器放在我们的手机里，我们想要的是一款真正的浏览器，于是我们选择了世界上最好的浏览器，Safari 浏览器，我们 iPhone 上运行的是 Safari 浏览器。这是手机上第一款完全可用的超文本浏览器。

第三，我们用了谷歌公司的 Maps 软件。Maps 传来的是卫星图像，是方位和交通状况。这真是难以置信，等你们看到就知道了。我们有一些小工具，从天气预报到股票行情。这是透过 EDGE 以及无线上网技术和互联网进行通信的。iPhone 自动侦测 wi-fi 并进行无缝连接。

我们无须管理网络。它现在为我们做这件事。我想拿出一点时间再次谈谈电子邮件。我们连上了几乎所有的支持 IMAP 或 POP3 协议的电子邮件服务商。我只是想给你们举一些例子而已。

① IMAP：互联网信息访问协议（Internet Message Access Protocol）。
② POP的全称是Post Office Protocol，即邮局协议，用于电子邮件的接收。POP目前的版本为3，故也称为POP3。

IMAP 当然是最好的，因为你可以把你的文件夹和所有的电子邮件放在服务器上，而且可以在任何地方打开。雅虎的电子邮件系统是 IMAP 的。微软的 Exchange 系统有 IMAP 选项。显然我们的 Mac 邮件系统也是 IMAP 的。还有 POP3，谷歌的 Gmail、美国在线（AOL）的 Mail 以及多数网络服务提供商的邮件系统都是 POP3 电子邮件。

现在我想拿出一点时间强调其中的一个，就是雅虎的邮件系统。雅虎的邮件系统是世界上最大的邮件服务系统。他们有超过 2.5 亿的用户，是世界上最大的电子邮件服务商。今天我们和雅虎共同宣布，他们将为所有的 iPhone 用户提供免费的压入式 IMAP 电子邮件。因此，这不仅仅是 IMAP 电子邮件。它是压入式的 IMAP 电子邮件。因此，当你得到信息的时候，它将把信息“压入”你的手机上。就和黑莓手机一样。来自雅虎的免费压入式 IMAP 电子邮件。因此我们认为这是件相当了不起的大事。

我现在想做的就是向你们展示 iPhone 手机里运行的邮件系统、Safari 浏览器、谷歌的地图软件以及一些小工具。就让我们开始吧。

我们进入邮件系统。注意左下角的第二个图标。我用手指点击一下它，忽地一下我就来到了邮箱里。我这里有“收件箱”，顺便说一下，这是实时运行的基于雅虎的 IMAP 电子邮件系统。这些东西来自雅虎的服务器，而这台服务器则位于云彩上方的某个地方。

于是我说詹姆斯·文森特给我发了一封电子邮件。他是一位有自豪感的爸爸。我们进去看看。我只需在这里上下翻动即可。我得到的电子邮件里有内嵌照片，这是一封超文本邮件。好了。让我们看看另外一封。它来自费尔·席勒。她喜欢这件礼物。这又是一封有内嵌照片的超文本邮件，相当漂亮。这是购物清单邮件，

还是超文本邮件。相当棒。“今晚赴兰式寿司餐厅指南”。iPhone当然能识别里面的电话号码，就如同你们看到的那样，邮件里面有一个电话号码被标成了蓝色。我只需点它一下，忽地一下我就要拨这个号码了。当然我不是真想拨打电话，所以我马上结束这次呼叫。但是你们明白这个意思。最后一封来自肯·布雷斯金，他是我们的一名市场营销人员。他刚刚从南极洲回来。肯是一位出色的摄影师，这些都是他拍摄的南极洲企鹅的照片，非常漂亮。真的很酷。看这张，很漂亮。出现在电子邮件里的东西也出现在你的手机里。如果我想——顺便说一下，我可以用分窗口显示的方法来读我的电子邮件，就像我在电脑上做的一样，假如我想快速阅读我的信息，我可以选出其中的某一封来，只在下面的窗口里看即可，我只需找到那条我正在寻找的信息即可。但实际上我还是喜欢全屏幕的方式。当然我们有标准的“收件箱”和“草稿箱”以及“发件箱”，还有其他各类的文件夹，你可以在里面放你的东西。所以它是真正的电子邮件系统，就像你用惯了的电脑上的电子邮件系统一样,这样的电子邮件系统就在你的手机上。非同寻常。再次说明，它是来自雅虎的免费的IMAP电子邮件系统。

现在我继续进行，我写一封新的电子邮件，向你们展示它是什么样子的。再次说明，当我不需要键盘的时候，它不出现在这里。当我需要的时候,它就在这里了。我想发送信息给,比如说,费尔吧。我只需敲入“PH”，忽地一下费尔·席勒就出来了，她的邮件地址就全在上面了，我也许还想发给斯科特·弗雷斯特尔，斯科特就在那里，邮件的主题比如说是“晚餐”吧。哎呀，不好。“今晚见”。忽地一下。我只需点一下“发送”按钮,那封电子邮件就发出去了，我们的任务完成了。那就是电子邮件。完全和台式电脑上一样的电子邮件系统运行在移动设备上。

好的，现在我想向你们展示一件神奇的东西。我想向你们展示运行在移动设备上的Safari浏览器。让我们进入万维网，我们来到了这个网站。我不打算在这里载入苹果的网站（apple.com），而是载入一个更为人所知的网站。我打算载入《纽约时报》的网站，这个网站有点慢，因为有很多图片，但是我们正在载入，我们现在是通过Wi-Fi载入。我们不只是给你一个WAP版的《纽约时报》，不只是给你这个包装版的《纽约时报》，我们向你展示的是一个完整版本的《纽约时报》网站，它出现在了这里。

猜猜我能做什么，我只需让这个网页进入到风景画模式，就是那个样子。假如我想的话我可以在这里翻页。上下滚动。还在载入。搞定。或者我只需像这样让它回到原模式。这真的不错，我可以看到整个网页，当然我不可以阅读。屏幕太小。于是我用手指“拿捏”它，但是我们这里有一个最佳方法。我只需在任何地方双击一下，那里的对象就充满整个屏幕。我只需像这样在其周围翻来翻去，只要我愿意我甚至让这个文本变大，那就是变大后的样子。只需再次双击一下，你又重新回到了观看整个网页的模式。是不是很酷？因此我只需……看看这个。这里有《纽约时报》的网站。我想再看一遍其中的一篇文章，忽地一下我们看到了。忽地一下。难以置信。现在你也可以看到多个网站一起打开的情形。你可以同时打开多个网页。于是我只需点一下右下角的这个按钮即可。我把它缩小，这样我就可以增加一个新的网页，假如我想那么做的话。我将从我的收藏夹里进入亚马逊网站。所以让我们进入亚马逊网站。我喜欢到亚马逊的DVD区看看那里在卖什么DVD。特别当迪士尼的产品处于销售前列的时候我喜欢这个地方。亚马逊网站正在出来，甚至在整个网页被载入之前我就双击这个链接，我说了我们进到这里的 DVD 区，现在它正在进入。我们进来了。

在右手边的这个地方有一个区，就在那里，这些就是畅销榜，每小时更新一次。噢，看哪，艾尔的《难以忽视的真相》位列榜首。好吧。这里是其他所有电影。格雷的《解剖》，我喜欢那部电影。《加勒比海盗》。真奇妙。所以我在这里打开了这个网页，我还可以回到《纽约时代杂志》的网站，假如我想这么做的话。放大那张照片，这样我们就都可以看到它。再来一次，是不是很酷？我们只是到那里逛了一下，现在又回到了这个网站。我可以只点一下“X”就把它们关掉了。搞定。是不是不可思议？这就是 Safari 浏览器。你知道吗？假如你在手机上使用过叫作万维网浏览器的东西的话，你就知道 Safari 浏览器是多么的不可思议。我希望你永远都不知道，因为现在手机上的浏览器非常糟糕，而这款浏览器是一次最高级别的革命，让你的手机具有真正的浏览器。

让我在这里给你们展示一下小工具。我们现在进入股票行情界面，我将离线下载股票行情，下载到这里的手机上。噢，看，苹果公司的股价在上升！好极了！哦，我可以在这里看到不同形状的图形，假如我想那么做的话。出现在手机里，真是妙极了。让我们看看百分比吧。哦，好。好。于是我这里有了股票行情，我还可以看看天气情况。让我们看看外面的天气如何。49 度，但今天应该会达到 61 度，因此天气不错。我们待在这里直到外面天气暖和起来。我这里也有巴黎的情况。我想有哪个城市的情况就有哪个城市的情况，巴黎现在是晚上。巴黎的晚上比这里的白天还要暖和。哇。阿斯本市直到本周末才下雪。夏威夷呢？噢，那里正在下雨，那可不好。好了，不管怎么说，我们这里有 4 个地方：夏威夷、阿斯本、巴黎和旧金山，再说一遍，这是天气预报小工具。

在结束对 iPhone 手机互联网部分的介绍的时候，我想向你们展示一些真正不凡的东西，那就是 iPhone 手机里的 Google Maps。我点击这里的地图应用程序，它正在启动中。它显示的是北美，我打算去莫斯考尼西会议中心，就是我们现在所在的位置。我们找到了。忽地一下。那就是我们所在的地方。我要做的就是寻找某个地方。我当然想散会之后喝杯咖啡，于是我想找星巴克，对吧？星巴克，于是我打算找星巴克，果然所有的星巴克都找出来了。现在我可以得到星巴克的一张列表，于是我就可以根据自己的想法选出其中的一家，我甚至去找那家星巴克，它在那里，让我们给他们打个电话。（上午好，这里是星巴克，请问您想要点什么？）"是的，我想订 4000 杯拿铁咖啡，拜托。不，开个玩笑。打错电话了。谢谢你。再见。"① 好吧。

我可以再次通过"拿捏"而进行放大，假如我愿意的话。或者我只需双击一下就可以放大，我得到的是越来越高分辨率的地图。让我们去个别的地方，这个地方在我的手机里做了标记。让我们到华盛顿纪念碑那里看看。于是我们来到了华盛顿特区，我只需双击一下我就会更接近一点。双击一下，更接近一点。那就是华盛顿纪念碑，我再次双击一下。但现在我想向你们展示另外的东西：卫星图像。于是我点击下面的叫做"卫星"的按钮，它会用卫星图像代替地图，搞定。我只需双击一下。我只需再次双击一下。让我们……它正在执行我的指令。搞定。让我们再次双击一下。这就是华盛顿纪念碑。成了。看看这张图片。我可以看

① 本对话充分展示了乔布斯身上孩童般顽皮的形象。

到纪念碑下面的人。哎呀，我们成功了。是的。是不是不可思议？就在我手机里出现了！真是难以置信啊。现在让我们去另外一个地方——艾菲尔铁塔,这是个很酷的建筑。我把它设成……看这个，这就是艾菲尔铁塔。你可以看到还有人在艾菲尔铁塔上。看那张。是不是不可思议？这里我再向你们展示最后一个地方——罗马斗兽场。所以接着我们来到罗马。那是我们地图能达到的最远的地方，但利用卫星我们可以走得近一点。上面有罗马竞技场。有罗马竞技场。卫星图片,就在手机上。看看那张。那就是罗马竞技场。难以置信。就在手机上。你们认为如何？是不是不可思议？

怎么样？这些都是让人叹为观止的东西。iPhone 里内置的是具有突破性进展的互联网通信设备。手机里的第一个超文本电子邮件系统。手机里的第一个真正的万维网浏览器。地球上最好版本的 Google Maps，还有小工具，所有这些都具备 Edge 和 Wi-Fi 网络功能。我们非常非常高兴地拥有这些东西。

再说一遍，有电子邮件。有支持 IMAP 协议的压入式电子邮件系统，可以免费连接到雅虎，也几乎可以连接到其他任何支持 IMAP 和 POP 的邮件服务商。有输入文本的令人惊叹的新技术，远比我们见过的任何一款手机上的文本输入技术要好。有手机上的真正的浏览器。我们可以在肖像模式或风景画模式下看真实的网页。

我们可以放大对象以便我们看得更加真切。有 Google Maps 和小工具。你第一次可以把互联网装进口袋里。当然想不到谷歌就没有真正地想到互联网，对吧？对于谷歌而言，我们在我们的手机上装的当然是谷歌的搜索引擎了，我们已经把它内置进了浏览器里。只需敲进去你想要找的东西，然后点击“Google”按钮，你就不用管了。还有 Google Maps。我们和他们密切合作才使得这些得以实现。我们对结果感到非常兴奋，现在我很高兴地介绍谷歌首席执行官埃里克·施密特博士上台。

作为苹果公司董事局的成员之一，你将从第一批产品中得到一个。好了，当然你若想不到雅虎你就同样没有真正地想到互联网。我们在手机里内置了雅虎的搜索引擎，你可以选择你想要的那一个。你只需敲进些东西，然后点击“Yahoo”按钮，你就不用管了。当然我们还有雅虎的 IMAP 电子邮箱服务系统。同样地，我很高兴介绍雅虎的共同创始人之一、雅虎总裁杰里·杨上台。杰里[①]。

谢谢。能够和作为街坊邻居的网络两大巨头公司谷歌和雅虎合作是很高兴的一件事。我们能够一直和这些人亲密地合作，能把这项伟大的技术装进 iPhone 里带给大家，我们感到无比高兴。因此非常感谢你们。你们真的帮助我们把互联网装进了人们的口袋里。

那么，一个互联网通信设备，一台 iPod 和一部手机。让我们把它们放在一起看看在真实的场景下你能干什么。让我们看一看。我想听听音乐，于是我打算打开我这里的 iPod，让我们在艺术家列表里看看，我想听，噢，也许想听“红辣椒乐队”的歌，我喜欢那些小伙子。于是我就听他们的一首歌。让我们看看当我接到一个电话时会发生什么。音乐褪去。屏幕发生变化。有一个电话打进来。我可以忽略它，但我想我还是接一下吧。于是我接了。“您好！”“嗨，菲尔。”现在它知道谁是菲尔，因为他在我的通讯录里。于是它把他的小照片放在了这里，他的一切信息都在上面。“嗨，菲尔。听好，我现在有点忙。你有什么事吗？”“好的，暂时不要

① 与别人分享舞台也是乔布斯的演讲技巧之一。

挂断电话。”于是我点这里的“home”按钮，位于手机的下面的按钮——“回家”来到了这里，但我依然在电话线上。你可以看到在左下角的地方“phone”按钮在闪烁。我打开图形软件，现在我在图形界面里，你再一次能够看到上面的长条，就是那个绿色的长条，我只需点击一下那个长条就回到电话界面。菲尔想要一张图片作为他手机的屏保，那是一张在夏威夷拍的照片，我想就是这一张。

对了，就是它。“那么你想让我电邮给你这张照片吗，菲尔？好的。”于是我再次移到下面，点下这个按钮，我不是用它来作壁纸，而是把它电邮出去。看看现在发生什么情况。它缩小了一点点，在其后面将出现一个编写邮件的窗口。出来了。我只需在“to”后面点进名字然后发送给菲尔即可，点入“菲尔·希勒”就搞定了。电子邮件在那里吧？是的，它就在那里，我发送出去就行。“嘿，菲尔，那张照片现在应该在路上。对啊，还有别的事吗？让我查查看。我找到了。我想我的收藏夹里有‘方登戈’网站。是的，我有。让我们进入 Fandango 网站，看看在放什么电影。是的，好了。Fandango 网站打开了。让我们双击一下，现在出来了正在播放的电影。是的。我们观赏《博物馆奇妙夜》如何？我还没看过呢。很好，好的。嘿，请多保重，菲尔。”现在我打算做的就是：回到刚才的通话中。我只需点上面这个地方即可，现在我回到了刚才的通话中，我打算继续演示，于是我结束本次通话。现在发生了什么？我又听到了刚才播放的音乐。

因此，这就是当你把所有要素放在一起时的情形。这就是 iPhone。今天，苹果公司正在重新发明手机。

# 27 乔布斯谈iPhone

## ——2007年1月9日乔布斯接受美国广播公司财经频道记者采访①

**主持人：**首先，你盯上了手机。手机市场也许不仅仅是世界上最具活力的技术部门，它还是竞争最为激烈的市场之一。苹果电脑公司究竟为什么跳进竞争如此激烈、竞争对手如此之多的手机市场中来？

**乔布斯：**你知道吗？你辛辛苦苦工作好几年制造出伟大产品的最大动力之一就是你想给自己来一件。我们都用手机，可是天啊，它让人们感到沮丧。它真的让人感到沮丧。它属于需要重新发明的那一类产品，需要做得不仅更强大，还要更加好用。因此，我们就想我们可以贡献点什么。

我们不在意这个市场上已经有别的很不错的公司在制造产品。事实上，2006年手机的销售量是10亿部，因此假如我们只占1%的市场份额，那就是1000部手机。我们认为我们做的就是重新发明手机，彻底改变你对于在口袋中携带什么东西的期待。

**主持人：**你在今天的主题演讲中谈到了——你谈到了Mac，你谈到了iPod，而现在有了这款手机。是什么让这么一件产品成了这么一家大公司的宠儿？这件产品对于苹果电脑公司来说其重要性有几何？为什么？

**乔布斯：**时间将会告诉一切。Mac改变了整个计算机产业，

① 2007年1月9日，乔布斯在苹果世界产品展销会（Macworld）上发布了新一代智能手机iPhone。当天，美国全国广播公司财经频道（Consumer News and Business Channel，简称CNBC）记者对乔布斯进行了简短的采访。在本次访谈中乔布斯主要谈了苹果公司推出iPhone的理由，接着谈了苹果公司和智能手机市场上主要竞争对手的关系，最后对他是否继续掌舵苹果公司谈了自己的立场。

它的确第一次让电脑变得好用起来，第一次把图像带到个人电脑里。iPod 改变了我们听音乐的方式，改变了整个音乐产业。我认为 iPhone 也许会改变整个手机产业。我认为就以下几个方面而言它带给我们的体验将会是超强的：打电话、存放所有联系人地址、将迄今为止我们生产的最棒的 iPod 全部集成进去、拥有真正的浏览器和真正的电子邮件系统从而把互联网装进你口袋里、Google Maps 在其中得到了最完美地体现、把拥有所有这些功能的手机放进你的口袋里而且还比其他手机好用 10 倍。我认为这就是世界的发展方向。

**主持人：**你在演讲中也提到了，你反复地提到它——你不断地提到竞争对手，不断地展示 Palm、Rim、Nokia 和 Motorola 牌子的手机。你不仅仅向直接的竞争对手传递了信息，你还向整个行业传递了信息。我们显然处于一个金融网络之中，因此站在一个投资者的立场上看——我不知道你有没有注意到你今天的评论所带来的影响，但你知道吗？黑莓公司的股票遭到重创，我可以想象得到别的智能手机制造商正感受到巨大的压力，因为你现在正式加入了竞争行列。

**乔布斯：**哦，你知道吗？我们不想那些事情，真的。我们是一家生产产品的公司。我们热爱伟大的产品。因此，为了向人们解释我们的产品是什么，我们就必须和现在人们使用的产品进行对比。这就是我们做的事情。

**主持人：**以前你和我谈论 iPod 的视频功能时（抱歉，iPod 也能播放视频，我在这里小心地纠正上次说的话），你说你永远不会生产这么多，“我们将观察它的表现如何，我们不知道视频会不会成为一款杀手级应用软件，我们将观察会发生什么情况。”今天你对于低调谈论这款设备的潜在机会有什么计划好的声明要发表?

**乔布斯：**噢，回想一下我们先前的对话，现在我们可以说那个视频播放功能获得了成功。它是一个杀手级应用软件。我们卖出的电视节目已经超过了1500万套，在4个月之内我们通过iTune网站已经卖出了130万套故事片。

从截止到目前的情况来看，它代表着未来，它不是——。我真希望今天我们能够以100美元的价格销售它。可是我们做不到。它现在的价格还是有点贵。但是随着我们年复一年地把成本降下来，它能够吸引越来越多的人，我没理由不相信人人都想要一部。

**主持人：**问你最后一个问题。我再次提及我们处于一个金融网络之中，你知道问题来了，因为你在报纸上读到的关于你和你在苹果电脑公司的地位的消息和我读到的一样多。现在流传着的消息是你正在着手处理期权回溯期存在的争议问题。你有什么信息要传递给股东、投资者、消费者以及员工？本次很特别的争议是——你在公司的任期会发生什么变化？它将对你造成什么样的影响？你如何确保人们相信这将不会损害你的形象。

**乔布斯：**哦，报纸上写的东西有时候挺让人心烦的。很多人根本就不知所云。读他们写的东西挺让人心烦。但你知道吗？我们进行了内部调查。接着我们实际上聘请了一位独立调查员，他是一位极有威望的前联邦检察官。他们检查了100万份文件中的一大半。他们花了几个月的时间，他们提交了自己的一篇报告，白纸黑字都在里面。报告指出，当前管理层没有任何不当行为。我们的确发现了一些我真希望我们没有发现的事情，作为CEO，我对此要负上一定的责任。但你知道吗？我们已经把所有这些情况交给了证券交易委员，他们将我们发现的一些情况展开调查。但你知道吗？我并不认为这将会对当前的管理层产生什么影响，而且我认为一切都将好起来的。

**主持人：**史蒂夫·乔布斯继续待在苹果公司？

**乔布斯：**嗯，我在董事会和股东们的乐意下为公司服务。只要他们需要我，我就愿意继续做这份工作。

**主持人：**是的，我想他们需要你。非常感谢。

**乔布斯：**没问题。

# 28 乔布斯谈竞争和友情

## ——2007年5月30日乔布斯和比尔盖茨联合接受华尔街日报记者采访[1]

**沃尔特：**在我们开始之前，曾经有些业界先驱者出现在这个讲台上——当然我们今天讲台上的人都是先驱者，但是有些真正重量级的先驱者我们以前只能在录像里看得到，他们中的一些人就在我们听众中间。米奇·卡普尔[2]是我们的常客，你能否站起来一下？你在哪儿？他在那里。弗雷德·吉本斯[3]此前没来过数字大会[4]，但今天晚上他来了。弗雷德。弗雷德就在那里。我不知道他在不在这个房间里，但是我的确想从我们的记者同行中认出他来，他就是来自《财富》杂志的布伦特·施兰德[5]，就我所知，上一次对这两个人的联合采访就是他做的。那次采访不是在这个讲台上，而是由《财富》杂志举办的。布伦特，我不知道你在不在这个房间里。如果你在的话可否站起来？也许，哦，他在那里。

**卡拉：**好的，就让我们开始吧。我曾经想问，在很多博客里、报纸上出现了大量的关于你们两人势不两立的激烈争论以及诸如此类的东西，我们想问的第一个问题也是我感兴趣的问题，就是

① 2007年5月30日，在第五届数字大会（All Things Digital）上，《华尔街日报》的专栏作家对乔布斯和盖茨这对欢喜冤家进行了一次联合采访。这次访谈全面披露了苹果公司和微软公司之间不为人知的合作与竞争关系以及两人之间惺惺相惜但又“既生瑜何生亮”的微妙个人关系，最后乔布斯用一首歌词来总结两人之间的关系，让在场的不少人（包括乔布斯本人）眼里都饱含泪水。值得一提的是，盖茨是在乔布斯临终之前看望过他的少数朋友之一，乔布斯望着盖茨离去的背影感慨地说：“他现在是多么健康和快乐呀”。

② Mitch Kapor：米奇·卡普尔（1950-），莲花公司（Lotus Development Corporation）的创建者，著名电子表格软件Lotus 1-2-3的设计者。

③ Fred Gibbons：弗雷德·吉本斯，现为斯坦福大学研究生院教授。他是个人电脑软件业的先驱者之一，曾与1981年在硅谷创立Software Publishing Corporation。

④ 指All Things Digital大会，简称D Conference，比如2007年的大会被称为D5。

⑤ 布伦特·施兰德是乔布斯非常信任的记者，曾为乔布斯重返苹果公司牵线搭桥。

你们如何评价对方为计算机工业所作的贡献。首先从史蒂夫开始，你评论比尔，轮到比尔时也是这样。

**乔布斯：**是这样，比尔创办了计算机界第一家软件公司，我想他创立第一家软件公司的时候我们业界人士除了这些人之外还不知道软件公司是何许物也。那个影响太大了。那个影响真的太大了。他们最终追求的商业模式被证明是业界运作良好的模式。我认为最重要的一件事就是比尔几乎在除他之外的任何人认识到真正的软件是个什么东西之前就集中精力搞软件。

**卡拉：**那重要吗？

**乔布斯：**那是我的看法。我是说，你可以说很多别的事情，但那一点是最重要的。我认为创办一家公司真的很困难，它要求你运用最强大的说服能力去雇用你能够雇用到的最好人才并让他们满怀希望地不断地去工作去做他们一生中最出色的工作。这些年来比尔一直能够做到这一点。

**沃尔特：**比尔，史蒂夫和他的苹果公司的贡献又如何呢？

**比尔：**哦，首先，我想澄清一点：我可不是“冒牌史蒂夫·乔布斯”[①]。

史蒂夫所做的事情是相当惊人的，假如你回头看看 1977 年，那时苹果二代电脑将会成为畅销货的想法是只有苹果公司才下的赌注——别人也有产品，但是苹果追求的是让苹果二代能成为一个令人惊艳的产品的梦想。

于是我们做的最有趣的事情之一就是推出了麦金塔，而那个举措是相当危险的。人们可能不记得了，当初苹果公司真的把公

① 指有人冒用史蒂夫·乔布斯的名字注册博客用户并发表以假乱真的文章，很多人说是比尔·盖茨干的。

司当作赌注。“丽莎”[1] 做得不够好，因此一些人就说总体方法不对，但是史蒂夫在公司内部打造的团队追逐那个梦想，甚至于有时候他们也觉得那种想法有点超前——我不知道你们是否还记得“崔姬”（Twiggy）磁盘驱动器以及……

**乔布斯：**容量为128个千字节。

**卡拉：**噢，“崔姬”磁盘驱动器，是的。

**比尔：**史蒂夫曾经作过一次演讲，那是我最喜欢的演讲之一，他在演讲中谈到，在某种意义上说我们生产我们自己想要使用的产品。因此他以令人难以置信的品味和优雅追求着他的这一理念，对计算机业带来了巨大的影响。他常常在不经意之间就能够想出下一个赌注应该放在什么地方，他的这种能力超凡脱俗[2]。当史蒂夫回归公司的时候苹果公司正走下坡路，他重新把不同寻常的创新和冒险理念注入公司之中。我们都很幸运能够成为这个过程的一部分，但我想说的是他的贡献和任何人的一样多。

**乔布斯：**我们两个在开办公司时也都很幸运各自拥有自己的杰出伙伴并且吸引了很多杰出的人士。我是说，在微软和苹果两个公司所做成的事都是由那些卓越人才完成的，而今天他们没有一个人在这里熬夜。

**卡拉：**是啊，不是我们。

**沃尔特：**不是我们。所以在某种意义上说，你们是所有那些人的替身。

---

① Lisa是苹果公司于1983年推出的全球首款将图形用户界面（GUI）和鼠标结合在一起的个人电脑，又叫做Apple Lisa。Lisa工程在1978年的苹果公司开始，随即演变成一个正式项目。大约在1982年，史蒂夫乔布斯被迫离开了Lisa项目，他加入了Macintosh项目以代替Lisa。

② 盖茨称赞乔布斯对趋势和消费者需求的把握能力。

**乔布斯：**是的，在某种意义上，我们是。在一种非常明确的意义上。

**沃尔特：**那么比尔谈到了苹果二代和1977年以及30年前。过去也曾有一些别的电脑瞄准了那种普通人也能够使用电脑的想法，现在回过头去看看，以今天的标准来衡量的话普通人未必能够使用它们，但它的确扩大了能够使用电脑的人群。

我实际上看过1978年的一则苹果广告。它是一张平面印刷广告。那说明它有多么的古老。它说，几千人已经发现了苹果电脑。几千人。它还说，你不想买一台把程序盒装在里面的电脑吧。我认为那是指雅达利游戏电脑（Atari）或者别的什么。

**乔布斯：**噢，不。

**沃尔特：**你想要的是一台你能够在里面写自己程序的电脑。显然，人们现在依然想买这样的电脑。

**乔布斯：**我们那时有一些非常古怪的广告。我们有一则广告说在一间厨房里，一个家庭主妇模样的女子正在往电脑里敲菜单，而他丈夫则心满意足地在后面看着。类似那样的广告。

**沃尔特：**那样的广告奏效吗？

**乔布斯：**我觉得不好。

**沃尔特：**我知道你在1977年之前创建了微软。我想苹果公司是在1976年之前创建的吧。

**乔布斯：**1976年.

**沃尔特：**微软是在……

**比尔：**1974年的时候我们开始写BASIC[①]。然后我们在1975年

① 著名的计算机编程语言。BASIC是B(eginner's) A(ll-purpose) S(ymbolic) I(nstruction) C(ode)的缩拼。

发售 BASIC。

**沃尔特：**这里的一些人（不过我不认为是多数人）知道苹果二代里实际上装有某个微软软件。你们想谈谈那是怎么回事吗？那是如何发生的？

**比尔：**是的。之前雅达利和少数别的公司——实际上大约 24 家——生产了各种各样的机器，但是 1977 年产品目录里就包括了 PET、TRS-80……

**沃尔特：**是 Commodore[①] 吗？

**比尔：**是的，Commodore PET、TRS-80 以及苹果二代。初始的苹果二代 BASIC 即整数型 BASIC 和我们无关。但后来有了浮点型 BASIC，我和沃兹主要攻的是那个。

**乔布斯：**让我来告诉这个故事吧。我的合伙人叫做史蒂夫·沃兹尼亚克，他是个非常聪明非常聪明的家伙。他写了这个 BASIC 语言，好像是世界上最好的 BASIC 语言。它做的事情其他任何别的 BASIC 语言从来没做过。为了发现程序的错误信息你不需要运行它。在你输入的时候它就会把错误找出来，诸如此类。它哪方面都无可挑剔，就有一点，它是定点的，对吧？它不是浮点的。

所以我们得到很多意见说人们想要这个 BASIC 语言是浮点型的。于是我们就央求沃兹：拜托，拜托，把这个弄成浮点型的。

**沃尔特：**“我们”是谁？苹果公司里有几个人？

**乔布斯：**哦，是我。我们央求沃兹把这个 BASIC 语言弄成浮点型的，但是他从来没做成。你知道吗？他是用手在纸上写出来的。我是说，他没用编译器或别的什么来写。它完全是写在纸上的，然后他把它敲进电脑里。他就是从来没找到办法把它弄成浮点型

① 过去一家电脑公司的名字。

的。

**卡拉：**为什么呢？

**乔布斯：**这就是一个生活之谜。我不知道，但是他就是从来没做成。所以，微软就拥有了这个非常受欢迎的、确确实实好用的浮点型 BASIC 语言，于是我们最后找到他们，对他们说“帮帮我们吧”。

**沃尔特：**那个语言多少钱——我想你先前告诉了我们……

**比尔：**哦，3.1 万美元。

**沃尔特：**苹果公司买了你的……

**比尔：**浮点型 BASIC 语言。我飞快地跑出苹果公司，我花了两天的时间在那里找磁带。那个时候磁带是人们存储东西的主要介质，对吧？你知道吗？那很有趣。

我认为最有趣的是后来我们工作在了一起。

**沃尔特：**什么是最有趣的？告诉我后来那个最有趣的故事吧。

**卡拉：**或许后来不是最有趣了。

**沃尔特：**让他们说吧。

**卡拉：**开个玩笑。

**比尔：**好的，史蒂夫也许能够开个更好的头。他们那边组成生产麦金塔的团队是非常投入的。我们这边也有一个同样投入的团队全身心地做这件事。有杰夫·哈波斯[①]（Jeff Harbers）以及很多才俊。我们当时真的把我们的未来押在了麦金塔的成功上，后来又寄希望于图形界面能大获成功，不过最重要的，我们把未来押在麦金塔的流行上。

① Jeff Harbers：杰夫·哈波斯（1952-2006），前微软高级管理人员，2006年因飞机失事遇难。

于是我们一起工作。生产时间表是不确定的。产品质量是不确定的。产品价格是不确定的。当史蒂夫第一次提出来麦金塔将要比最后生产出来的样子便宜很多的时候，我们觉得也没什么。

**卡拉：**那么你们是在两个地方工作？

**比尔：**是这样，我们当时是在西雅图，所以我们常常飞过去。

**沃尔特：**但是如果我没记错我读过的东西的话，当时微软不是被允许拥有麦金塔原型的少数公司之一吧？

**乔布斯：**是。有意思的是，人们现在很难记得当初微软不是立足在应用软件领域里。他们之所以在麦金塔上下大赌注是因为这样一来他们就可以涉足应用软件行业。那个时候莲花公司（Lotus）是 PC 业应用软件领域里的龙头老大。

**比尔：**没错。我们刚刚做出来在苹果二代上大受欢迎的 MultiPlan，米奇就在 IBM PC 上做了一件了不起的工作，他的 1-2-3 问世了，成了那个行业的霸主。所以问题是，下一个考虑到准入门口的模式是什么？我们有了 Word，但是在字处理数据库方面 WordPerfect 要远远比 Word 强大。

**沃尔特：**当时的 Word 是一种 DOS[1] 下的文本……

**比尔：**我说的所有这些产品都是基于 DOS 的产品。

**沃尔特：**对的。

**比尔：**因为当时 Windows 还没出现。

**沃尔特：**没错。

**比尔：**我们在上世纪 90 年代早期才开始接触 Windows。所以我们下了这个赌注，即模式转移将会是图形界面，特别是麦金塔

① DOS：磁盘操作系统（Disk Operating System）。在个人电脑上，Windows操作系统出现之前基本上是DOS操作系统的天下。

能够用 1.28M 内存就能让那件事情发生，其中 0.22M 内存用在屏幕缓冲器上，而 0.14M 内存用在操作系统上。所以它是……

**沃尔特：**0.14M 内存？

**比尔：**是的。

**沃尔特：**起初的麦金塔操作系统用 0.14M 内存？

**比尔：**当我们的软件运行的时候我们不得不载入 0.14M 内存。所以当系统外壳运行起来时，整个内存用量为 1.28M。

**乔布斯：**操作系统比 0.14M 要大。运行它需要 20 秒左右的时间。

**沃尔特：**我明白了。

**乔布斯：**我们现在发售的电脑的内存达到了 1 个 G 或 2 个 G，没人记得 1.28M 内存了。

**沃尔特：**我记得。我记得那时候给电脑买个 1.28M 内存要花很多钱。所以这两家公司在麦金塔项目上密切合作，因为尽管你们可能不是唯一的公司，但是你们是主要的软件生产商或主要的软件生产商之一，对吗？

**乔布斯：**是这样的，苹果公司自己生产麦金塔，但是我们让比尔及其团队参与进来写这些应用程序。我们自己写了一点应用程序。我们写了 MacPaint、MacDraw 等等诸如此类的软件，但比尔及其团队做了一些出色的工作。

**卡拉：**你离开微软后公司继续前进，而且变得越来越强大，照此而言，乔布斯离开苹果后多多少少发生了一些灾难性事件，对于苹果将来会发生什么事情你当时是怎么想的呢？

**比尔：**嗯，苹果公司嘛，他们当时没有方向。我们还在继续做麦金塔的软件。史蒂夫和我在纽约共同介绍了 Excel 软件，那真是一件有趣的事情，我们继续做软件，而且做得很好。但是后来苹果公司在较大容量的电脑平台方面不是分得很清楚。

**沃尔特：**你是指 Windows 吗？

**比尔：**DOS 和 Windows。

**沃尔特：**好吧。不过 Windows 是在 20 世纪 90 年代才开始飞速发展起来的。

**比尔：**到 1995 年，Windows 开始流行起来。激烈的辩论不是关于使用 Mac 还是 Windows 之类的。激烈的辩论是关于使用字母模式的界面还是使用图形模式的界面。当 386[1] 出现的时候，我们有了更多的内存，CPU 的速度也够用了，一些开发工具随之出现，我们押在 GUI 上面的赌注得到了回报，因为早期置身于 GUI 开发的每个人都说：这才是计算机发展的方向。

**沃尔特：**可是苹果公司未能扩大它的产品。

**比尔：**在 512K Mac 机生产出来之后，苹果的生产线就发展得不够快——史蒂夫不在公司了——跟不上形势的需要。我们实际上在磋商一项投资协议，和吉尔·阿梅里奥[2]（Gil Amelio）做了一些承诺之类的事情。不，是真的。

**卡拉：**不要对他那么刻薄嘛。

**比尔：**抱歉，你说什么？

**卡拉：**只说“吉尔·阿梅里奥”就行，你可以看到他的……

**比尔：**于是我在周末打电话给他，说了那些话，而接下来我所知道的就是史蒂夫给我打电话说：“不要担心你和吉尔·阿梅里

---

① 英特尔（Intel）公司推出的一款CPU的型号。

② Gil Amelio：吉尔·阿梅里奥（1943-），1994年加入苹果公司董事会，1996年2月成为苹果公司的CEO，1997年7月被迫辞去CEO职务。乔布斯随即担任苹果公司的临时CEO。有意思的是，吉尔·阿梅里奥后来和苹果公司的另一创始人史蒂夫·沃兹尼亚克共同成立了一家科技公司（Acquicor Technology Inc）。

奥之间的谈判。你现在可以只和我谈了。”我说：“哇！”

**乔布斯：**吉尔是个不错的人，但是他有句名言。他说：“苹果公司就像一只船底有洞不断漏水的船，我的工作就是让这只船摆正方向。”

**沃尔特：**与此同时，经历了这一切——我是说我想重新回到我们在1997年“麦金塔世界”大会上看到的情形——可是Windows正在大行其道。我意思是，早期的Windows版本无论如何都没有Mac所具有的GUI的所有特征，所以Windows 95真的是一次巨大的飞跃。

**比尔：**是的。Windows 95出现在图形界面成为主流的时候，那时软件业意识到：哇，这才是做应用软件的环境啊。不可思议的一件事情就是1993年和1994年的时候图形界面还被人们嘲笑，还不是主流，可是到了1995年，争论结束了。它成了常识一样的东西。它是硬件和软件结合在一起成熟到一定程度的时候人们才能看到的东西。

**沃尔特：**我不想捋一遍每个细节，不想知道你是如何回到公司的整个过程，但是……

**乔布斯：**谢谢你。

**沃尔特：**但是你在那段视频里，我们都看到了那段视频，你说你判定和微软竞争对自己不利。显然，苹果公司有很多麻烦，我推测你那么说是出于某种战术或者战略的考虑，也可能只是想成为一个善人，对吗？

**乔布斯：**你知道，苹果公司曾经陷入大麻烦之中。真正清晰的是假如是一个“苹果赢微软就必须输”的零和游戏的话，那么苹果一定会输。但很多人的脑子就是转不过弯来。

**卡拉：**站在你的角度看为什么是那样？

**乔布斯：**哦，很多苹果公司里的人甚至很多消费者都想不通，因为苹果公司发明了很多东西，但微软正在成功之路上奋进，而苹果公司没有，所以有了嫉妒心和乱七八糟的的事情。有很多无关紧要的理由。

但最终结果就是苹果公司里的很多人以及苹果公司生态环境里的很多人玩“苹果赢微软就必须输”的游戏。很显然你不必玩那样的游戏，因为苹果不准备打败微软，微软也不必打败苹果。苹果公司必须记住自己是谁，因为他们忘记了苹果公司是谁。

所以对我来说，我必须打破那个魔咒。另外一点也很重要，就是微软是苹果以外最大的 Mac 软件开发商。所以那个时候在苹果发生的事情简直就是疯狂。苹果很虚弱，所以我给比尔打电话，我们试图进行补救。

**比尔：**从那个时候开始，我们组成一个团队专门做 Mac 机的应用软件，而他们常常受到特殊的待遇，所以他们和苹果的关系非常特殊。结果很好。事实上，每过几年我们都能够在 Mac 机上做出新东西出来，对我们来说那是笔大买卖。

**乔布斯：**实际上，微软的 Mac 软件开发团队和苹果之间的关系是非常融洽的。它是我们最好的开发商之一。

**卡拉：**你们现在还把自己看成对方的竞争对手吗？今天随着软件业版图的改变——我们将讨论互联网版图，其他的一切以及其他的公司都在前进，在今天的这个版图上你们是如何看自己的呢？

**沃尔特：**因为，我是说，你们在某些方面是竞争者，以美国人的方式竞争，对吗？

**卡拉：**我们看商业广告，是吧？

**沃尔特：**你们有时候也会被对方惹毛吧？

**卡拉：**你们知道吗？我必须承认，我喜欢那个 PC 伙计[①]。

**沃尔特：**是，他很棒。

**卡拉：**是，我喜欢他。那个年轻的小伙子嘛，我想揍他。

**乔布斯：**那些商业广告的艺术不是让人成为一个卑劣的人，实际上它是让人们喜欢彼此。

**比尔：**谢谢。PC 小伙很出色。有气度。

**卡拉：**他“妈妈”[②]爱他。

**乔布斯：**他“妈妈”爱他。

**卡拉：**我告诉你们吧，我更加喜欢 PC 小伙。

**乔布斯：**哇。

**卡拉：**真的喜欢。我不知道为什么。他讨人喜欢。另外一个家伙就是一头蠢驴。

**乔布斯：**实际上是 PC 小伙让广告大获成功。

**沃尔特：**好吧。

**乔布斯：**这值得思考。

**卡拉：**那么你们是如何看待自己的呢？

**沃尔特：**我是说，让我问你个问题，比尔。很显然，微软是一个更加庞大的公司，你占领了更多的市场，你们的产品类型也比苹果的多。当你过去经营这家公司的时候或者当史蒂夫·鲍尔

---

① 这里指的是苹果在年推出的一则攻击微软的广告，被称为苹果的“Mac Guy，PC Guy”的广告，其中Windows的PC机被描绘成一个胖乎乎、笨拙的商人（由胖乎乎的作家兼演员John Hodgman扮演），而苹果的OS X却是个精干、平和的年轻男子（由著名演员Justin Long扮演）。参见本书演讲部分。

② 这里的“mother”应该指的就是制作了这则广告的人。

默（Steve Ballmer）正在经营这家公司的时候，你显然在想着谷歌（Google），我不知道你是否还在想着在软件企业里的利纳克斯（Linux）以及在游戏领域里的索尼（Sony）。站在商业的角度上，苹果公司出现在你的微软“雷达屏幕”里的频率有多高？

**比尔：**他们是作为一个机会而出现在“雷达屏幕”里的。在很少的情况下会有类似 Zune[1] 那样的产品，他们把苹果公司看成竞争对手。事实上他们喜欢苹果闯出了一个巨大的市场，他们进到里面来试图贡献点什么东西。

**乔布斯：**我们喜欢他们，因为他们都是我们的顾客。

**沃尔特：**我必须告诉你们，实际上 J·阿拉德告诉过我——我是认真的，他说因为处理器的性质，他们用来开发很多 Xbox 360 软件的开发平台是 Mac 机。他声称他们一度把最大的订单用在购买麦金塔上，微软是那个时候 Mac 机的最大买家。

**比尔：**我不知道我们是不是最大的买家，但是，没错，我们用的处理器本质上和 Mac 的一样。具有讽刺意味的是，在 Xbox 360 准备采用它的时候，他们更换了那个处理器。但是实际上两种情况都有充分的理由。因为我们不是开发移动应用程序的，那是那种处理器所不具备的性质之一。不过没错，它显示了我们的实用主义，但我们试图以那种风格做事。因此那就是为早期准备把自己的软件装进 Xbox 360 的人们准备的开发系统。

**乔布斯：**我们从来没在那方面作广告。

**沃尔特：**明白了。令人倾佩的约束力。那是了不起的约束力。

**乔布斯：**当时有数百则广告。

---

① Zune：品牌名，微软开发的一款音乐播放器，类似于iPod。

**比尔：**史蒂夫以他的克制力[1]名闻天下嘛。

**卡拉：**你们坚持将硬件和软件结合在一起的想法，而现在这种想法实现得很好。

**乔布斯：**当我第一次在苹果公司的时候有很多事情发生了，我相信我本可以做得更好，在我离开之后又发生了很多事情，我认为这些事情是错的，不过都不重要了。真正重要的是，你必须把所有的那些事情都放下来，我们还是我们。所以我们常常向前看。

我10年前回到苹果时做的一件事情就是把博物馆以及所有纸张文件和旧机器都给了斯坦福大学，把蜘蛛网扫除干净，我说：让我们停止向后看。重要的是明天发生什么。因为你不能向后看，不能说：唉，你知道吗？我真希望我没有被炒鱿鱼，我希望我在那里，我希望得到这个，我希望得到那个。不重要。因此让我们去发明明天的东西而不要为昨天发生之事而忧虑。

**卡拉：**我们本打算明天谈一点的，但就让我们今天谈谈吧，就是关于你们如何看待市场上的不同“玩家”的以及你们是如何看现在流行的东西。你们在业界浸淫这么长的时间，可谓阅历丰富，但你们仍然活跃在其间，并且你们的公司仍然是非常重要的公司，那么什么东西会让你们两个都感到吃惊呢？现在有很多很多公司正在变得非常强大。你们如何看待目前的业界版图以及正在发生的那些事情？尤其是在互联网领域。

**乔布斯：**我认为目前它非常非常健康。我认为有很多年轻人在创办一些了不起的公司，他们想办公司，他们不仅仅想做出某件东西并把它卖给一位名人，他们还想办公司。我认为有一些真正让人兴奋的公司正在冒出来。下一代的某些人是我们这代人努

① 当然这是玩笑话了，我们知道史蒂夫从来不约束自己的感情。

力追上的对象，是我们一些人想方设法与之合作的对象，如此等等，但是现在已经有很多人在行动了，你说呢?

**比尔：**是的，我想说的是，这一时期是它的健康期。我们将来回顾这一时期时，会把它看成一个充满发明的非凡时期。

**乔布斯：**我也是这么想的。现在有很多事情充满了风险，但这往往是一个好兆头，你可以识破风险，你可以看到另一面，你说：是的，这件事可能获利巨大，但是要冒一定的风险，以前从来没人做过。

**卡拉：**你有例子吗?

**乔布斯：**我有，但我不能说。

**卡拉：**好吧。

**乔布斯：**不过我可以说，当你觉得那是一件大事的时候。

**卡拉：**好的。

**乔布斯：**那是让你一大早就来工作的事情，它告诉你激动人心的事情就要来了。

**沃尔特：**好吧。你们两人当然都已经——你们每天都接触互联网，你们有互联网产品，你们有一大批人在研究互联网，你们有 iTunes 软件和“.Mac”网站等等，但是另一方面，你们又代表了富有的客户、个人电脑、大型操作系统等等。有一种想法——我相信这个房间里的一些人有同样的想法，就是一切都转向云计算，你们将需要相当轻便的硬件，那些硬件不需要那样的投资，你们在职业生涯中都进行过那样的投资。因此尽管人们可能会把你们看成是对手，但是有一种想法认为你们两人……

**乔布斯：**我们两个都是“恐龙”?

**沃尔特：**嗯?

**乔布斯：**我们两个都是“恐龙”？

**沃尔特：**恐龙？是的，随便什么吧。我可以谈谈那个。不是，认真地说……

**卡拉：**你们把赌注押在了一个变化着的系统上。

**沃尔特：**5 年后，个人电脑依然是那些东西中的关键吗？

**比尔：**哦，你可以说我们预测它在未来不是关键。网络电脑大约在 5 年前就夺取了关键的位置，我们消失了。还记得单一功能的电脑吧？曾经有人说这些多功能的东西只是一种说不出来的想法。

**卡拉：**拉里·埃里森[①]（Larry Ellison）说的。

**比尔：**主流的东西往往受到攻击。人们没有意识到的是你们将拥有丰富的本地功能，我是指，至少我们是这么赌的，你们之所以收到的东西就像说话和看东西那么自然，是因为你们得到的是更加自然的主板规格，因此问题就是如何把本地功能和外地功能结合在一起。

比如说，当你看到一个设备的时候，那个设备和电视连在一起或者和汽车连在一起，有更加轻便的硬件和互联网相连，但是当你要编辑文档或创建东西的时候，你就想到了全屏幕，我认为我们还没到让那个变得更强大的地步。

**乔布斯：**我给你举个具体的例子。我喜欢 Google Maps 软件，我在自己电脑的浏览器上用它。但是当我们在做 iPhone 的时候，我们就想，如果把地图放进 iPhone 里不是很好吗？于是我给 Google 打电话，他们用 Java 语言已经在一些手机里写了少量的客

① Larry Ellison：拉里·埃里森（1944-），美国Oracle（常被译为甲骨文）公司的首席执行官。

户端应用程序[①]了，他们有了一个应用程序接口，我们和他们一起在上面做了一点点工作。我们最终为那些应用程序接口写出了一个客户端应用程序。

那个客户端程序是很多客户端程序技术结合在一起的结果。因此当我们给他们看的时候，他们被程序的精彩电晕了。你在浏览器里做不到那一点。

所以人们正在想办法如何在一个浏览器里多做一些事情，当你断开浏览器的时候如何保持原先那种状态，如何在本地运行用那些技术写出来的应用程序这样它们就能够相当透明地运行而不管你是否保持连接。

但是进展相当缓慢，因此在一个具有富客户端的环境下你可以做很多事情。与此同时，硬件发展到了你可以在越来越低成本的设备上在越来越省电的设备上运行富客户端环境的地步。所以在客户端方面你可以做一些相当酷的事情。

**沃尔特：**好的。你说到了富客户依然重要——可能我误解了你的意思，但是你的例子是关于一个富客户的例子而不是我们原以为的关于个人电脑的例子。

**乔布斯：**我说的是，我认为某些真正出色的客户端应用程序和某些真正出色的云计算服务结合在一起是非常强大的，比仅仅在客户端装一个浏览器要强大得多。

**卡拉：**你谈到的是一个软件公司，一个有软件和服务的公司，而不是一个……[②]

① API：abbr. 应用程序接口（Application Program Interface）。

② 乔布斯的理论有点深奥，作为财经类记者当然不是那么快就能理解的。当然我们也不好理解。

**乔布斯：**我是说这些服务和一个更复杂客户端环境的结合是一个非常强大的结合。

**沃尔特：**比尔呢?

**比尔：**是的。从架构上看，问题是，你只是在云计算里运行软件吗?你在本地下载的只是浏览器吗?这个问题和关于电话的问题以及关于全屏幕设备的问题是一样的。屏幕总是有大小不同之分，因为5英寸屏幕的确不能和20英寸相提并论，不能和客厅大屏幕相提并论。那些东西的背后将存在着某些类型的计算，都和互联网相连，但是其想法就是你从本地得到的响应是没有延迟或者带宽限制的立即响应，但如果你试图都从后台去做的话就办不到，因此那会导致适当的平衡。

**卡拉：**5年之后那样的设备看起来是个什么样子?什么会成为你的首选设备?有一个吗还是……

**沃尔特：**我可能想错了，我想你身边带一个平板电脑，对吗?

**比尔：**对。

**沃尔特：**平板电脑还不见得在世界上掀起轩然大波。

**比尔：**是的。我想这就像Windows 1992一样。就是说，我顽固地坚持自己的信念。

**沃尔特：**好吧。但是回到卡拉的观点上去，想象一下你们每个人会携带什么样的首选设备呢?比如说要做一些上网的事和……

**卡拉：**我是说，杰夫·霍金斯（Jeff Hawkins）向我们展示了一款非常轻便的设备。

**沃尔特：**是的。我不知道你们是否看到了，不过杰夫·霍金斯展示的是一款基于Linux操作系统的非常小巧的设备，我想他称之为“今日智能手机之伴侣”。

**卡拉：**电话伴侣，那听上去有点流里流气的啊。

**沃尔特：**那不要紧，你不在那里，但是你们每个人会带着什么——我猜测你们会携带平板电脑。我不知道它是什么牌子。也许你们彻底改变了它们，我不知道。你显然携带的是一台 MacBook Pro[1]，我猜一猜，或者是一台 MacBook。

**乔布斯：**是的。哦，一部 iPhone。

**沃尔特：**一部 iPhone？

**卡拉：**你有一部？

**乔布斯：**我有一部。

**卡拉：**就在这里？

**乔布斯：**是。

**沃尔特：**是的，他有一部。他刚才拿出来了。真的。

**卡拉：**不好意思。

**沃尔特：**今天早些时候他拿出来晃了一下。

**卡拉：**算了，继续吧。那么你的设备是什么？我们应该携带的设备是什么？

**沃尔特：**5 年后你最依赖的设备是什么？

**比尔：**我不认为你只拥有一种设备。我认为你将拥有能够随身携带的全屏幕设备，你可以从该设备中读到超级多的东西[2]。

**卡拉：**很轻。

**比尔：**是的。我是说，我相信平板电脑主板规格。我认为你会发现它有声音。我认为你会发现它有墨水。你会有一个硬件键

① MacBook Pro：一款苹果笔记本电脑。

② 相当有远见，现在的不少电子设备都是全屏幕的，包括苹果公司的iPad。

盘并对它进行设置。然后你就有了一个能够放进口袋里的设备，该设备体现了有多少功能可以合并在一起的整体概念。

**卡拉：**然后在家里呢？你会把家里设置的处处接通吗？

**比尔：**哦，家里，你将会在客厅里进行“10 英尺体验”，就是你在那里连上网络，你在那里玩游戏和进行娱乐活动，根据在那个天地里所能容纳的内容进行很多的体验。然后在你的卧室里，你可以放很多你办公桌上放的东西。每个水平面和垂直面都将放置一台投影机，这样你就能够把信息放进去，你可以坐在你的桌子上面操纵一切。

**沃尔特：**拜托，我能够在我的屋子里拥有一个没有屏幕没有投影机的房间吗？

**比尔：**当然。

**沃尔特：**谢谢啊。

**比尔：**浴室。

**沃尔特：**哦，原来是这样……

**卡拉：**实际上，那是放那些东西的最理想的地方。

**沃尔特：**那么你对 5 年后携带的设备有什么看法？

**乔布斯：**这很有趣。个人电脑被证明是相当有韧性的，正如比尔先前所说，我是说，每隔几年 PC 就被预测死亡一次。

**沃尔特：**在这里当你说 PC 的时候，你的意思是泛指的个人电脑而不只是 Windows PC 吧？

**乔布斯：**我的意思是泛指的个人电脑。

**沃尔特：**是的，好吧。

**乔布斯：**曾经有一个时代是生产力大发展的时代，如果你愿意那样说的话，电子表格软件和字处理软件以及诸如此类的软件推动着整个行业向前发展。它平稳了一段时间，开始变得有点死气沉沉，然后互联网来了，人人需要更强大的电脑去上网，浏览器出现了，整个互联网时代出现了。若干年前，你开始看到PC被当作了稀松平常的东西，变得有点相对稳定了，至少在革新方面是这样。然后我想PC的整个概念——我们称之为数字中心，不过你们可以随心所欲地称呼它，有点像屋子里的多媒体中心——随着数字相机、数字摄像机、在互联网上分享东西以及需要储存所有那些东西而开始腾飞起来，它作为人们数字生活的枢纽而得到了再生。

你可以看到有些东西又开始出现了。我们还不清楚它是什么，但是它将会是PC，也许和某些后端的互联网服务等等更加紧密地耦合在一起被使用。当然，PC将在更大程度上变成可以移动的PC。

因此我认为PC将会继续下去。这种多功能的设备将会继续与我们同在并与我们一起改变，不管它是平板电脑还是笔记本电脑还是你放在家里的大块头的流线型台式机，不管它可能是什么。因此我认为那将是大多数人拥有的东西，至少在这个社会里是如此。在别的社会里可能不是这样,但是在这个社会里一定会是这样。

但是在你可以称之为后PC的设备上开始有一个爆炸式的增长，对吗？你可以把iPad算作其中的一个。有很多东西不是……

**沃尔特：**你用那个字眼会惹上麻烦的。我想提醒你一下。

**乔布斯：**哪个字眼？

**沃尔特：**我开玩笑。是“后PC设备”。

**乔布斯：**为何？

**沃尔特：**人们给编辑写信进行了投诉。算了，继续。

**乔布斯：**好吧。哦，不管怎么说，我认为总有一系列的设备不是通用设备，它们更加专注于某个具体功能，无论它们是电话还是iPod还是Zune还是你手中的设备。我想人们将会继续在这一系列的设备上进行创新，而我们将会看到很多创新产品。

**卡拉：**给我举个产品的例子。

**乔布斯：**哦，iPod就是后PC设备……

**卡拉：**哦，是的。

**乔布斯：**它是后PC设备的电话。

**沃尔特：**iPhone以及其他智能手机——我知道你相信目前iPhone比其他智能手机好得多，但是这些东西——它们难道不就是电脑而只是主板规格不同而已吗？我是说，当我们使用能处理文字的手机时，它听起来像是……

**乔布斯：**我们正朝着万物皆电脑只是主板规格不同而已的境界靠近。那又如何，对吧？假如在一个东西里面植入一台电脑又会怎么样？不要紧。它是什么？你如何用它？消费者如何接近它？那么谁又会关心它里面有什么东西呢？

**沃尔特：**那么那些先前被称为蜂窝式便携无线电话（不管我们想怎么称呼它）的核心功能是什么呢？袖珍设备？比如5年后你会把核心功能叫做什么？袖珍设备的核心功能是什么呢？

**比尔：**这些专业设备，比如导航设备、电子钱包、电话、相机、录像机，这些东西是多么快地一起出现了，很难探察出来。但是最终你将能够挑出一件能够做所有事情的设备。

不过考虑到尺寸很小，你将不想在那个设备上编辑你的家庭作业或编辑一部电影。因此你会用另外的设备来进行阅读、编辑以及其他的工作。如果我们能够制作出来一种像卷轴一样可以铺展开来的屏幕，那么你可能就会那种万能设备了。

**沃尔特：**在第一届数字大会上，我们请来的是电子墨水（E Ink）①公司的人。

**卡拉：**是。

**沃尔特：**我相信你们两人和他们谈过了。他们谈到了那个问题。那是在5年前。总是5年一个轮回。那么你……

**比尔：**是的。我认为在投影技术方面存在着比弹性材料方面更有可能出现的一些进步，但即使如此这样的进步还没出现，无论人们追求这两个方法中的哪一个。

**卡拉：**也无论是什么质量。

**比尔：**我们微软的一些人在研究那项技术，投入很大，但至少需要5年时间。

**沃尔特：**你呢？从现在起的5年时间袖珍设备会发生什么变化？

**乔布斯：**我不知道。我不知道的理由就是因为我5年前没想到这种设备里会有地图，但它出现了，还真的很受欢迎，人们喜欢它，习惯了它，你想让它在里面。

所以人们常常进行发明，我认为发明的艺术就是在已有的东西和未有的东西之间取得平衡，是编辑功能。显然，你随身带的大多数东西是通信设备。你也想用它们进行点娱乐活动，但是它们主要是通信设备，那就是它们的未来。

**卡拉：**在计算领域之外，在互联网世界里你们认为哪个领域是你们公司和你们个人感兴趣的、令你们激动的领域？社交网络？维基（Wiki）百科系列？还是我们前几天已经谈到过的那些东西？

---

① E Ink：指成立于1999年的E Ink Corporation（电子墨水公司）。

**乔布斯：**你知道吗？我们正在搞一些东西，但我不能说，不过……

**卡拉：**又来了。

**乔布斯：**又来了，没错。

**卡拉：**我想它一定很美。

**乔布斯：**过去有一种说法：苹果公司里的东西难道不是……

**沃尔特：**可是当你能够谈它的时候，我们会被电晕。

**卡拉：**电晕我们，哇，好棒。

**乔布斯：**在苹果公司过去有一种说法：一艘从顶部漏水的船难道不是很有趣吗？所以……

**卡拉：**那有点像没有袖子的汗衫就是一件背心。我没有明白你说的话。

**乔布斯：**那是他们过去常常说我的话，那时我20多岁。

**沃尔特：**是这样。

**乔布斯：**有数不清有趣的事发生在互联网上。对我来说最有趣的事就是人们搞出来的这些让人叹为观止的新设备以及……

**卡拉：**围绕着娱乐活动还是……

**乔布斯：**有很多设备是用来进行娱乐活动的，但是也有很多设备是和如何让你的生活变得更加有效率有关的。我想，当你向某人展示某件东西而不需要说服他们这件东西可以解决他们的问题的时候，那才是真正的了不起。他们知道自己有问题，你向他们展示某件东西，他们说：噢，我的神啊，我需要这个东西。我认为在明年或后年你会看到很多像这样的东西。

**沃尔特：**你显然在互联网方面有很大的一块业务，你有

iTunes[1]，你在 Apple Store 网店上出售很多产品，但是你很早就有这样的想法：当你从苹果公司买了一台电脑之后，你就享受到后端互联网服务，服务网站叫作“.Mac”。我认为很多人觉得你在这方面做得不够。

**乔布斯**：非常同意你的说法，我们将在不远的未来弥补失去的时间。

**沃尔特**：你的情形呢，你显然拥有很多的东西，比如像 Hotmail[2] 以及 Windows Messenger[3]，我猜想这两件产品被广泛使用，但是我甚至不知道有多少用户。

**卡拉**：极大量。

**沃尔特**：数量庞大。但另一方面，正如史蒂夫·鲍尔默今天谈到的那样，别人在互联网的很多产品比如搜索引擎等等上面的地位要强大得多。因为你们是个人电脑公司，所以最容易和那个联系起来，那么是你们现在不如一些竞争对手身手敏捷吗？你们两人担心身手不够敏捷吗？我是说，显然，微软是一家大得多的公司，但是你也是一家大公司，史蒂夫，苹果公司是大公司。你们担心自己不如你们在 1977 年那样和 10 来个职员坐在一起时候的那个人反应敏捷吗？

**比尔**：哦，有很多了不起的新东西常常从别的公司走出来，而你想从中分一杯羹，让这些发明带动对 Windows 和个人电脑的需求，然后你想参与那些上游产品的开发。我希望史蒂夫提到过

① iTunes：苹果公司最热门音乐软件（苹果公司开发的与iPod搭配的在电脑上使用的音乐播放器和音乐管理器）。

② Hotmail：微软的免费电子邮件系统，是出现最早的免费电子邮件系统之一。

③ Windows Messenger：是微软的一款及时通信软件，在中国也有强大的用户群，但不如QQ普及。

我们将参与搜索引擎的开发，希望在未来比现在更上一层楼。

**沃尔特：**他的确提到过，没错。

**比尔：**因此我们将会看到我们在那个领域能做些什么。很多应用程序的专用性更高，因此它们不是我们未来涉足的领域。以未来的教育为例，既然视频成了主流，那么所有这些让你增加互动的工具就是很主流的产品。那一领域让我十分兴奋。授权的想法可以追溯到我们产业开始的时候，一些人梦想将这种想法用在学生身上或老师身上，这样他们用这些新方法就能够理解得更透彻，就能够相互学习，这些事情将来都会发生，我们现在只是处在初级阶段。是的，我们的公司可以在那方面做出贡献，但是总的来说，有了这个走进去并相互依赖的“生态系统”，你才能够最后说：科技终于为教育做了点事。

**乔布斯：**我说，我对这个问题的看法略有不同，我们不在这个方面下大力气是因为这不是我们做的事情。我们并不认为一个公司面面俱到什么都做。因此你必须和那些真正在行的人组成伙伴。就像，我是说，微软也许对搜索引擎很在行，而我们不在行。我们不在行。我们不努力去精通搜索引擎，所以我们和精通它的人们结成伙伴关系。我们不知道如何在后端做地图。我们知道如何做出世界上最好的地图客户端软件，但我们不知道如何做后端服务，于是我们和知道如何做后端服务的人结成伙伴关系。我们想做的是向消费者提供一个能够体验所有这些信息的设备、一个有着良好用户界面的、前后连贯的产品。

因此在某些情况下，我们必须比别人做更多的工作。就 iTunes 而言，没有一个很好的音乐配送服务软件，我们必须做一个，所以我们就做一个。但在另外的情况下，有些公司做得远比我们好，因为我们不擅长别人做的东西，所以我们乐意和他们结成伙伴关系，因此我们是有选择性地做那件事。我认为一个公司要事事都做真的很难，生活是复杂的。

**沃尔特：**我能够占用一分钟的时间问一个有关个人电脑的用户界面问题吗？操作系统 Vista 刚刚面世，是你所做的 Windows 版本中最好的一个，它在用户界面方面作了一些改进。而你呢正准备在秋天做出 Mac OS 的另外一个版本，叫作 Leopard，至少从到目前为止你做的宣传来看它有一些改进。不过从根本上看，你们的这些操作系统都是一些文件图标、文件夹图标、下拉式菜单。我知道我最小化了它们的功能。它们还有很多东西。它们有一些小工具和小部件以及其他一些很酷的玩意，但是你们能够看到，它依然建立在你们开始做出来的版本之上，依然建立在施乐公司（Xerox）研究的结果之上①。

在不久的将来，在接下来的 4 到 5 年里，有没有可能在组织个人电脑的用户界面方面出现新模式？让我们暂时抛开手机之类的东西而只用个人电脑。比尔？

**比尔：**一件期待已久的事情就是 3D 什么时候进入到用户界面里来。过去有很多这方面的实验，互联网上也有一些网站，你可以在上面到处走走遇到一些人，但事实上它的丰富程度以及速度都不能让它维持下去。现在我们开始看到，少数网站利用某种映像材料、图形质量以及一些工具等等正在接近真正实现 3D 那一天。所以我毫不含糊地说，当你走进一家（网上）书店的时候，你将能够看到书背码放在那里，码放方式是你感兴趣的方式，或者就像在实体书店里码放的方式一样。

① 世界上第一台具有GUI界面的个人电脑是施乐公司于1973年生产出来的。

**沃尔特：**这种多点触摸技术怎么样？它真的很有趣。显然，史蒂夫在介绍 iPhone 时向我展示了一部分。今天史蒂夫·鲍尔默用“表面”计算设备展示了一大堆这样的技术。碰巧的是——尽管它不属于我们本次节目的内容，但是惠普是我们本次大会的赞助商——惠普在外面的大厅里举办一个多点触摸技术展示会。这种技术将会成功进入到……

**卡拉：**有点《少数派报告》[①] 的味道。

**沃尔特：**是的。这种技术将会成功进入到——或许我们称之为用手和手指对目标的直接控制。这种技术将会进入主流产品中吗？比如说，它会作为新型用户接口（UI）进入便携式电脑中还是作为 UI 的一个附件部分还是仅仅用在一些专用设备上？

**比尔：**哦，不限于便携式电脑。拿视觉来说。现在软件正在处理视觉这一块，所以想象一台游戏机，你在里面拿起球棒然后挥舞着或者拿起网球拍然后挥舞球拍。

**沃尔特：**我们有这样一台。

**卡拉：**是的。是任天堂（Wii）[②]。

**沃尔特：**哦，是任天堂。

**比尔：**不是，我说的不是那个。你不能拿起自己的网球拍……

**卡拉：**噢，你自己的网球拍。

**沃尔特：**噢，我明白你什么意思了，是的。

**比尔：**然后挥舞球拍。

**卡拉：**没错。

---

① Minority Report：美国科幻电影《少数派报告》，由史蒂文·斯皮尔伯格执导，2002年上映。

② Wii：日本任天堂公司在2006年推出的电视游戏机。

**比尔：**你不能和你的朋友坐在那里就做那些很自然的事情。那就是3D定位设备。这是影像识别设备。就是由摄像机捕捉正在发生的事情。在会议上，就像你在视频会议上一样，你不知道谁在讲话，会上只有音频，诸如此类。摄像机将会无处不在。当然我们必须恰当地尊重人们对于隐私受到保护的期望，在这个前提下设计它，但是软件能够处理视觉，而且非常非常便宜地处理视觉。那就意味着这种东西变得无处不在。你不能仅仅讨论它存在于便携设备里。你讨论的是它成为会议室里的一部分或者客厅里的一部分或者……

**卡拉：**史蒂夫？我知道你们正在研究某个东西，它会很美，我们不久就会见到。

**沃尔特：**而且你不能说它。

**乔布斯：**是的。

**沃尔特：**比尔讨论了他的所有秘密计划。你却不能透露丝毫。

**乔布斯：**我知道这不公平。但是我认为问题很简单，就是在未来5年里有多少人们将要做的真正具有革命性的事情是做给PC的，或者说其中有多少是集中在后PC设备上的。将其集中在后PC设备上的诱惑是实实在在的，因为那里是一张白纸，因为它们是更加集中化的设备，因为它们没有历史包袱，不必把这些数不清的应用程序在数不清的市场上运行。

所以我想，在后PC设备身上将会发生惊人的革命。现在的问题是在PC身上要花多少心思。我想我确信微软是——我们正在研制一些真正出色的东西，但是其中的一些还得有一点“调和”色彩在里面，因为就我们而言，我们还有几千万用户，而就比尔来说，他们还有几亿的用户，这些用户熟悉了某件东西，就像他们不想要六轮汽车一样。他们喜欢四轮汽车。他们不想用操纵杆开车。他们喜欢用方向盘。

所以正如比尔说过的那样，在某些情况下你必须增强现有产品的功能，而在另外一些情况下你可以取代产品。不过我认为人们对很多后 PC 设备的思考会发生彻底的变化。

**卡拉：**我打算问一个更加私人化的问题。我们离公开提问的时间只有一分钟了。什么是最大的——我不打算把这个叫做“芭芭拉·沃尔特斯时刻”，问你喜欢成为一颗什么样的树，但是……

**沃尔特：**她喜欢成为芭芭拉·沃尔特斯，让我告诉你们吧。

**卡拉：**不，我不想。最大的误会是什么……

**乔布斯：**“叮”[①]。

**卡拉：**“叮”，好吧。谢谢你，史蒂夫。关于你们之间的关系。我是说，你们显然会青史留名—历史书已经在这么说了。但是在你们彼此之间的关系中最大的误会是什么？你们对彼此最大的误会是什么？你们会说什么呢？会有“二虎相争”这样的想法吗？诸多误会中的哪一个？

**乔布斯：**我们的“婚姻”关系保密了 10 多年了。

**卡拉：**加拿大。那次的加拿大之行。

**比尔：**总的来说，我认为我们两人没有什么好抱怨的。我知道很多项目，就像 Mac 项目一样是不可思议的一件事，是很有趣的一件事，我们在其中也冒风险。在那段视频[②]中，我们的确看起来年轻多了。

**乔布斯：**我们的确是。

① 史蒂夫开玩笑地扮作闹钟，因为主持人说还有一分钟的时间。
② 指的在采访之前放的视频。

**卡拉：**在第一段视频里你看上去12岁。

**比尔：**那是我装的。

**乔布斯：**他是12岁。

**比尔：**但，不是，在一起工作很有趣。我实际上有点想念一些不会再来的人。人们进入这个行业，然后离开。当有人逗留在这个行业时，那是件好事，他们会知道某些事情可行而某些事情不可行的来龙去脉。这个行业热衷于新鲜事物，比如，常常出现这种情况，即一家成功公司的模式转瞬即逝，诸如此类的事情。有人看业界潮起潮落但依然承担引进新生事物的风险是很好的一件事。

**沃尔特：**最后一个问题，然后我们将转到听众那里。

**卡拉：**噢，不行，他还没有回答我们呢。

**沃尔特：**抱歉，什么？

**乔布斯：**我还没回答。

**沃尔特：**噢，抱歉。

**卡拉：**他只谈到了他的秘密的“同性恋婚姻”，所以……

**沃尔特：**噢，我还以为那是你的回答呢。

**乔布斯：**不是，那不是我的回答。当比尔和我早年初次见面和一起工作的时候，一般来说我们是办公室里最年轻的人，对吧？无论个人还是一起都是如此。我大概比他大6个月，但年龄大致一样。而现在当我们在各自的公司工作的时候，我不知道你的情况如何，反正大多时候我是办公室里年龄最大的一位。那就是为什么我喜欢到这里来。

**沃尔特：**乐意效劳。乐意效劳。

**乔布斯：**你知道吗？我认为人生多少事都可以用鲍勃·迪伦[1]（Bob Dylan）的一首歌或披头士[2]的一首歌来表达，不过披头士的一首歌里有一行歌词："你和我拥有的回忆比眼前的这条路还长"。用在这里再合适不过了。

**卡拉：**噢，好温馨。

**沃尔特：**噢，你知道吗？我想我们应该就此打住了。就让我们就此打住吧。

**卡拉：**我现在眼睛湿润了。

**沃尔特：**谢谢你们。非常感谢你们。

**卡拉：**非常感谢你们。

① Bob Dylan：鲍勃·迪伦（1941-），美国歌手。
② Beatles：披头士合唱队。

# 29 苹果公司生产世界上最棒的笔记本电脑

## ——2008年1月15日乔布斯在“麦金塔世界”大会上的演讲精要[①]

谢谢你们。谢谢你们。欢迎参加 Macworld 大会。欢迎参加 2008 年度 Macworld 大会。我们为你们准备了一些好东西。今天显然空气中弥漫着某种异样的气息。但在深入讨论那些东西之前，我想拿出一点点时间回顾一下 2007 年。

2007 年对苹果公司而言是不平凡的一年。公司推出了一些新产品：令人惊艳的新款、令人肃然起敬的新款 iPods、当然还有革命性的 iPhone。

……

我告诉你们一些好消息。今天碰巧是 iPhone 发售以来的第 200 天。到今天 iPhone 已经卖了 200 天了。我非常高兴地向你们汇报，我们截至今日已经卖出了 400 万部 iPhone。

真正令人感到兴奋的是我们将于 2 月底提交给开发者的软件开发工具包（SDK）。这对于为 iPhone 开发奇妙的应用程序的全体开发者是一个真正让人激动的机会。

不过我们今天也为各位准备了一些东西。我们正在为 iPhone 增添一些了不起的新特点。

第一就是带定位功能的地图程序 Maps。我们已经重写了它的

① 2008年1月15日，一年一度的麦金塔世界大会（MacWorld）在旧金山的莫思科尼中心（Moscone）举行，苹果公司CEO史蒂夫·乔布斯一如既往地发表了精彩的主题演讲（Keynote Speech），首先回顾了2007年度公司取得的辉煌成就，包括推出3款新产品，当然最突出的是iPhone，接着演示了几款针对iPhone的新软件，最后当他把苹果公司新一代笔记本Macbook Air（乔布斯称之为世界上最薄的笔记本电脑）从牛皮信封里抽出来时，会场沸腾，演讲到达高潮，这一镜头也成为了历史经典镜头。演讲长达一个多小时，因篇幅有限，我们这里只选取最精彩的部分供读者欣赏和学习。

用户界面，我们现在有能力找到你在地图上的当前位置。让我们看看 Maps。正如你们看到的那样，我们的 Maps 有了新的用户界面。我们在地图中央有寻找方向图标，这样人们就不会搞糊涂了。在右边我们有一个查看按钮。我点击该按钮就可以把地图调出来，可以让我以“地图视图”、“卫星视图”、将二者合二为一的“混合视图”、“列表视图”以及“交通视图”的模式查看我的地图。我们可以在地图上放上一个大头针标志。不过左边的这个按钮真的很酷。我按下去，它就会准确定位我在地图上的位置。放大。我们就在那里。

那么，我们是如何做出这些东西来的呢？嗯，让我们以 Maps 为例。iPhone 里面没有全球定位系统（GPS）。我们开发了精彩的新用户界面，可是我们怎样才能定出我们的位置？哦，我们和两家公司合作完成这项工作，它们是谷歌公司和一家叫作天钩无线网络（Skyhook Wireless）的公司。

让我们先看看天钩无线网络公司。他们所做的事情就是驱车环游美国和加拿大，所有车上都安装天线和 GPS 接收器，然后他们在地图上标出 WiFi 热点。他们正在欧洲做这件事，而在亚洲刚开始行动。他们在自己的数据库里已经存储了 2300 万个 WiFi 热点。

因此，当我们准备找一个地方的时候，实际上你是从这些热点里挑选信号塔，即使你没有和它们建立联系。你选出信号塔。我们对信号塔进行三角测量，然后在他们的数据库里寻找，它会告诉我们所在的位置。是不是很酷？真的很酷。

谷歌正在做的事情基本上一样，他们对蜂窝网络中的移动信号发射塔信息进行三角测量。

我们使用它们两家的技术，效果好极了。

因此，这就是我们用iPhone定位的来龙去脉。

有更好的途径把电影内容通过互联网上的iTunes传给我们的客户。因此我们今天介绍一下iTunes里的电影出租店（Movie Rentals）。这就是iTunes网店里的一部分新内容，是电影出租店的一部分。已经有一些著名的电影制片厂参与了我们的这个项目，它们是试金石影业（Touchstone Pictures）、米拉麦克斯（Miramax）、米高梅（MGM）、狮门（LionsGate）以及新院线（Newline Cinema）。顺便说一下，这里还有6家[1]。在你的苹果电脑或个人电脑上看电影吧。你可以在所有新一代的iPod上看电影，你也可以在你的iPhone看电影。这个东西又如何呢？这个我刚刚买的平面电视又如何呢？我也喜欢用它看电影。

哦，我必须说我们所有人都尝试过了，包括微软、亚马逊、Tivo、Vudu、Netflix以及Blockbuster。我们都尝试解决如何透过互联网把电影送到宽屏幕电视机里的问题。你知道结果如何吗？我们都失手了。还没有一个人获得成功。我们尝试使用Apple TV。Apple TV是作为iTunes和电脑的一个配件而设计的。不过那不是人们想要的东西。我们了解到人们想要的是电影、电影、电影。我们送给他们的不是电影。于是，我们推出了Apple TV Take 2。它依然在你需要的时候和你的电脑保持完美的同步，但无需电脑即可使用Apple TV Take 2。

苹果公司制造世界上最好的笔记本电脑——MacBook和MacBook Pro。它们成了人们评价业界竞争性产品的标准。

哦，今天我们推出第三款笔记本电脑，它叫作MacBook Air。

---

① 分别是20th Century Fox、Warner Brothers、Walt Disney、Paramount、Universal以及Sony Pictures。

MacBook Air 是什么？一句话，它是世界上最薄的笔记本电脑。

它是如此之薄以至于它甚至可以被舒舒服服地装进这样的一个牛皮信封里，就是我们在办公室里经常看到的牛皮信封。现在让我上前给你们展示一下吧。就是这种信封。让我把它从里面拿出来吧。这就是崭新的 Macbook Air,你可以感受到它是多么的轻薄。是的，就是这个。看看它吧。

怎么样？真是一件神奇的产品！它有着全尺寸的键盘和全尺寸的显示器。这就是它的样子。是不是很神奇呢？

我们的 Macbook Air 有一个非常大方的触摸板，非常好用。我们还内置了多点触控手势支持系统。

你可以双击触摸板而不用来回移动鼠标。你可以来回移动整个窗口，是不是？这很好地节约了时间。非常棒。

这是另外一张照片。当你看一张大照片时,你想四处滑动照片,你可以像这样用两个手指滑动。另外一种节约时间的好方法。

你想旋转一张照片吗？这种方法在 iPhoto 以及所有别的照片应用程序里都适用。只需像这样旋转即可。再次说明，我们这里吸收了从 iPhone 那里学到的一些东西，现在我们把这些东西用在了我们的笔记本电脑上。

这是另外一张照片。假如你想在照片之间来回观看，要看下一张照片，只需用三个手指头向右滑动，要看前一张照片，向左滑动。你想放大缩小照片吗?你用手指捏收和捏放即可。是不是很棒?

我们迫不及待地想让你们亲手试一试这些新产品。它们就在展厅里。

非常感谢诸位今天上午光临大会。我们期待着 2008 年是一个非常创新年。非常感谢诸位。

# 30 乔布斯谈管理

## ——2008年6月10日乔布斯接受 CNBC采访[①]

**主持人：**苹果公司的 iPhone 3G 也许是保密性最差的科技产品。祝贺你获得了订单，因为你在第一款 iPhone 问世后的一年之内推出了这款产品。请给我详细展示该产品的一些微妙之处吧，因为你昨天在台上展示这款产品的时候真可以说是小心翼翼，因此假如你身上有一台的话，请给我说明一下为什么这款产品是你以前推出产品的重要升级。

**乔布斯：**哦，你知道，我们仅仅在一年前推出了 iPhone，就像刚才你说的那样。我们拥有数百万快乐的用户，但我们的确遇到了新一轮的挑战。第一个挑战实际上就是追上世界范围内 3G 网络的更快的速度。所以 iPhone 3G 就是迎接该挑战，而它完成了任务。你下载数据的速度大大加快了，这在你浏览网页时让你感到很舒畅，因为如你所知，iPhone 让移动浏览发生了革命性变化。另外速度加快让你在下载电子邮件的附件以及做所有其他事情时也会让你感到很舒畅。所以 iPhone 3G 比所谓的 Edge 网络快了很多很多倍，特别对于 UPT[②] 而言更为典型。这真是了不起。同时我们在 iPhone 3G 里也内置了 GPS。你可以找到位置。定位服务是 iPhone 应用领域里的爆发点。新一代的 iPhone 3G 也有内置的企业

---

① 2008年6月9日，乔布斯在全球开发者大会（WWDC）上发布了新一款的iPhone手机iPhone 3G。第二天，美国全国广播公司财经频道（Consumer News and Business Channel，简称CNBC）记者对乔布斯进行了简短的采访。乔布斯首先简明扼要地介绍了iPhone 3G的新功能，接着谈了新产品对苹果公司股价的影响，最后谈了iPhone在中国市场的前景。

② UPT：网络释义通用个人通信(Universal Personal Telecommunication)。

支持系统，这样它可以立即通过 Activesync 软件无线连接到企业的 Microsoft Exchange 上。它有内置的运行第三方应用程序的支持系统。我们看到了一大批第三方应用程序。今天有数百个程序正在开发之中。它们确实不错。

**主持人：**瞧瞧这款已经上市的设备，它和 600 万用户已经购买的设备相比是一款改进型产品还是一款革命性产品？

**乔布斯：**哦，我想我们的很多用户想要升级，但我们打算做的不是什么都改，而是选取一个方向后年复一年地进行改进。因此 iPhone 3G 貌似很像 iPhone，但它的边缘更光滑，手感甚至更好。它的电池甚至更加耐用。它增加了用户真正想要的这些特点。而有些特点甚至是用户想都没想到的。

**主持人：**请说说价格吧，因为价格也是你宣示新产品的重要组成部分。有很多人推测为了将价格降下来运营商将会得到补贴。

**乔布斯：**你知道，在美国汽油的价格现在是每加仑 4 美元。人们第一次对价格如此极其敏感。他们害怕经济衰退。可是人们担心 iPhone 会脱离市场自行定价，而你们正试图以一种相当重要的方式解决这个问题。

我们知道我们一直尽力让 iPhone 变得不那么昂贵。我们在 iPhone 3G 身上做了大量工作以便让成本降到我们可以卖 199 美元的程度。我们认为 199 美元将会是一个几乎人人买得起的价格。这是我们的目标。

**主持人：**当你宣布了价格政策的时候，你们公司的股票，我知道你总是不喜欢谈论你们公司的股票，不过人们担心当你试图降低价格的时候，你们公司的收入将会受到负面影响。你要对那些看到这个消息后说“天哪，作为苹果公司的股东我担心较低的价格对我而言可能不是一件好事”的投资者们说些什么？

**乔布斯：**哦，我想我们在过去10年里交给我们的股东是一份相当不错的答卷。我常常鼓励他们要相信也许我们知道自己在干什么。或许我们我们这么定价对所有人来说都是一件非常好的事。对用户来说他们现在可以买得起我们的手机了，对他们来说这是福音。对于开发商来说这也将是非常好的一件事，购买他们的应用程序的人群基数增加了。这对我们来说也是很好的一件事。

**主持人：**最后几个问题。看看现在iPhone都卖到了哪里吧。你说过70个国家远远超过了你预期的25个国家，或者远远超过了你给自己定下的2008年的目标。70个国家几乎是你预期国家数目的3倍，但依然不包括印度以及中国。抱歉，你已经囊括了印度。你现在还在做中国的工作，而每个人似乎——

**乔布斯：**我们没有机会接近的两个大国是俄罗斯和中国。我想你将会在今年晚些时候看到情况会有所不同。

**主持人：**当你审视那些市场的时候，它们对于这款手机的整体成功表现会有什么样的重要性呢？人们对于让iPhone合法地进入那些市场而翘首以待。很显然你在昨天的主题演讲中也暗示了这一点。

**乔布斯：**你知道吗？我认为所有市场都很重要，我们必须通过中国管理体系的审批，而这一过程正在进行之中。我想今年晚些时候你将会听到一些声明。不过70个国家已经很多了。我们将会在7月11日在其中的22个最大国家里同时发售。所以我认为我们将来发货速度比现在快。

**主持人：**北京奥运会或许是一个宣布中国协议的好时机。最终他说了算。最终股票受到了打击。在过去几年里你呕心沥血向投资者保证一切都在控制之中。我们看到苹果公司的股价在经过前期低点后迅速回升。你知道你在今年当然还有去年年底遭受了损失。你认为目前苹果公司的财务状况如何？你对目前公司的发展势头感到满意吗？华尔街让你感到沮丧吗？你的感受如何？

**乔布斯：**你知道吗？我们一个季度接一个季度地破销售记录，所以我们对公司的表现感到非常满意。另外，至于华尔街，我从来没有真正想过华尔街，不过有人曾经高诉过我，管理好你的上层（上层就是指你的战略、你的优秀人才以及你的执行力），那么下层将会自行其是。我常常发现情况就是这样。所以我们一个季度接一个季度地破销售记录，而华尔街最终会作出正确的选择。

**主持人：**一如既往一切顺利。史蒂夫·乔布斯，非常感谢你参加我们的节目。

**乔布斯：**没问题，也感谢你邀请我们。

# 31 我没倒下

## ——2009年9月9日乔布斯在苹果公司媒体见面会上的演讲①

大家早上好。今天能和诸位在一起我感到非常高兴。你们中的一些人也许知道了，大概5个月前，我做了肝脏移植手术。因此我现在的肝脏是一位死于车祸的二十五六岁的年轻人的肝脏，这位年轻人慷慨地把他的器官捐献了出来，因此如果没有他的慷慨捐献，我今天不会站在这里。因此，我希望我们大家都能够像他一样的慷慨，自愿成为一名器官捐献者。

我愿意拿出一点时间向苹果大家庭里的每位成员表示感谢，谢谢他们对我由衷的支持。这种支持对我来说真的非常重要，我还要特别感谢提姆·库克以及苹果公司的整个管理队伍。他们在那段困难时期挺身而出有条不紊地管理着公司。因此，“谢谢你们”。请把热烈掌声送给他们。

因此，我没倒下。我回到了苹果公司，我喜欢这里的每一天。我正埋头和我们非常能干的团队一起工作争取在未来为你们所有人推出一些伟大的新产品。真是好极了。

谢谢你们。

---

① 从2009年1月到2009年6月，乔布斯休病假（medical leave of absence），苹果公司对他的病情严格保密，外界以及股东对他的身体状况深感忧虑。实际上他在那一段时间里做了肝脏移植手术，手术非常成功。在得到他的允许下，负责手术的卫理公会大学附属医院对外宣布了这一消息。2009年9月9日，回到工作岗位达3月之久的乔布斯首次出现在苹果公司举办的媒体碰面会上并发表了简短演讲，首先对自己的手术情况作了介绍，其次表达了对以库克为首的苹果公司管理层的感谢，最后表达了自己继续工作为世界创造出更多伟大产品的强烈愿望。

# 32 iPad体现的是我们最先进的技术

## ——2010年1月27日乔布斯在苹果公司新闻发布会上的主题演讲[①]

谢谢诸位。大家上午好，感谢你们今天的光临。我们想通过介绍一款真正神奇真正具有革命性的产品来拉开2010财政年度的序幕。不过在我们开始介绍那款产品之前，我先来通报一下几款产品的最新情况。

首先是关于iPod的最新情况。几周前我们卖出了第2.5亿台iPod。iPod改变了我们发现、购买和欣赏音乐的方式，随着我们第2.5亿台的卖出，我不想让这一刻悄悄溜走而不提及这一点。相当了不起吧？这是我们要通报的第一款产品的最新情况。

第二个要通报的是关于我们零售店的最新情况。你们知道吗？我们现在拥有284家零售店。不可思议吧？就在上个充满各种假日的季度，光顾我们商店的人数超过了5000万，一个季度有500万的顾客流量。我们最新开设的商店之一是在纽约市的第四商店。它位于百老汇，和林肯中心仅有几个街区之隔。它漂亮极了。这是它开业前的图片——它永远不再这么“好看”了！这张是开业那一天的图片，是在对面街道上拍摄的。把这些店开在顾客的邻近社区在加上他们的购买体验实在是极其美妙的一件事。这种感

① 2010年1月27日上午10时，乔布斯在美国旧金山（San Francisco）的芳草地艺术中心（Yerba Buena Center for the Arts）宣布苹果公司推出一款真正革命性的产品——iPad。讲台上的乔布斯一身标志性的打扮：黑色t恤、牛仔裤、球鞋，身体消瘦，面容憔悴，但两眼炯炯有神，放射出天才般的光芒。他的这次演讲把乔氏演讲技巧（请参见附录）演绎到了炉火纯青的地步，是技术演进的典范，因此尽管演进篇幅很长，我们还是收录了大部分内容，给读者呈现一个比较完整而又完美的推介产品的演讲。本演讲的主要内容有：它回顾了苹果公司的创业史、回顾了苹果公司的主要创新产品、重点介绍了iPad的各种神奇的功能。

觉真棒。这是我们最新开张的最好的零售店之一。

接下来通报的最新情况是另一类型的商店。应用程序商店（App Store）是一个不可思议的现象，它把应用程序发送给世界各地的 iPhone 用户和 iPod Touch 用户。现在我们店里拥有超过 14 万个应用程序。几周前我们宣布了一位用户从商店里下载了第 30 亿人次的应用程序。自从应用程序商店开店以来到现在差不多 18 个月的时间应用程序的下载数达到了 30 亿次。

最后，我们 1976 年创办苹果公司。34 年后，我们刚刚结束了假日季度，我们 2010 年第一个财政季度的收入为 156 亿美元。甚至连我都不相信。这意味着现在的苹果公司是一家季度收入超过 150 亿美元的公司。我真想忘了这一点，因为这不是我们考虑苹果公司的因素，不过还是相当神奇的一件事。

苹果公司从哪里得到这些收入的呢？它来自 3 个产品系列：iPod 系列、iPhone 系列，当然还有 Mac 系列。其中真正有意思的是 iPod 系列是移动设备。iPhone 系列都是移动设备，而我们现在交货的大部分 Mac 系列产品都是笔记本电脑。它们也是移动设备。苹果公司现在是一家移动设备公司。这就是我们做的事情。我们曾经问过自己：有了上个季度 150 亿美元的收入，和销售移动设备的其他公司相比苹果公司表现如何？收入表明，苹果公司现在成了世界上销售移动设备公司中的老大。真不可思议。苹果公司超过了销售精致摄像机、数码相机以及其他产品的索尼移动设备业务。它超过了销售手机的三星移动设备业务。通过比较收入，苹果公司甚至超过了销售手机的诺基亚移动设备业务。苹果公司成了世界上最大的移动设备公司。

以上就是我们今天的最新情况汇报。

现在就让我们进入主题。当我看到这张图片的时候我笑了。不过在我们进入主题之前，我想回到1991年，那时苹果公司推出并出厂了它的第一批Powerbook。当时Powerbook是第一台现代化的笔记本电脑。苹果公司实际上是通过这一批Powerbook而发明了现代化的笔记本电脑。它是第一款使用现代化液晶显示器即TFTbook而发明了现代化的笔记本电脑。它是第一款使用现代化液晶显示器即TFT[①]显示器的笔记本电脑。它是第一款把键盘弹上来从而留出手腕放置区并且拥有集成的定点设备（这里就是一个跟踪球）的笔记本电脑。

当然了，我们在将近20年后拥有了令人难以置信的笔记本电脑。仅仅在几年前，就在2007年，苹果公司通过iPhone而重新发明了手机。几年后我们有了了不起的iPhone 3GS，它是世界上最好的手机。我们所有人现在都用笔记本电脑和智能手机。

所有人都用笔记本电脑和（或）智能手机。最近问题出来了。有没有介于二者之间的第三类产品？即介于笔记本电脑和智能手机之间的某个东西？当然我们考虑了这个问题好几年。限制条件相当严格。为了真正地制造出一类新型设备，这类设备必须在完成某些主要任务时要远远优于其他设备。它们在完成某些真正重要的事情时要远远优于其他设备，远远优于笔记本电脑，远远优于智能手机。

什么类型的任务呢？哦，比如像浏览网页，听上去像天方夜谭。还有什么东西在浏览网页方面比一台笔记本电脑更好？是吧？其他任务还有收发电子邮件，欣赏并分享图片、视频——欣赏视频，欣赏你的音乐库，玩游戏，读电子书。假如第三类设备在完成这些

① TFT：abbr. 薄膜晶体管，薄膜工艺（thin film transistor）。

任务时并不比笔记本电脑或智能手机强的话，则它没有存在的必要。

有人就想了：“那是上网本！”问题是上网本一点都不强！它们速度慢。它们屏幕的分辨率低，它们运行的是老掉牙的个人电脑软件。因此它们在任何方面都不比一台笔记本电脑强，它们只是更加便宜而已。它们只是便宜的笔记本电脑。我们并不认为它们就是第三类型的设备。

但我们认为我们已经有了第三类型的设备。而且我们愿意在今天第一时间向你们展示它。我们称之为 iPad。

就让我现在展示给你们看吧。这就是它的样子。碰巧我这里有一台。就在这里。这就是它的样子。非常薄。它看上去就是这个样子。

那么就让我们管窥一下这个设备吧。它非常薄。你可以改变它的背景画面即主画面，换成任何你想要的个性化的画面都行。我相信人们会把图片放在上面，不过我们交货时随机送一些图片，你可以随心所欲地设置它。

用这款设备你可以做一些非同一般的事情。你可以用它浏览网页。用它浏览网页是你有过的最棒的浏览网页的体验。当你看到一个完整的网页展现在你面前的时候，你会感到无比舒畅，而且你可以用手指来操纵网页。这简直棒得不可思议。比一台笔记本电脑棒得多，比一部智能手机棒得多。你可以随心所欲地转动 iPad，上下左右都行。无论你想怎么用它，它都会自动调整。再说一遍：能够看到整个页面是很非凡的一件事。有了它，整个互联网就握在了你的手中。这是一种不可思议的体验。

在电子邮件方面它也有非凡的表现。你想专心读一则信息吗？你可以做到这一点。进入你的收件箱看看。再说一遍，你只需翻转 iPad，你就可以以不同的角度看你的邮件。按一下写信窗口，一个几乎和真实大小一样的软键盘弹了出来。敲打这个键盘有一种梦幻般的感觉。

图片方面，你的影集以目录堆栈的方式呈现出来。你的影集存放方式是很高级的。你可以打开目录，观看你所有的图片，快速浏览它们。iPad 里面有非常不错的内置幻灯播放器。你用它就可以和朋友与家人分享你的图片，非常奇妙。

iPad 里面有一个日程表，这样你就能够看到你的月度活动或日常活动以及期间的一切活动。iPad 里面有一个非常不错的通讯录。它还有一个了不起的地图应用程序和谷歌的后端一起工作。它向你展示地图、卫星视图，你可以放大物体。

在欣赏你的音乐收藏方面 iPad 是一款了不起的设备。当然，我们有专门为 iPad 量身定做的 iTunes Store，这样你就可以查找音乐，你可以购买它，可以购买电影、电视剧、播客以及 iTunes University 等等。所有这些都为 iPad 定制好了。

YouTube 方面。你可以在它上面观看 YouTube，包括现在 YouTube 上的高清视频。YouTube 上有很多高清视频。当然在上面观看电视剧和电影是相当惬意的一件事。

上面我给你们大体说了一下 iPad 能够干什么。但百闻不如一见。所以我愿意现在就展示给大家看。

让我们看看它。再说一次，使用这个东西是件了不起的事。它比笔记本电脑亲切得多，比智能手机能耐得多，因为它有一个五彩缤纷的大屏幕。这是一个处于锁定模式的屏幕。我解开它。图标飞驰而入。让我们直接打开网页。这里我们进入了 apple.com。我将使用 Safari 浏览器。我点击书签图标，点击 New York Times。

就是这样。我们就来到了纽约时报的网站。你们可以发现它有多快。我只需在这个地方上下移动手指即可看到整个纽约时报的头版。我可以到网页的任何地方，我可以放大其中的任何东西。如果我想看一则新闻故事，那么我只需点击一下即可阅读那个故事。回到头版，我可以如此轻松地浏览纽约时报的网站。真的很不错。我可以往下移到这里。看看今天正在发生的事情。就像这样很轻松地进入一则新闻故事里面。看看这些图片，阅读这则新闻故事。就是这么简单。假如我们进入另外一个网站，比如现在进入 Times Magazine 网站，看看在那个网站上有什么新闻。只需在网站内来回移动即可看到正在发生的事情。

来到另外一个网站 。嗯，是 Fandango 网站。想购买一部电影的门票吗？只需拿起厨房里的一台平板电脑 iPad，进入 Fandango 网站购买影票即可。就这么简单。整个网站尽在你手掌之中。让我们到另外一个网站上看看。这是 National Geographic 网站。另外，你知道吗？假如我们喜欢的话，我们可以用风景画的模式观看。回到肖像模式。非常非常简单。我想怎么用就怎么用，它很听话。另外，我可以放大网站的任何一部分，只需点击我想看的动物图片即可。感觉真好。就在你手掌之中。这是用它浏览网页。

让我们看看它的处理电子邮件功能吧。我这里有一封邮件。正如你们看到的那样，我可以在邮件里面插入图片。我可以把收件箱放到这里。我可以像这样侧翻它，我还可以浏览多个信息，只需把我的收件箱放到左边。我就可以看看我都收到了什么样的邮件。这是另外一封邮件。这是一张巴黎地铁图。我们可以集中观看这则邮件，我可以把它放大到我想要的任何程度。查看一下巴黎的地铁。看看一封关于纳帕山谷（Napa Valley）的邮件。这是

PDF[1]格式的文件。我可以在PDF文件上轻敲一下。它展现在了我面前，它向我展示出了山谷里的所有葡萄酒厂。我可以安排到纳帕山谷的旅行了。邮件功能就是这么简单。现在假如我想回复一封邮件，我可以发送一封邮件，我只需点击这里的写信按钮。这个漂亮的软键盘就弹了出来。比如我们给斯科特·福斯特和菲尔·希勒发邮件吧。嗯,糟糕。搞定了。在iPad上处理邮件就是这么简单。

好吧，接下来让我们看看它的处理照片功能吧。这是照片排列的方式。我可以把所有照片摆成一览表的形式进行查看。再次说明，用肖像模式和风景画模式都可以，只需上下滑动。我可以观看任意一张照片，就像这张，只需点击它即可。再次把它从肖像模式变成风景画模式，剩下的只需快速浏览照片而已。就这么简单。

我还可以把我的照片当做影集来对待，它抓取来自任何来自个人电脑或Mac机上的元数据。如果我在Mac机上，我还可以从iPhoto那里得到事件集合（Events）、脸谱集合（Faces）以及地点集合（Places）。一旦我有了这些集合，我就可以看影集里的任何一张照片。举例来说,这是我要找的那一张,我只需把它撑开:不是,这不是我要找的那张。是这一个吗？不是。不是它。一定是这一个了。是的。就是这张。再次说明，我只需在这些照片之间快速翻阅。或者我只要向左翻或向右翻照片就行。真是太妙了。

我这里有事件集合和脸谱集合。让我们看看莉斯[2]的所有照片。按地点集合看。它向我显示的是一张我所有拍过照的地方的地图。

① PDF：Portable Document Format（可移植文档格式），是Adobe公司开发的一种流行的文件格式。

② 乔布斯大女儿的名字。

这样我只需按住其中的一个大头针图标，按一下其中的一个大头针图标，我就可以看到我在那个地方拍摄的所有照片了，看到了我在纽约拍摄的所有照片。让我们到巴黎看看。这是我在巴黎拍摄的所有照片。只需轻轻点一下就打开了。除了查看我们拥有的照片之外，我们还有内置的幻灯片放映器。这里我可以调出幻灯片放映器并选择好我的背景音乐，在不同的转换模式中挑选一个。我挑选被称为“折纸”的转换模式，然后点击“开始播放幻灯片”。你们明白了吧？是不是很酷？这就是处理照片功能。

让我们看看我们的音乐收藏吧。它有内置的 iPod，这里是我全部的音乐专辑，我只需上下移动专辑图标，找到我喜欢的专辑。当我看到我喜欢的专辑的时候，我只需轻轻一点上面的图标。比如说，是的，只播一首歌。看看专辑封面。一切顺利。又是鲍勃·迪伦的歌。再说一遍，在 iPad 上欣赏你的音乐是一个很好的途径。可以欣赏你收藏的所有音乐。

嗯，让我给你们演示几个其他的东西吧。首先是 iTunes Store。再说一次，iTunes Store 恰到好处地被内置于 iPad 中。我可以挑选音乐，找到歌曲，购买它们。当然除了音乐之外，我这里还有电影、电视剧、播客、有声书籍以及 iTunesU。全都在里面，全都恰到好处地被内置于 iPad 中。

它里面有一个相当不错的日程表。你可以按月度查看。我只需将手指移过各种事件之上就可以看到更多的细节。我可以按周查看或者按日查看或者列表查看。非常漂亮的日程表。此外它还有很好的联系人应用程序，有很好的通讯录。如果我们喜欢的话，只需像这样上下翻动即可。作为例子，这是斯科特。因此，它有很好的通讯录和日程表。

正如我刚才给你们展示的那样，我们还有一个很棒的地图应用程序。再看一下，这是埃菲尔铁塔，我们只需轻点这个角落，我们就可以看到它的卫星视图。我们只需再次拿捏这个地方把它扩大到我们想要的尺寸。搞定，这就是埃菲尔铁塔。可见地图应用程序是多么的棒。嗯，让我们到现在的地方去看看。这里就是我们当前所在的位于旧金山的地方，而我打算敲进“寿司”一词。我们应该找到附近的所有寿司店，我只需再次轻击一个大头针图标，我们找到一家，就在那里。这是“小船寿司店”，演示会后我想出去找找看，也许去那里吃中午饭，我只需点击这里的“谷歌街景”，“小船寿司店”就出现在那里了。因此如果我出去弄些寿司回来的话，我也许会相当容易地找到“小船寿司店”。好吧，这就是地图应用程序。

现在让我给你们展示一下视频功能吧。视频很精彩。我们到 YouTube 网站看看。我打算选一段叫做“湿漉漉和浓密密”的视频，我知道它在 YouTube 上是一段高清视频，就是这段视频。此外，我甚至可以把它变成全屏风景画模式。看看这段视频吧。这是来自 YouTube 的视频。不可思议吧？好，这是 YouTube，此外，这里是有关的视频片段以及来自同一个人的更多视频。此外，无论它是在肖像画模式还是在风景画模式下，它都能顺畅地播放视频。当然说的是视频。让我们进入风景画模式。我们这里有电影、电视剧、音乐视频，我播放电视剧《摩登家庭》作为例子，选一段看看。让我们用一部电影来试试吧。我们选《星球大战》，我们进入章节选择窗口，噢，哪一章好看？就这一章吧。此外，我可以随心所欲地快进快退。是不是很好？让我们回头选另外一部我喜欢的电影，它就是《向上》[①]。真不错的一部电影。嗯，在所有电影中我最喜欢的镜头之一永远是《向上》当中的这一组镜头。是不是很精彩？这就是 iPad 的视频播放功能。

上面给你们简单地浏览了一下用 iPad 能够干什么？你们喜欢吗？不过我不得不说：百看不如拿在手里感受一下，不如用手指尖触摸一下。

让我们回头看一下硬件吧。iPad 真的很薄。它只有 0.5 英寸那么薄，重量只有 1.5 磅。比任何一个上网本都薄都轻。它有一个非常漂亮的 9.7 英寸 IPS 显示屏。超高质量的显示屏，使用的是 IPS 技术，因此你也可以得到一个非常大的视角。质量非常高的显示屏。众所周知，苹果公司制造世界上最好的电容式多点触摸感应器，和我们极好的显示屏相结合，真是棒极了。反应超快，超精确。iPad 用我们定制的有机硅驱动。我们苹果公司有一个非常了不起的群体在做定制的有机硅。我们有一个叫作 A4 的芯片，它是我们做过的芯片当中最先进的芯片，由它驱动 iPad。它有一个处理器，有图形卡，有输入输出接口，声卡，内存控制器，这一个芯片上的东西应有尽有。它“惊声尖叫”。在 iPad 里面你可以有 16G、32 G 或者 64G 的闪存。它拥有最新的无线网络技术——WiFi 802.11n 以及最新的蓝牙 2.1。通常的配置有加速器、指南针、扬声器、扩音器。它有一个 30 针的连接头，因此它插在一个由 iPod 配件组成的完整生态系统中。它有电池。在这个非凡的设备里电池的寿命有多长呢？在这个 1.5 磅重的设备里我们能够让电池寿命达到 10 个小时。10 个小时的电池寿命意味着一次充电就让我在从旧金山飞往东京的航班上全程观看视频。除了 10 个小时的电池寿命之外，

① 即《飞屋环游记》，是乔布斯的皮克斯公司制作的动画片。

它的待机时间超过了一个月。所以我们可以把 iPad 放在一边，它将自动进入休眠状态，如果我们一个月后回来，它依然还有电量。真了不起啊。

在环境方面，iPad 是一名伟大的“公民”。它不含砷，不含溴化阻燃剂，不含汞，不含聚录乙烯，它的铝和玻璃合金外壳是高度回收的。这就是对 iPad 硬件的一个管窥。

现在让我们回到软件上来。我们已经看到了一些非常棒的内置应用程序。都是全新的内置应用程序。不过现在让我们谈谈第三方应用程序吧。

让我们谈谈应用程序商店。我们是如何做的呢？我愿意邀请我们 iPhone 软件部的高级副总裁斯科特·福斯托上台说明。斯科特？

**斯科特：**上午好。应用程序商店一直取得了巨大成功。

……

这就是为 iPad 而设的应用程序商店的情况。史蒂夫。

**乔布斯：**真不错。谢谢你，斯科特！真了不起，不是吗？这些人只花了两周半的时间来研究这些东西。因此想想他们在接下来的几个月里要干什么吧。人们会疯掉的。

我们已经看到了一些真正不错的应用程序，让我给你们展示另外一套令我们非常激动的应用程序吧。它当然就是电子书阅读程序了。亚马逊推出的 Kindle 说明他们在这方面做了大量的开创性的工作。我们将站在他们的肩膀之上更上一层楼。这是 Kindle 的样子，我相信你们中的很多人都用过它。这是在新出来的 iPad 上阅读一本书的情形。真的不错吧？我们称这款新程序为 iBooks。

iBooks 有一个书架。它看起来是这个样子，你把自己的所有书籍都放在里面。假如你想读其中的一本——你们刚刚看到它的样子，是不是很棒——你可以进入肖像模式以便你同时看两页，如果你喜欢的话。除了拥有你自己的书架以及可以读书之外，在书架的左上角有一个按钮，是“书店”按钮。我们已经创建了新的 iBook 店。它和 iBooks 应用程序完全整合在一起，可以让你寻找、购买和下载电子书到你的 iPad 上。所以，你可以找书，我们当然有自己的排行榜，有《纽约时报》畅销书排行榜，而且我们得到世界上最大出版商中的五家出版商的支持，我们将会把它们的所有书都放进我们的书店里，我们从今天下午开始将会向世界上的其他出版商打开水闸。这样一来，我们将会在 iBook 店里拥有很多书籍。对此我们感到非常激动。这是一个了不起的程序。那么，就让我继续给你们展示吧。这是我们的书架，这是我们的一些书，而最好的事情也许就是——让我们现在就进入书店吧，于是我点击“书店”按钮，它有点像一条秘密通道。它翻转过去。这就是 iBook 店。

如果你们已经用过 iTunes 或者 App Store，那么你们对这个界面已经很熟悉了。我们可以看看这里有什么书，看看《纽约时报》的畅销书排行榜等等。我们回到这个地方。我实际上想买一本由爱德华·肯尼迪写的《真相指南针》，于是我只需在它上面点击一下，我在这里就得到了它的更多细节。我可以看一下它的书评，我打算买下来。如果我愿意的话，我可以得到它的一个试读章节，但我已经决定买了，所以我只需在它上面点一下就算买下了这本书。这本书立即就被下载到了我的书架上，就像我们看到的这样。如此而已！就这么简单！

现在假如我想读那本书的话，我只需在它上面点一下。它就出现在了这里。这就是读一本书的过程。我可以进行一些控制。我只需在屏幕中心点一下，控制消失。我可以进行控制，也可以让控制消失。为了翻页，我只需完成前翻动作，我在右半边的任何地方点一下就完成了前翻动作。后翻呢？只需在左半边的任何地方点一下就完成了后翻动作。就是这样！如果我愿意的话，我甚至能够通过拽它来亲自翻页。非常简单吧？我可以进到目录这里。我可以只选其中一章去读。我打算选第二章“兄弟情”。此外，如果你愿意的话，你可以看到照片，黑白彩色都行，你可以在书里看视频，你可以看到作者想让你看的任何东西。非常非常简单。这就是在iPad上读书的情况。如果我们愿意的话,我们可以改变字体的大小，变大或变小都行。我们可以改变字体，选择不同的字体，选择你想要的任何一种字体。这就是iBooks。

再说一遍，iBooks是一个非常棒的阅读器，是一个非常棒的在线书店——iBook Store。总之，它是一套真正了不起的应用程序。我们使用的是ePub文件格式，因此它是世界上最流行的开放式书本格式。对此我们感到非常非常激动。iPad将会成为一台非常好的电子书阅读器，不仅仅因为可以用它来读畅销书，而且我们对用它来阅读教科书也同样感到非常激动。

有件东西非常激动人心，就是iWork。一年前，我请我们iWork团队的头考虑打造iPad版本的iWork。他起初的反应是：“啊，iWork系列程序Keynote、Pages以及Numbers都是任务繁重的应用程序，它们需要强大的动力驱动。平板电脑能驱动它们吗？”事实证明答案是响亮的：那还用说吗？接下来的问题是：我们能够为这些应用程序打造全新的用户界面吗？毕竟在个人电脑上运行它们和在平板电脑上运行它们是非常不同的两回事。他们提出的解决方案真的很精彩。因此，为了让我们了解 iPad 版本 iWork 的一些情况，我想邀请我们产品营销部的高级副总裁菲尔·席勒上台演示。

**菲尔·席勒：**谢谢诸位。大家上午好。真的很激动人心。iWork 是一套我们数以亿计的 Mac 用户真正喜欢的软件。

……

这就是 Keynote、Pages 和 Numbers。这就是 iPad 上的 iWork。谢谢你们。

**乔布斯：**谢谢你，菲尔。是不是很精彩？我很高兴。

还有其他一些事情。我愿意花点时间谈谈 iTunes。iPad 通过 USB 接口以及 iTunes 与你的 Mac 机或个人电脑保持同步，完全和 iPhone 或 iPod Touch 一样。所以当你同步的时候，你同步所有的内容。你同步你的照片、你的音乐、你的电影、你的电视剧、你的通讯录、你的日程表、你的书签，当然还有你可能为 iPhone 或 iPod Touch 购买的应用程序。备份数据往回同步。无论你什么时候丢掉了你的 iPad，你再买一台，你就可以从你丢掉 iPad 时的备份里恢复所有数据。所以通过 USB 接口以及 iTunes 与你的 Mac 机或个人电脑保持同步。这真的很有好处。

现在我想谈谈无线上网。每台 iPad 都有内置的 WiFi，而且是最新的最好的 WiFi。但除了 WiFi 之外，我们还将推出内置有 3G 蜂窝无线数据的 iPad。

这个数据方案的花费是多少呢？哦，美国电信公司对一台笔记本电脑的数据方案的典型收费是每月 60 美元。

在这个方面我们已经取得了真正突破性的进展。我们为 iPad 用户提供了两种相当有吸引力的方案。第一种每月给你提供多达 250M 的数据流量——这是个相当大的数据流量，大多数人够用了——每月多达 250M 的数据流量，费用只有 14.99 美元。

如果你觉得自己需要更多的数据流量，我们为你提供无限数据流量的方案，只收 29.99 美元。这些是真正的突破底线价。我们和 AT&T 的谈判有了突破性的进展，由它提供无线上网服务。每月 14.99 美元的数据流量高达 250M，而每月 29.99 美元的数据流量则没有限制。AT&T 免费提供它们的 WiFi 热点。它的 WiFi 热点数量比任何人的都多。这同样是真正了不起的一件事。

那么如何开通无线上网并进行管理呢？你不必到商店去。你不必给任何人打电话。你可以直接用 iPad 激活它。而且没有合约——它是预付款就可以用的。因此没有任何合约。你任何时候想取消就取消。

因此每月花 14.99 美元，你就可以买来新的 iPad，直接激活无线上网功能。每月 14.99 美元的数据流量高达 250M，你随时都可以取消。我们认为这是提供给用户的一个相当有吸引力的方案。

我们在美国已经达成了突破性的协议。那么国际上的情况又如何呢？哦，我希望在 6 月至 7 月这个时间框架之内能够达成国际性的协议。我们认为也许在 6 月之前我们会完成这个方面的很多工作，所以我们将会在明天就采取行动。但不管怎么说，所有带有 3G 功能的 iPad 都没上锁，它们使用新的 CSM① 微 SIMS② 技术。国际上一些运营商提供微 SIMS 技术，因此有很大的可能性它们将会畅通无阻。

我们将会在今年夏天为我们的国际顾客带来更好的协议。所

① GSM：Global System for Mobile Communications，全球移动通信系统。

② SIMS：Seamless Integration of Multisource Spatialdata，多源空间数据无缝集成，是一种无须数据格式转换，直接访问多种数据格式的高级空间数据集成技术。

以如果你想要的话，我们将会提供 WiFi 加 3G 版的 iPad，对此我们感到非常激动。因此，这就是 iPad。将互联网握在手中的感觉真是无与伦比。

在这款设备上的电子邮件是非常不错的。这是我见过的可以用来欣赏和分享照片的最棒的设备。用它来欣赏你收藏的音乐也很不错。用它看视频是了不起的一件事。它可以运行 App Store 里的几乎所有的 14 万个应用程序，与此同时专门针对 iPad 的全新一代的应用程序将会被设计出来。有了 iBooks Store 里的新 iBooks 应用程序，你就可以把几千本书装进你的 iPad 里四处旅行。旨在提高生产效率的 iWork 套装软件拥有我们见过的最漂亮的用户界面，就像我们看到的这样。

一款让人惊艳的神奇产品，我们该给它定价多少？

哦，如果你们去听听专家的意见，他们会说我们将把价格定在 1000 美元以下，也就是说是 999 美元。当我们开始着手开发 iPad 时，我们不仅仅有非常远大的技术目标以及用户界面目标，我们还有一个雄心勃勃的价格目标，因为我们想让很多很多人的手中拥有这个产品。正如我们过去能够实现或者超过技术目标一样，我们也实现了我们的成本控制目标。

我怀着激动的心情向你们宣布，iPad 的最低定价不是 999 美元而是区区的 499 美元，499 美元。在 499 美元这个价位上，很多人都能买一台 iPad。因此 16GB 的 iPad 的价位是 499 美元。这是我们基本型号的 iPad，存储空间为 16GB，内置 WiFi。32GB 的 iPad 要另加 100 美元，64GB 存储空间的 iPad 还要再加 100 美元。3G 型号的 iPad 需要额外增加 130 美元才能接收无线信号。因此带 3G 的 iPad 价位分别是 629 美元、729 美元和 829 美元。这些就是我们现有的6种型号的iPad，价格从499美元开始，最贵的iPad也只有829美元。我们认为这是一个不可思议的报价。

那么既然起价是499美元，人们什么时候才能得到其中的一个呢？60天之后我们将在全球发售WiFi型号的iPad。要得到3G型号的iPad可能还得另外等30天，因为运营商需要完成审批流程。所以大约在90天之内，我们将会发售3G型号的iPad。因此用不了多久你们就能够手中握有一台起价只有499美元的iPad了。

我们还有一些真正好得很的配件。让我给你们展示其中的三件吧。

第一件非常简单。我们有一个底座。为什么这个玩意这么有趣？因为你们还记得我刚才给你们展示的幻灯吗？哦，当你锁定屏幕时，那里有一个小按钮，你只需按一下就进入了幻灯片播放状态，你就有了一个非常漂亮的相框。你边在桌子上给iPad充电边欣赏你的照片岂不是一件非常惬意的事情？

我们为iPad准备了另外一种底座，很有意思的一个底座，叫作键盘底座。是全尺寸的机械键盘。你把iPad插进底座即可。底座后面有一个30针的连接头可用来充电。因此你可以给你的iPad充电，而当你真需要打很多字的时候，这是一个有效途径。因此把这个东西放进你的小房间里吧。如果你要写《战争与和平》[①]，只要把你的iPad插进去即可。

第三个配件是一个很漂亮的皮套。它可以保护你的iPad，不过你还也可以拿着它来回翻转。如果你要打字的话，它就成了一个相当不错的支撑物，而且把它套在iPad上观看视频的感觉是相当棒的。因此，这是一件非常漂亮的皮套。

① War and Peace：《战争与和平》，俄国作家托尔斯泰的鸿篇巨著。

以上就是为 iPad 配置的配件。

我们制作了一段视频，我们打算把它放到网上。但既然我们这里有一套很棒的投影系统，我想你们也许喜欢在这个大屏幕上看看这段视频。那么就让我们开始播放视频吧。

（播放视频）

让我们回到一开始的问题上去。我们有没有用来生产第三类产品的产品呢？一件介于笔记本电脑和智能手机之间的令人肃然起敬的产品？标准相当之高。它在人们做这些事情上必须具有明显的优势。我们认为我们有了这样的产品。我们认为我们已经做到了。我们对这件产品感到无比的激动。另外一件让我们激动的事情是因为我们已经发售了超过 7500 万部的 iPhones 和 iPod Touches，所以超过 7500 万人已经知道如何使用 iPad。因此我们迫不及待地想让他们得到一台。

众所周知，我们有 iTunes 店，有 App 店，现在又有了 iBooks 店，都在 iPad 里面。我们各种网店的注册用户数量超过了 1.25 亿，点击所有这些网店上的“一点即买”按钮即可激活所有的信用卡。用户从这些网店里下载的产品数量已经超过了 120 亿次。我们已具规模，而且我们已经为 iPad 作好了准备。

总结一下：iPad 是把我们最先进的技术放进一个神奇而又具革命性的设备里，其价格之低让人难以相信。iPad 是把我们最先进的技术放进一个神奇而又具革命性的设备里，其价格之低让人难以相信。我们认为这将是一个真正伟大的组合。

苹果公司之所以一直能够制造出像 iPad 这样的产品是因为我们总是试图找到科学技术与人文科学的交集，能够兼得两者之所长，既能站在技术角度制造出无比先进的产品，又能让产品直观、好用、有趣，这样它们就符合用户的需求——用户不必去找它们，它们去找用户。我认为正是这两样东西的组合才让我们制造出像iPad这样的创新产品。

我们在隔壁设置了亲身体验区，我希望你们亲自把玩一台iPad，因为当你感受到它的这种威力、它的诸多乐趣以及网络在手的畅快之后，你将永远不想回到过去。

因此，非常感谢诸位今天上午前来捧场，我们希望你们像我们一样地喜爱iPad。非常感谢！

# 33 乔布斯谈Flash风波

## ——2010年5月30日乔布斯在第八届数字大会上接受《华尔街日报》记者采访[①]

**卡拉：**不用多介绍了，让我们请出史蒂夫·乔布斯。我想所有人来到这里是为了看——

**沃尔特：**——史蒂夫·乔布斯。

**卡拉：**很高兴你来到这里。

**乔布斯：**我喜欢甲壳虫[②]的歌。

**卡拉：**你喜欢吗?

**沃尔特：**是的。

**卡拉：**我不知道。我们听说过你喜欢它们。我们可以在迪伦[③]与甲壳虫之间进行选择。但首先我们想说的是，无论站在专业角度上还是站在私人感情上，我们对于你的到来都感到非常激动。

**乔布斯：**谢谢你们。

**卡拉：**谢谢你拨冗光临。

**乔布斯：**我也一样激动。

---

① 由《华尔街日报》举办的第八届数字大会（8th Annual All Things Digital conference，简称D8）于美国东部时间20010年5月30日晚上在加利福尼亚拉开帷幕，乔布斯出席大会并接受沃尔特·莫斯伯格（Walt Mossberg）和卡拉·斯韦谢尔（Kara Swisher）的联合采访。在长达90多分钟的采访中，乔布斯就超越微软、Flash风波、新款iPhone样机丢失事件、富士康工人跳楼自杀事件以及苹果公司的未来等人们关心的问题回答了记者的提问。尽管此时乔布斯的身体已经被胰腺癌折磨都相当瘦弱憔悴了，但是说到激动处他依然慷慨陈词，双目炯炯，妙语连珠，闪烁着天才的光芒。不过限于篇幅，我们这里只选取部分精彩片段。

② Beatles：披头士乐队（又译为甲壳虫乐队）。披头士乐队是1960年由约翰·列侬等4人组成的一只乐队。

③ Dylan：即Bob Dylan（1941-），美国著名歌手和词作家。鲍勃·迪伦是乔布斯最喜欢的歌手，他曾经说过："鲍勃·迪伦是我人生中的一个榜样。当我长大后，我记住了他所有歌曲中的歌词，但我对他的欣赏从来都不是肤浅的，而是从中得出了很多的人生启迪。"

**卡拉：**是的。看得出来。

**沃尔特：**谢谢你光临。

**卡拉：**那就从一个简单问题开始吧。就在本周，你们公司的市值超过了微软，我们认为你对此可能有什么想法。

**乔布斯：**对在这个行业打拼多年的我们来说，这是一件不可思议的事情。但它并不是那么重要。重要的不是这件事。你知道吗？这不是驱使我们每天早上去上班的动力，不是我们的客户购买我们产品的原因。因此牢记这一点对我们来说有益无害，我们务必记住我们在做什么和我们为什么这么做。这件事真的有点不可思议。

**沃尔特：**但我必须，我必须——

**乔布斯：**有点不可思议。

**沃尔特：**是有点不可思议。我记得在你刚回到苹果公司的时候我和你聊过几次，假如我没记错的话，那个时候的公司正在被人遗忘。

**乔布斯：**噢，它陷入了困境。没错。

**沃尔特：**那么，你有没有想过或者说你可否想过苹果能有今天？尽管我知道市场决定人们为什么买你的产品或别的什么产品，但是当那种情况发生了的时候你是怎么想的？

**乔布斯：**哦，是这样，那个时候它离破产的日子大概只有 90 天了，我一开始回到苹果公司的时候情况比我想的还要糟糕。不过公司里还有人在，我原本以为所有优秀人才都已经离开了，但我发现这些优秀的人才奇迹般地坚守在那里。我尽量用巧妙的方式问他们：你们为什么还在这里？你知道吗？他们中的很多人只简单地说了这么一句话，他们说：因为我身上流淌着的是六色血——当时苹果公司的 logo 是由六种颜色组成的。这就是一种遗传密码，因为我爱这个地方所代表的东西或者它曾经代表的东西。正因如此，我们所有人都想更加努力地工作力图让其存活下来，让这种价值观存活下来并使其回到公司。

**沃尔特：**本期节目我们主要想请你站在真正感兴趣的立场上谈谈自己的想法，因为本数字大会的目的就是让技术和媒体衔接起来。这种衔接方式很多，而你亲历其中。本期节目我们主要想请你谈谈对未来的一些看法，但最近社会上有一些争议，对此我们想问问你的看法，我想我应该从 Flash 说起吧。很显然你和 Adobe 公司有点过节。所以你公开发表了一封长信，好像你称这封信为《关于 Flash 的一些想法》吧。你显然将事态升级了。可是我的问题是，即使像你说的那样，它的技术不那么高级，市场上还有别的产品替代它或者正在替代它，对于消费者而言贸然购买像 iPad 或 iPhone 这样的产品真的公平吗？真的就是最好的选择吗？换言之，在做好转换之前（用比 Flash 更好的产品替代它），为什么突然就不给消费者提供 Flash 了呢？

**乔布斯：**噢，两个原因，第一——我稍后将会回头谈谈到底发生了什么，因为你刚才说的在时间上并不准确。但是苹果不是一家在世界上拥有最多资源的公司。我们取得成功的途径就是通过选择什么样的“马”并小心翼翼地、技术性地骑上去。我们试图寻找这些有前途的技术黑马，它们正在昂首前行，你知道吗？不同的技术其生命是有周期性的。它们有自己的春天、夏天和秋天，然后它们就走进了技术的坟墓。所以我们尽力选择那些还处于春天的东西。

而假如你作出聪明的选择，你就可以省下一大堆工作而不用试图什么都做了。你可以真正地把精力放在把这些新兴技术变成你平台上的伟大产品而不是因为你四处出击而将其变成平庸的产品。

我们有这样做的历史。举个例子，我们在 Mac 上用 3.5 寸软盘替代了 5 英寸软盘。

**沃尔特：**赶在别人之前，对吧？

**乔布斯：**我们是第一个那么做的人。我们让 3.5 寸软盘变成了流行产品。索尼发明了它。我们第一个把它用在了产品上。我们有一些很好的理由那么做。我们在 1998 年推出的第一款 iMac 上彻底放弃了软盘。我们也抛弃了所谓的串口和并口的设备。我们是第一家采用 USB[①] 接口的公司，尽管是英特尔公司发明了它。你第一次看到所有 iMacs 都用这个接口。所以我们抛弃了一些东西。我们是第一个在 MacBook Air 上弃用光驱的公司。我认为这也是未来发展的方向。

有时候当我们舍弃一些东西的时候，比如在第一款 iMac 上弃用软驱，人们称我们疯子。

**沃尔特：**或者至少是不成熟，也许。

**乔布斯：**不是，他们就称我们是疯子。

**沃尔特：**噢，好吧。

**乔布斯：**但有时候你只须选择看上去是一匹好马的东西骑上去前进即可，而 Flash 看上去是一个曾经辉煌但确实正在日薄西山，而 HTML5 看起来则是一种目前正处在支配地位的技术。

为了将 Flsh 整合进系统里需要做大量工作。正如你知道的那样，现在的智能手机里没有 Flash。

**沃尔特：**可是你知道将来会有的，对吗？

① USB：abbr. 通用串行总线（Universal Serial Bus）。

**乔布斯：**哦，你知道吗？过去2到3年里一直有人说“将来”会有的。每隔6个月它就有了新版本。所以我相信最终它们会装上Flash。但就电池寿命、安全性以及其他方面还存在着很多问题。但更重要的是，HTML5刚开始兴起。

你知道吗？已经有不少人表示要做HTML5格式的视频，而这种视频看上去效果更好，它运行更流畅，你不需要插件就可以运行它。所以尽管75%的网页上的视频可能是用Flash格式播放，但很快25%到50%的视频也可以用HTML格式播放了。

**卡拉：**你对消费者也这么说吗？我是说除了技术之外。

**乔布斯：**我认为我们硅谷行业之外的消费者不存在这个问题。

**沃尔特：**有一点除外，即当他们拿出iPad去浏览网页时，网页里的视频将会出现类似无法显示的漏洞。

**乔布斯：**哦，你知道吗？那里有——

**沃尔特：**他们不知道，他们也许不知道Flash是什么。

**乔布斯：**漏洞存在于某些网站上，但那些漏洞很快会打上补丁。你知道吗？现在出现的漏洞都是些广告。所以我不……我明白这对一些人来说是个问题。

**沃尔特：**不全是广告。

**乔布斯：**不全是广告。但广告占了视频漏洞的第一位。

**沃尔特：**受这种漏洞影响的另外一个群体会怎么想？我指的是开发者群体，因为我认为很多关于Flash问题的报道都忽略了一个事实，没错，Flash是一个视频承载器。实际上还有别的视频承载器的占有率在快速上升，如H.264以及本地HTML5。它同样是一个开发环境。有些整个建立在Flash平台上的网页做得非常漂亮。

**乔布斯：**你知道吗？还曾有一个更受欢迎的开发环境，就是

Hypercard，因此我们削弱对它的投资是没问题的。

**沃尔特：**它不如 Flash 受欢迎。

**乔布斯：**在其黄金时期它比 Flash 受欢迎。

**沃尔特：**是在你的平台上吧?

**乔布斯：**不，不，不，不，不。Hypercard 在其鼎盛时期影响巨大，因为任何人都可以使用。因此你可以成为一名 Hypercard 的开发人员。

**沃尔特：**我不知道。我不了解它。

**乔布斯：**但你知道吗？我们在 App Store 上有超过 20 万个应用程序。因此我们的开发平台一定有吸引开发者的东西。

**卡拉：**你的目标只是终结它吗？你的终极目标是废除掉 Flash 还是仅仅转移到别的平台上?

**乔布斯：**我们的目标其实很简单——我们没有挑起和 Flash 或其他任何产品的争斗。我们只是作出了技术方面的决策，就是我们不打算把精力投入到将 Flash 引入进我们的平台上来。我们告诉 Adobe 公司假如你们有运行速度快的东西，那么你们回头拿给我们看看，但他们从来没这么做，我们就不打算用他们的东西，情况就是这样。

我们出售 iPhone。它不支持 Flash。直到我们发售 iPad 而它也不支持 Flash，Adobe 开始恶言恶语。我们没有恶语相向。我们从来没提 Flash 或 Adobe 什么的。我们喜欢 Adobe 公司。我们在 Creative Suite 软件及其他软件上有一大堆共同的客户群。

因此我们没有试图挑起争端。我们只是决定在我们平台上不使用他们产品中的一款而已。所以，你看，他们开始在媒体上说我们的很多坏话。这种情况持续了好几个月。所以我就写了《关于 Flash 的一些想法》，因为我们努力把它做成真正专业性的东西而不是在媒体上说三道四。我们认为这不关媒体的事，因此我们最后说道“够了”。我们厌烦了这些家伙在这个问题上通过媒体向我们泼脏水。所以我写下了我们为什么在技术上没有使用 Flash 的几点理由。这些理由在写那封信之前的 6 个月或一年前是成立的，在写那封信的时候是成立的，在今天依然是成立的。

**沃尔特：**我保证我们马上进入下一个你不想谈论的话题。不过在 Flash 这个问题上，我是说这是一个开放的市场。你的确有竞争对手，尤其在智能手机市场上。在平板电脑市场上你也许面临强大的竞争对手。本周我们就有几家公司展示了非 iPad 的平板电脑。

**乔布斯：**这是美国啊。

**沃尔特：**这是美国。没错。噢，这里是洛杉矶，但它是美国的一部分。可是假如市场说：“嘿，你知道吗？这上面不仅可以看这些视频而且可以打开所有的网站，这对于我们来说非常重要。”有一个照片编辑网站（我不知道你去过没有），叫作 Picnic，是一个很可爱的网站。它运行非常流畅，就像在本地电脑上运行的客户端一样。但你知道吗？它是一个 Flash 网站。我是说，你也许也使用别的技术，但它在 iPad 上不能工作。如果人们说“iPad 在这方面是个垃圾产品”你该怎么办？

**乔布斯：**你知道吗，沃尔特？我想说两件事。第一，产品是人们需求的集中体现。有些东西在产品中得到了体现。有些东西则在产品中体现得不好。有些东西在产品中就根本没有得到体现。所以不同的人有不同的选择。

假如市场告诉我们说我们的选择是错误的，我们听从市场的安排。我们只是管理这家公司的人。我们试图为人们制造伟大的产品。所以我们至少有勇气说："我们认为这个部件不能让我们制造伟大的产品。我们打算不用它。"

有些人不喜欢我们那么做。他们骂我们。我们那么做不符合某些公司的既得利益，但我们忍辱负重，因为我们想为用户制造最好的产品。我们转而把精力用在这些我们认为占支配地位的技术上，我们认为这些技术对用户来说是合适的。你知道吗？我们作出这样的选择获得了他们的金钱回报。这就是很多用户付钱给我们的原因——我们尽最大努力制造最好的产品。我们成功了，他们就买我们的产品。假如我们不成功，他们就不会买我们的产品。市场自会作出选择。

你知道吗？到目前为止我必须说人们似乎喜欢 iPad。我是说自从我们推出 iPad 之后，我们每 3 秒钟就卖掉一台。因此我不知道它是如何生产出来的。

**沃尔特：**每 3 秒钟就卖掉 1 台？你能做得更好一点吗？

**乔布斯：**我现在担心的只是我们需要花整整 3 秒钟才能制造出一台 iPad。

# 34 你让我无法控制自己

## ——2011年3月18日乔布斯于结婚20周年之际写给妻子劳伦的情书①

20 年前我们彼此并不相识
是直觉指引我们走到了一起
你让我无法控制自己
就像双脚离开了大地
我们在阿华尼旅馆结婚那天
雪花飘落在大地
很多年已经过去
孩子们先后来到了人世
我们有欢笑也有哭泣
但我们从来没有彼此嫌弃
我们对彼此的爱和敬重
历久弥新永不消失
我们一起经历了风风雨雨
现在我们回到 20 年前牵手的地方抚今追昔
我们更加智慧却也一天天老去
脸上有了皱纹但心里依然有阵阵涟漪

① 乔布斯的妻子劳伦·鲍威尔（Laurene Powell）生于1963年，比乔布斯小8岁。劳伦·鲍威尔在宾夕法尼亚大学获得学士学位，1985年在沃顿商学院获得经济学硕士学位。此后在斯坦福大学读MBA，期间认识了到斯坦福大学演讲的乔布斯，二人坠入爱河（看来并非中国女孩子读MBA有收获大富翁的案例）。1991年3月18日乔布斯与劳伦举行婚礼。婚后二人生活幸福美满，1991年儿子里德（Reed）出生，1995年大女儿伊琳（Erin）降生，1998年小女儿伊芙（Eve）出世。2011年3月18日处于生命倒计时的乔布斯为爱妻写下了这封充满温情充满爱恋的情书，为乔布斯的完美人生画上了句号。

我们见识了生活中的诸多快乐、痛苦、秘密和奇迹

现在我们还在一起

啊，我的双脚再也没有回到过大地

# 35 一切尽在云端

## ——2011年6月6日乔布斯在全球开发者大会上的演讲[①]

**乔布斯：**大家上午好！欢迎光临。谢谢你们。非常感谢你们。你们的掌声总是——

**观众：**我们爱你！

**乔布斯：**谢谢你。你们的掌声总是给我帮助，对此我非常感激。

今天我们将一起度过一个美好的上午。非常感谢你们来参加会议。今天我们的与会者人数超过了5200名。门票不到2小时就销售一空。很抱歉，这是我们能找到的最大场地了，在这里，我对所有因场地限制无法参加大会的人说声抱歉。尽管我们也希望提供更多的门票，但我们找不到更大的场地，所以这次大会有5200名与会者，超过120场次会议，超过100间体验室，在体验室你可以带来自己的代码并请工作人员帮忙调试并把它们移植到我们的一些新产品上，本周这里有100位苹果公司的工程师——抱歉，是1000位苹果的工程师本周在这里帮助你们，所以，这里有很多苹果的员工在四处转悠，逮住他们，好好利用他们，我们希望你们在世界开发者大会上度过精彩的一周。

今天我们将讨论三件东西。大家知道吧？如果说硬件是我们

---

① 2011度苹果电脑全球开发者大会（Apple Worldwide Developers Conference，简称WWDC）于2011年6月6日在美国加州旧金山市召开，结束病假返回工作岗位的乔布斯就像一名战士重新回到战场一样抱着虚弱之躯参加了大会，上午10时他一出现在讲台上就受到了与会观众的长时间起立鼓掌和欢呼，其中有人高呼“We love you”，这让乔布斯非常感动并善意地进行了回应，这是乔布斯一生之中最后一次参加大会并接受观众欢呼。乔布斯在大会上推出了苹果公司的新产品iCloud，因此他演讲的重点就是向软件开发者们介绍iCloud及其与苹果家族系列产品如iPhone、iPod、iTune等的密切关系。尽管乔布斯身体虚弱，但是他的演讲依然流畅，依然精彩，依然闪烁着天才的光芒。

产品的大脑和肌肉的话，软件则是灵魂。今天我们将讨论软件。我们有一些很棒的东西可以谈论。像 OS X Lion, iOS 5 以及有趣的新事物——云计算。

（乔布斯把舞台留给菲尔·希勒和克雷格·费德里西。等他们演示完毕后，他回到了讲台。）

到目前为止，你们对一切都还满意吧？那么，我会努力不要搞砸的。

我要开始谈一谈 iCloud 了。一段时间以来我们一直在研究 iCloud，对此我们真的很兴奋。大约在 10 年前，我们意识到了这个最重要的见解，那就是个人电脑将成为人们数字生活的数据中心。那意味着什么呢？哦，它意味着个人电脑将是你存放数字照片的地方，除此之外你还能放到哪里呢？你用摄像机拍摄的视频，当然还有你的音乐。（这些都要放到个人电脑里）。对，你可以用某个设备来取得它或可能用你的 Mac，或者你仅仅将它同步到 Mac 上。这一切都会运行得很好，在刚开始的 10 年里的确不会出问题。但是在最后的几年却出了问题。为什么呢？因为设备改变了。现在所有的设备都有音乐，所有的设备都有照片，所有的设备都有视频。如果我正好在我的 iPhone 上，买了一首自己想要的歌。我想把这首歌弄到我其他的设备上。当我拿起我的 iPad，它上面并没有那首歌。所以我必须把我的 iPhone 和我的 Mac 同步。然后我必须将我的其他设备和 Mac 同步，才能获得那首歌。但是然后他们存放了一些照片在 Mac 上，这样我必须再一次将我的 iPhone 和 Mac 同步，才能获得那些照片。一直保持这些设备间的同步简直会让我们疯掉。

所以我们为这个问题找到了一个很棒的解决方案。我们认为这个解决方案是我们下一个重大见解，我们将把个人电脑和 Mac 降级为一个设备，就像 iPhone、iPad 和 iPod touch 一样。我们将会把你数字生活的数据中心转移到云端。因为新设备总是有自身的通信功能，只要有需要，它们就可以在云端通信。所以现在如果我从 iPhone 上获得了一些东西，它会立即传输到云端。比方说，我用 iPhone 拍了一些照片。那些照片会保存在云端，并会被完全自动地推送到我的其他设备里。现在每样东西会（自动）同步，我甚至都不必想起同步这回事。我甚至不需要将设备从我的口袋里拿出来。我不必在我的 Mac 或者个人电脑边上。

现在一些人认为所谓"云"就是放在天空的硬盘。对吗？你把一堆素材放到你的 Dropbox（一个能够同步本地文件的网络存储在线应用），或者你的 iDisk 上，或者其他任何可以存放的地反。然后把它传输到云端，保存起来，然后你就可以从云端拖拉任何你想要的东西到你的其他设备上。我们认为"云"远远不止这些，我们称之为 iCloud。现在 iCloud 把你的内容保存在云端，并且以无线的方式将它推送到你其他的设备。所以自动地上传、保存并且自动地推送到你所有的其他设备里。但是它也是完全和你的应用程序结合在一起的，所以一切都是自动发生的，没有任何新的东西需要学。它就是很顺畅。它就是顺畅。

你们或许会问："我为什么要相信他们呢？"就是他们这帮家伙，曾经向我们推介了（有类似功能的）"mobileme"[①]。我只能说"过去并不是我们最美好的时候，但我们却从中学到了很多。"现

① MobileMe：由苹果公司提供的在线服务软件，该软件于2012年6月30日终止运行，由其提供的所有服务都将转至iCloud。MobileMe有不少缺点，为不少苹果产品的用户所诟病。

在 mobileme 的三大主要程序是联系人、日程表和电子邮件。这三个程序是我们明显想要改进并保留下来的。我们扔掉了它们，重新构建了它们，并且从头开始重新写了它们，为的就是让它们变为 iCloud 中的应用程序，我们把它们放到了我们所有的设备上。

所以就拿“联系人”做个例子，当我在 iPhone 上新建一个联系人的时候，它会被自动带到云端，并保存在“云”里。真相就在云端。然后它会被自动地推送到我其他的设备上，以便所有设备同步。就是那么简单。我仅需在 iPhone 上更新联系人，而无需去考虑同步的问题。联系人会被更新到我其他所有的设备上，如果我在任何一个设备上改变联系人，它就会被以无线的方式，自动地更新到所有的设备上，无需我做任何事。那就是“联系人”应用程序。

“日程表”应用程序的工作方式也是一样。非常棒的是，我们还增加了日程表共享的功能。举个例子，如果我和我太太共享了一些日程表，假设说是学校和英式足球的日程表。对，然后我在日程表上增加了一个关于老师－家长研讨会的新事件，iPhone 会再一次自动地将此上传到云端，并且自动地推送到我太太的 iPhone 上。如果她（在日程表上）增加了一个关于英式足球运动的约会，会再一次（自动地）上传至云端然后送到我的 iPhone 上。就是这么简单。所以日程表应用程序将你的日程表保存到云端，在任何一台设备上所作的变更都会被推送至所有设备。这样我们就有了共享的日程表。我们认为你将会爱上新的日程表应用程序。它就是顺畅。

下面我们谈一下电子邮件。电子邮件是状况最好的。但是现在它更好。它给你一个电子邮件账号：account@me.com。你的新信息再一次被推送至你所有的设备。和过去一样，你的收件箱和文件夹会被更新到所有的设备上。这就是电子邮件。并且没有广告。我们构建的产品，为我们自己所用，我们不想要广告。所以我们不能有广告。

这就是构成 mobileme 核心的三大应用程序。过去我们采用订购的方式销售，售价为每年 99 美金。今天，这些产品取消了，这三大应用程序可以免费使用。但是我们并没有在此止步。我们还增加了三个应用程序。第一个当然是应用程序商店。到目前为止，在应用程序商店你已经买了很多应用程序。你当然可以直接在你的设备上购买它们。可能你想要的应用程序并不在你随身携带的设备上。所以现在你可以在你的设备上看到你所有的历史购买记录，即使（你想要的）应有程序并不在那里。我们在这里添加了“从云端下载”的按钮。如果他用那个设备时想要那个应用软件，就按一下按钮。那个应用程序会被自动传送到那个设备上。对。没有额外的费用产生，没有额外的费用。

最后，但并不是最不重要的，是云端 iTunes。大家知道，这里有相同的故事。正是关于我在 iPhone 上买了个东西，但它并不在我其他的设备上。我拿起 iPod，想听我在 iPhone 上买的那首歌，可是它却不在 iPod 上。我们需要做的第一件事情就是为你已经购买的歌增加一个购买按钮，可以显示你所有的购买记录，你在任何一个设备上购买的 iTune 歌都可以显示。你可以通过所有歌曲、最新歌曲和歌手来进行查看。我在这选择歌手 Bob Billing，我能下载我已经在 iTune 购买的任何一个唱片集到这个设备上，只需要按一下云下载按钮。或者我可以挑任何一首歌，下载到这个设备上。所以，我购买的任何东西，都可以下载到我的任何一个设备上，无需另外付费，这才是重点。这种模式是我们在音乐领域的首创。多次下载到不同的设备上无需另外付费。并且在将来，只需打开开关，我在任何设备上购买的任何歌都会被自动下载到我所有的设备上。

所以，从 iTune 上购买的音乐，有高品质——256 kbps AAC，你能把它加载到 10 个设备上，下载音乐到任何一个设备上，每一次你在任何设备上购买音乐的时候。这就是云端 iTune。所以，这 9 个应用程序，构成了 iCloud，它们都是免费的。我们希望每个用户能好好利用这个应用程序，我们知道如果免费的话，用户会愿意用的，我们希望人们去探索这些设备到底能做什么，这些软件到底能做什么。所以我们免费供大家使用,并且我们对此激动不已。

这就是 iCloud。它储存你的内容，以无线的方式推送到你所有的设备，并且和你的应用程序整合在一起，所以一切都是自动发生的。所以如果一个竞争对手，没有这些应用程序，没有很棒的开发者将其和这些应用程序整合，他将永远无法做到这个。他们永远无法做到这个。它就是这么顺畅。这也正是我们在这里所做的意义所在。

所以，你们如何取得这些呢？好，当你升级你的手机时，或者你买了一个安装了 iOS5 的手机，你需要做的只是输入你的苹果 ID 和密码，就这么多就够了。你有一个 iCloud 的开关，你可以关掉它，如果你想的话。开关默认是开着的，当你的设备启动运行的时候。我们也准备给每个人 5GB 的免费存储空间来存放电子邮件、文件和备份资料。这个甚至比听起来要好。因为你买的音乐、应用程序和书所占的空间是不计算在内的。Photo Stream 所占的空间也是不计算在 5GB 之内的。

所以，你们什么时候可以体验一下这个呢？今天，开发者今天就体验。我们今天将让开发者体验，今天我们也给使用者带来了一些东西，那就是云端 iTune 的部分，现在只在 iOS4.3 上运行，这个秋季 iOS5 发布后将会在 iOS5 上运行。但是今天做为测试，我们将它和 iOS4.3 一起推出，每个人都可以体验一下，并在 iPhone4 上运行它。所以我们认为这将非常令人兴奋。当然，这个秋季我们会发布 iCloud，同时发布的还有 iOS5。

这就是 iCloud。

还有一件事。一件非常非常小的事。与云端 iTune 相关的事。如果你回想一下会发现，云端 iTune 只为你在 iTune 商店购买的歌曲服务。现在有 140 亿首歌，对不起，150 亿，非常多的歌，都是从 iTune 商店购买的歌。但是，或许你会有一些自己截留的歌。

这里有三种方式处理那些歌：你可以通过无线或有线的方式同步你的新设备（该设备上有原创的歌）。你只需要同步一次，就可以在所有设备上得到那首歌。并且你可以依靠 iCloud 去处理那些在 iTunes 之外购买的新歌。如果你只是不想落下少量的歌，你可以购买那些 iTunes 没有收藏的歌。我们将会提供第三种方式，叫做 iTunes Match。

什么叫 iTunes Match 呢？创办 iTunes Match 的根据就是我们有 180 亿首歌在 iTunes 音乐商店的这个事实。这样我们拥有你下截的那首歌的几率非常大。所以我们写了软件，去扫描那些 CD，那些截留的 CD，那些非 iTunes 的音乐。将那些歌和我们商店原有的歌进行匹配。对，那些歌将能和从 iTunes 购买的歌一样获得相同的优待，这需要几分钟，而不是几周。如果你将你的收藏夹整个上传至某个地方，那将会花费数周的时间。这仅需几分钟。因为我们只是扫描和匹配你的收藏夹，我们不必上传你的收藏夹中的大量内容。只有很少量的歌，我们会上传。但是180亿首歌中多数情况下已经有了你想要的歌。

另外，iTunes Match将会把那些歌升级到256 kbps AAC。iTunes Match每年只需付费24.99美金。所以如果你有许多不是从iTunes购买的音乐，你将会从云端服务中收益，更重要的是升级你的音乐，每年24.99美金。如果你和一些竞争对手比较，假设我们来看一下苹果、亚马逊和谷歌，你会很吃惊。因为，云端收藏夹，我们只是扫描和匹配，而其他家需要上传你整个音乐收藏夹。此外，这需要几周时间。你在Mac或者个人电脑上有iTunes音乐应用程序，竞争对手都只有网络应用程序，升级到256 kbps。竞争对手根本就不提供升级服务。苹果5000首歌每年收费24.99美金，亚马逊存储5000首歌每年收费50美金，谷歌还没有公布他们的价格。即使是20000首歌，我们还是同样的价格。亚马逊却涨到200美金，还仅仅支持存储。谷歌还没有公布他们的价格。我们多数的客户不需要这个。因为他们在iTunes上买了很多的音乐。对那些需要这个的人来说，这真是音乐领域重要的献礼。就让我们这么说吧。这就是iTunes Match。它和云端iTunes一起都是免费的。这就是它。

现在，如果你认为我们没有认真对待这事，你就错了。这是我们第三个数据中心，是我们刚刚建成的。它位于北卡罗来纳州的梅登市（Maiden North Carolina）。这是它的外观。它相当大。它是一个用现代科技装备起来的数据中心，属于环境友好型的一类。我们为此非常自豪。让我们来感受一下它的大小，看看房顶上的两个点。其实那是两个人。所以，它非常大，里面装满了设备，全是昂贵的设备。我们准备好了，我们为客户开始用iCloud

着想。我们迫不及待，想让客户早点用上它。所以 iCloud 是我们今天想要谈论的第三件东西。希望大家喜欢我们今天上午公布的这三件东西。此外，我们为大家准备了很棒的一周安排。这周这里有 5200 名参与者，120 多场会议，1200 多体验室，1000 多位苹果的工程师。所以有需要帮忙的尽管说。这是我们在这里的原因。所以尽情享受吧。祝大家过一个精彩的一周。非常感谢大家能来参加今天早上的会议。

# 36 我们力争建造全球最好的办公大楼

## ——2011年6月7日乔布斯在库比蒂诺市政厅的作证演讲①

**吉尔伯特：**众所周知，库比蒂诺以苹果电脑而闻名于世。今晚我们荣幸地邀请到乔布斯莅临现场给我们作一次特殊的演示。乔布斯先生？欢迎你，乔布斯先生，这里有你的大批粉丝啊。

**乔布斯：**谢谢大家。苹果公司如野草一般地疯长着，而众所周知，库比蒂诺一直是我们成长的地方。我们从办事处开始，最终有了办公大楼，现在我们的办公大楼位于280号公路尽头的拐角处。这几栋办公大楼能容纳2600到2800名员工。可是我们本地区的员工数量几乎达到了1.2万人。因此我们现在租借的大楼——不是很好的大楼，离我们的园区很远，我们的人员在那里上班。显然我们需要建新园区，所以我想扩大空间。那不是说我们不需要已有的地方，我们确实需要，但我们需要新园区来扩充办公面积。所以我们的计划是我们继续留在库比蒂诺，同时我们也走出去购买一些土地，因为这块土地对我有着特殊意义。

我记得13岁那年我打了个电话——休利特和帕卡德是我的偶像。我给比尔·休利特打电话，因为他就住在帕洛阿尔托市，当时的电话号码都列在电话薄上，这让你们猜到了我的年龄。他接了电话，我和他聊了起来，我问他是否能送我些零件做频率计数器。

① 2011年6月7日，56岁的乔布斯抱病走进了加利福尼亚州库比蒂诺市的市政厅，为苹果公司的扩建方案进行辩护。这位完美主义者不但要制造出世界上最好的电脑、最好的手机和最好的平板电脑，他还要为自己的公司建造世界上最美的办公大楼，体现了乔布斯身上所具备的完美主义性格。尽管此时的他已经进入了生命的倒计时，可以想象他的身体是何等的虚弱，但是为了心爱的“苹果”，为了心爱的故乡，他拼尽最后一丝力气，给世人留下了最后的绝唱和微笑，这使我们不由得想起了一句古诗：“春蚕到死丝方尽，蜡炬成灰泪始干”。

他答应了，不仅如此，他那年夏天还给了我一份工作。惠普就在280号公路旁边的圣克拉拉市，我的暑期工作就是在惠普的计频器部门度过的。我当时高兴得要命。就在那个时候，休利特和帕卡德正在觊觎库比蒂诺和普隆力奇的不动产，最终他们买了下来并在那里建立了计算机系统部。最近因为惠普一直在萎缩，他们决定出售那块不动产，于是我们就买了下来。除了买下那块不动产之外，我们还买下了周围的一些产业，它们原来是一片杏树，是一个杏园，我们得到了约150英亩的土地。我想在那儿建个新园区，这样的话我们就可以继续留在库比蒂诺了。我们提出了——我们请来了一些优秀的建筑设计师和我们一起工作，其中一些建筑师我认为是世界上最好的。我们提出的设计方案是建造一栋能容纳1.2万人的大楼。想想看，一栋楼容纳1.2万人是不是很奇怪？但我们看过一些分散在很多大楼里的办公园区，他们变得相当无聊相当快速。因此我们希望有所改善。我想让大家看看我们打算怎么做。这就是我们设想工作的地方。就在这里。你们能看清吗？很好。这里就是我们今天所在的地方，就在“无限循环车道”[1]这个地方，和迪安萨学院[2]与280号公路的交汇处相呼应。

**吉尔伯特：**乔布斯先生，你可以在屏幕上画出来，那是我们的高科技设备。用你的手指在空中划拉一下就行。

**乔布斯：**实际上我不需要在屏幕上画出来你们也能看清楚。

我们已经买下了这块地。我们试图把这拐角处的公寓也买下来，可人家不卖，所以我们只得放弃。我们把其余的都买了下来。

① Infinite Loop Drive：苹果公司总部所在地。

② D'Anza：即De Anza College（DAC），迪安萨学院，是美国一流的社区大学，同时是苹果、康柏、Sun、Hewlett-Packard和其他高科技公司的摇篮。

我们打算建的园区是一栋能容纳 1.2 万人的建筑。它是一座让人叹为观止的建筑。让我给你们展示一下吧！它有点像一艘着陆的太空飞船，这个就是，中间有个漂亮的大院子，还有更多东西呢。让我们看看近景。它是一座圆环形建筑。环绕四周的都是有弯度的材料。假如你要建造什么东西的话，这可不是最便宜的方法。这座建筑里的所有玻璃都不是直来直去的，都是弯曲的。我们在世界各地建造苹果零售店的经验在这里派上了用场，我们知道如何制造建筑用的最大块的玻璃。我们能够让它把这座建筑围绕起来。你们可以看看它的样子。真是美不胜收。

目前景观美化率大概占到整个园区的 20%，有几个大型的沥青停车场。因此景观美化率为 20%，我们想彻底改变这种情况。我们想把景观美化率提高到 80%，方法就是把大部分停车场弄到地下。这样我们的景观美化率就会达到 80%，你们可知道我们在想什么。我是说,我们现在的产业一点都不是这个样子。这很糟糕。目前园区里有 3700 棵树，我们想再种将近 3700 棵。我们已经聘请了一位斯坦福大学的高级园林设计师，他对本地区的树木颇有研究。因此我们愿意栽植大量的树木，当然包括杏树。

你们看看，这是大体建成后的样子。这是我们的一些基础设施。看看我们的主楼，在它的下面建有地下停车场。可惜不够大。我们这里还有一个停车场。新建筑有四层楼那么高,和停车场一样。这里根本没有高层建筑。我们想要整片地方都符合人类的感观要求。实际上它基本上和我们现在位于库比蒂诺的园区风格一致。看看能源中心。我们面对的情况是,人们整天坐在电脑前面写程序。要是电网里没了电，我们只能打发人们回家。所以我们需要后备电源以备发生停电等事故时为园区供电。我想我们最终将会把能源中心作为我们主要的能源供应基地。因为我们能够用天然气以及其他更清洁更便宜的方式发电，而把电网作为后备电源。我们认为那样更有意义。我们在这里将修建一个大礼堂，因为我们要进行演示，就像我们昨天做的那样，但再也不用跑到旧金山去演示了。看看健身中心和一些研发设施，这些是我们作测试的地方，我们需要有作测试的建筑，里面几乎没人。

这就是我们的初步设想。我们考虑的是 1.2 万人，但我在幻灯片里放了 1.3 万，只是因为我们也许有幸超过 1.2 万人。我们在人数上比这个地方一直容纳的人数多出近 40%，我们将面积增加到 310 万平方英尺，这样在空间上增加了 20%。但景观美化率增加 350%，这就很好啦，植树量增加 60%。地上停车面积减少 90%。因此我认为你对这个地方的总体感觉比现在看到到处是沥青的感觉要好上几万倍。实际建筑面积将减少 30%。我们在很多方面想让这块空间变得更小一点。我们把更多令人惬意的东西放到这个地方，我们想做的就是这件事。这里我只想让你们感受一下。这是咖啡厅。我们把咖啡厅作为我们的设施。它能容纳近 3000 人同时就坐。当你的园区里有 1.2 万人的时候，你需要那样的咖啡厅。我的介绍到此为止，我愿意回答各位的问题。

**吉尔伯特：**谢谢你，乔布斯先生。听到你把苹果公司称为“我们的家”，我们感到无比的激动。假如你到商店去，他们那里有印着“航母已经着陆”字样的T恤。如果你们看看这张图片，显然“航母”已经在库比蒂诺着陆了。各位议员还有什么问题要问吗？王议员？

**王：**你好，史蒂夫。我有一个大问题：我想大家都比较关心本市居民能从新园区中得到什么好处？

**乔布斯：**是这样，正如你知道的那样，我们是库比蒂诺最大的纳税人，我们很高兴能留下来继续缴税。这是其一。因为如果我们不能留下来，我们不得不另找他处，比如山景城。我们只有带着员工离开，把地卖掉，最大的纳税人会离开此地。那对库比蒂诺不是一件好事。那对我们也没有好处，所以这是第一条。

第二，我们雇用了一些真正优秀的人才，各个年龄阶段的人都有。我们雇用了很多刚毕业的大学生，雇用了很多斯坦福大学的毕业生，等等，还有五六十岁的员工，像我就已经50多岁了。所以我想有很多人想在这里安家立业。现在我们有很多员工骑自行车上班。我们也提供班车服务。我们有20辆烧生物燃料的班车，是目前你能够买到的最为环保的车。这20辆班车的行进路线是从旧金山到圣克鲁兹,把人们拉过来上班。这些都能让库比蒂诺受益。我们给库比蒂诺带来大量的税收，大量的优秀人才涌入进来，这些人能够得到报酬。我们使他们进入到一个生活相当富有的阶层，当然他们中的很多人会在库比蒂诺安家立业。我想那里有很多人还有大片的树木。

**王：**当然，那确实不错。谢谢你这么详细地回答问题。我们会从你那里得到免费的 Wi-Fi 或类似的东西吗?

**乔布斯：**哦，你们知道我一直就是个书呆子。我一直认为既然我们交了税市政府就该做那些事情。如果你给我们免税，我很高兴提供免费的 Wi-Fi。

**王：**希望你利用我们的销售税，一部分销售税为我们的部分居民提供 iPad，然后再让我们得到免费的 Wi-Fi。

**乔布斯：**是，我认为我们带来的东西比免费的 Wi-Fi 多得多。

**王：**完全同意，非常感谢。

**乔布斯：**却之不恭了。

**吉尔伯特：**马哈尼议员呢？

**马哈尼：**好的，首先，有意思的是你回首了惠普的往事。我在惠普工作过 35 年，多数时间待在惠普位于库比蒂诺园区里的那些建筑里，所以当我听说惠普执意离开库比蒂诺时感到很遗憾。但现在看到你的蓝图，任何华丽词藻会相形见绌，我想所有人都将欣赏到这座显然将会成为最优雅的总部的建筑，至少它将是我在美国见到过的最优雅的建筑。所以我们对工作进入实施阶段绝对持欣赏态度，并期待和你们一起来完成。

**乔布斯：**谢谢你。我们力争建造全球最好的办公楼。我真的认为建筑专业的学生届时会过来参观。我想它会是那么好的。

**马哈尼：**非常感谢。

**吉尔伯特：**张议员？

**张：**好的，乔布斯先生，非常感谢你来到这里做陈述。我们和城管见过面，也在你的园区和库克先生、麦纳先生以及泰瑞见过面，了解了你们的概念。确实很好。他们提起目前的“无限循环”将保持不变的时候我就有一个问题。员工将待在那里，对吗？

**乔布斯：**对，我们需要两个地方来容纳所有员工。

**张：**这么说现在的园区有大约 8000 到 9000 人？

**乔布斯：**不是的，大约 2600 人。

**张：**2600。好的。那么这个园区将容纳 1.3 万人？

**乔布斯：**1.2 万。那是我们当前的人数。

**张：**好的。那么我关心的就是安全问题了，上次我忘了问泰瑞。因为你想啊，这么多人在一座建筑里。因此你们要考虑安全问题，比如火灾什么的。

**乔布斯：**噢，那当然。我们费尽心思去物色我们认为世界上最优秀的人，也费劲心思做我们的工作。我们绝对不想看到任何人受到伤害。我们当然会全力以赴了。我是说整座建筑的设计都符合相当精细的安全要求。但我们将会做得更好。

**张：**好的，那么我的第二个问题就是，随着员工数量的增长，居民也会关心交通问题。你有什么计划来缓解交通压力吗？

**乔布斯：**是这样，我们不会大规模地增加雇员数量。

**张：**不会吗？

**乔布斯：**不会。

**张：**好吧。

**乔布斯：**可能增长个 20%，所以我们不会大规模增加员工的。

**张：**还有，我知道你很在乎空气质量。我明白你不允许任何员工在大楼里面吸烟，对吧？

**乔布斯：**没错。我的父母都是因吸烟导致肺癌去世的。所以我对这个话题有点敏感。

**张：**当然，我只想提醒你一下。我不知道你是否清楚这附近有一家水泥厂对本地区的空气造成了污染。对此你在意吗？你清楚这件事吗？

**乔布斯：**那是什么？

**张：**水泥厂污染了整个地区的空气。

**乔布斯：**水泥厂。你说的是凯泽水泥厂吧？

**张：**是的，位于史蒂文森·格瑞克路 24001 号。

**乔布斯：**我成长的地方距离那个工厂有 5 个街区或 6 个街区，所以我对凯泽水泥厂很熟悉。我想假如凯泽水泥厂不在那里的话岂不是很好？可你知道人家正大光明地买下了那块地皮。所以他们大概不会到别的地方去了。不过如果你把凯泽水泥厂赶走的话，我不会流泪的。

**张：**好的，谢谢你。

**吉尔伯特：**谢谢你，张议员。王议员，你有一个非常重要的问题，是吧？

**王：**是的，非常重要的问题。史蒂夫，你能给我们一个大概的时间表吗？比如你打算何时提交你的方案？你打算几时开工？我们什么时候能够看到初步的建筑？

**乔布斯：**是啊，我也常常向很多内部人士问起过这个问题。我们想尽快提交方案。我们想明年开工，2015 年能搬进去。

**王：**2015 年？好的，好，很好。非常非常感谢你，你今天能来这里我们真的感到很荣幸。我们知道难得请你到这里来。我认为你的技术令我们每一个人都感到骄傲，你正在把库比蒂诺和苹果公司融为一体。我们真的引以为豪。

**乔布斯：**谢谢。我们也为在库比蒂诺而感到骄傲。

**吉尔伯特：**谢谢王议员。我想她把我的问题抢了过去，我也想问你何时开工来的，那么她可以开始向你征收销售税了。

**王：**明年。

**吉尔伯特：**正是，正是，正是，你们知道吗？当克丽丝和我见到乔布斯先生的时候，我对他有了更多的了解，实际上他当年是毕业于库比蒂诺霍姆斯迪德中学的家乡男孩，而我女儿即将进入该校学习。所以乔布斯先生对库比蒂诺市非常熟悉。令我们感到非常幸运的是，你把苹果公司建在了这里。你让它在库比蒂诺发展壮大。在国内你有很多地方可以选择，而且我肯定很多州长和很多市长都请你到他们那里去，但是你决定留在了这里，我认为这是因为库比蒂诺是一个如此崇尚创新的地方，一个如此多元化的地方，一个如此重视教育的地方，我们这里有很好的学校。我想提请你记住的一件事就是回馈社会，这也是我们大家乐意做的一件事。我相信我们的职员会说，我们不愿意到位于硅谷或者罗斯加托斯的苹果专卖店里去。我们希望在库比蒂诺拥有一家苹果专卖店。我向你保证，我这里就有一台 iPad2，它是我的宝贝啊，所以和我合作吧，它的技术真是没的说，我 11 岁的女儿爱不释手。

**乔布斯：**好啊。行。在库比蒂诺开苹果专卖店的问题不仅仅是交通问题，所以恐怕办不成。假如我们认为它可行的话，我们乐意去开。

**吉尔伯特：**我们将会帮助你把它办成功。我对你的到来再次表示衷心的感谢。我相信在座的各位有幸见证了这历史性的时刻。听说 5 年前——是吧？克丽丝——你宣布从惠普手里买 55 英亩地，后来你又买了 100 英亩。苹果公司是真正的技术创新者，我们市政府的工作人员和市议会的议员热切期待着和你一起工作，期待着帮你在我们社区取得成功。

**乔布斯：**非常感谢。

**吉尔伯特：**让我们为史蒂夫·乔布斯先生热烈鼓掌。

**乔布斯：**谢谢你们。

# 37 不幸的是，这一天来到了

## ——2011年8月24日乔布斯向苹果公司董事会递交的辞职信①

亲爱的马克：

今天早晨报纸披露说苹果公司正在考虑罢免我的董事长一职。我不知道这些消息从何而来，但是它们既误导了读者又对我不公平。你们可以回忆上周四我在董事局会议上的声明，我已经决定开始创建一个新企业，并且提出辞去董事长的职务。

董事局拒绝接受我的辞呈，要求我再延缓一周。我同意了，因为董事局对我提出创办新企业一事进行了一番鼓励并暗示苹果公司会参与投资。周五我把此事告诉了将会支持我的约翰·斯卡利，他证实苹果公司愿意探讨苹果公司和我新创办的企业之间合作的可能性。

随后苹果公司看上去对我和我的新企业采取了一种敌视态度。鉴于此，我坚决要求董事局立即接受我的辞呈。我希望苹果公司发布的所有声明都明确表示辞去董事长是我的决定。

我发现自己对管理层在这个问题上的行为既感悲哀又感困惑，因为在我看来他们的行为和公司的利益相左。苹果公司的利益继续是我高度关注的问题，其中的原因既有我过去和苹果公司的联系又有我在它身上的大量投资。我继续希望能够听到公司内部比

① 乔布斯的悲剧在于他有天才般的大脑但他没有一个健康的体魄，2003年10月他被查出患有胰腺癌，所幸他在2004年7月成功接受肿瘤切除手术，暂时摆脱了死神的纠缠，但自2006年8月起他原本看似健壮的身材日渐消瘦，2009年初开始休病假接受肝脏移植手术，手术之后修养3个月即重返工作岗位，但身体大不如从前。2011年1月再度休病假，坊间传言他癌症复发。2011年8月24日乔布斯正式发表辞职信，宣布辞去苹果公司CEO的职位。2011年10月6日，一代天才溘然长逝。

较温和的声音。一些公司的代表说他们担心我会在我的新企业里使用苹果的专有技术。这样的顾虑毫无根据。假如那种担心就是苹果公司对我的企业产生敌意的真正来源的话，我可以消除人们的顾虑。

如你所知，公司最近的重组让我无事可做，我甚至看不到日常的管理报告。我只有 30 岁，我还想有所贡献有所成就。

鉴于我们过去在一起取得了一些成就，我希望我们的分手是友好的和有尊严的。

你真诚的朋友

史蒂夫·乔布斯

**致苹果公司董事局和全体员工：**

我常常说假如有一天我再也不能履行自己作为苹果公司 CEO 的职责的话，我是第一个让你们知道的人。

不幸的是，这一天来到了。

在此我辞去苹果公司 CEO 一职。如果董事会认为合适的话，我愿意作为董事会主席、董事和苹果公司的员工继续服务。

至于我的继任者，我强烈建议我们执行我们的继任方案，任命蒂姆·库克为苹果公司的 CEO。

我相信苹果最辉煌最具创新的日子还在前头。我期待着自己在新的岗位上注视着它的成功并为它的成功贡献自己的力量。

我在苹果公司结识了一些我一生中最好的朋友，我感谢你们这么多年来能够和我一起工作。

史蒂夫